OEUVRES INÉDITES

DE

PIRON

ALENÇON. — Typ. de POULET-MALASSIS ET DE BROISE.

ŒUVRES INÉDITES

DE

PIRON

(PROSE ET VERS)

ACCOMPAGNÉES DE LETTRES ÉGALEMENT INÉDITES

ADRESSÉES A PIRON

PAR

M Mlles QUINAULT ET DE BAR

Publiées sur les manuscrits autographes originaux, avec une introduction
et des notes

PAR

HONORÉ BONHOMME

ÉDITION ORNÉE DE TROIS FAC-SIMILE

PARIS
POULET-MALASSIS ET DE BROISE
IMPRIMEURS-LIBRAIRES-ÉDITEURS
9, rue des Beaux-Arts
—
1859

Traduction et reproduction réservées.

INTRODUCTION

INTRODUCTION

Dans l'histoire poétique du xviiie siècle, il est un nom qui évoque on ne sait quelle image de voluptés païennes, de coupes fumantes et renversées; un nom dont le cortége obligé et traditionnel est un essaim de Nymphes deminues donnant la main à de gros Silènes pansus et égrillards; un nom, enfin, qu'on ne prononce qu'avec réserve, hésitation, ou avec un malin sourire.

Ce nom est celui d'Alexis Piron.

Loin de nous la pensée d'amnistier le trop célèbre auteur de l'*Ode à Priape!* Mais n'y a-t-il pas un peu d'exagération et de parti pris dans le jugement qu'on porte en général sur le poëte bourguignon?

Les Muses sont chastes de leur nature; elles habitent des régions sereines où ne doit pénétrer qu'un hommage pur comme elles; et si, d'ailleurs, ces antiques vestales cessaient de mériter le titre qu'on leur a prodigué durant des siècles, on devrait encore leur parler avec révérence, ne fût-ce que par respect de soi-même et par égard pour les oreilles du lecteur.

Piron est donc très-répréhensible d'avoir brûlé un grain d'encens profane sur l'autel des neuf sœurs; mais lorsqu'il commit cette impiété, il était âgé de vingt ans, il avait été défié à la lutte par son jeune ami Jehannin (1), le joyeux sybarite, le paresseux par excellence ; et, comme il nous l'apprend lui-même :

> *Il ne mit à l'hymne folle,*
> *Jeunesse et vin de concert,*
> *Que le temps de la parole*
> *Et que celui du dessert.*

C'est donc une débauche d'esprit et de table, une véritable surprise des sens que cette composition qui fit dire à Fontenelle, lors de la candidature de notre poète à l'Académie : « Si Piron a fait la fameuse ode, il faut bien le gronder, mais l'admettre ; s'il ne l'a pas faite, fermons-lui notre porte. »

Notre siècle se montre plus sévère que Fontenelle, et si nous ouvrons notre porte à Piron, c'est une porte dérobée. Et cependant il a expié *ce moment d'erreur*, pour parler son langage, *par soixante ans d'une vie irréprochable et un repentir sincère et public* (2). Qu'importe !

---

(1) Cet ami, depuis grave conseiller au parlement de Dijon, avait adressé à Piron une ode dans laquelle, chantant les douceurs de la paresse, il avait mêlé des images lascives à des maximes peu orthodoxes. Piqué d'émulation et croyant que son ami lui portait un défi, Piron lui répondit sur-le-champ, et trouva plaisant de commencer son ode par le même mot qui terminait celle de Jehannin. — Voyez Rigoley de Juvigny, *Vie de Piron*, placée en tête des *OEuvres complètes* de ce poète ; 1776, 9 vol. in-12.

(2) Voyez la préface de *la Métromanie* et sa *Lettre à l'Académie*, lettre publiée seulement *en partie* par Rigoley de Juvigny dans sa *Vie de Piron*, et dont nous possédons l'original. Cette lettre renferme le testament littéraire de Piron, qui dit ailleurs :

> *Je n'ai point oublié les torts de ma jeunesse,*
> *Ni pour m'en repentir attendu la vieillesse...*

INTRODUCTION

notre pruderie lui tient rigueur, ou plutôt, dans l'intérêt secret de notre plaisir, nous semblons vouloir persister à le réduire définitivement au rôle de poète licencieux.

En d'autres termes, Piron n'a pu parvenir à se faire prendre au sérieux, quelques efforts qu'il ait tentés, quelques ouvrages estimables qu'il ait publiés depuis sa *maudite* ode, dont l'ombre fatale s'est projetée sur toute sa vie. Mais, dira-t-on, il ne s'en est pas tenu à ce coup d'essai, et l'on a de lui des contes et des épigrammes qui ne le cèdent guère, pour la crudité du ton, à leur sœur aînée.

L'objection serait fondée si l'on s'en rapportait à un recueil qui a été publié après sa mort, et souvent réimprimé, sous le titre de : *Poésies badines d'Alexis Piron*. Mais rien n'établit l'authenticité de toutes ces élucubrations honteuses et maladives, qui lui ont été attribuées alors qu'il ne pouvait les désavouer et confondre les calomniateurs, lesquels avaient beau jeu en présence de la réputation de l'auteur et du silence de la tombe.

D'ailleurs, en admettant que quelques-unes de ces compositions sont véritablement de lui, peut-on oublier que Piron a vécu et écrit pendant la période la plus dissolue de notre histoire, lorsqu'il était de mode et même du *bel air* d'afficher l'esprit de libertinage (1).

Avec son imagination incandescente, son organisation passionnée, Piron n'a pu traverser impunément la Régence et le règne de Louis XV ; — la Régence *où l'on fit*

Discours sur les mœurs du temps, publié sous le titre de : *le Salon*, pièce dont nous avons également l'original en portefeuille.

(1) Né en 1689, Piron est mort en 1775. Il était issu d'Aimé Piron, apothicaire et poète, et d'Anne Dubois, fille de Jean Dubois, sculpteur habile, dont les ouvrages décorent les églises de Dijon, surtout celle de Notre-Dame.

tout, excepté pénitence, comme dit Voltaire ; — le règne de Louis XV, cette immense orgie terminée par un coup de tonnerre. Des natures plus fortement trempées y ont succombé, et Piron a cru n'avoir rien de mieux à faire que d'en prendre un reflet chaud et coloré, en vrai Bourguignon *salé* qu'il était.

Au surplus, d'autres écrivains ont également sacrifié aux Dieux impurs, et, pour n'en citer que quelques-uns, La Fontaine, Voltaire et J.-B. Rousseau auraient, sous ce rapport, un compte rigoureux à rendre. Mais, pour nous, les contes obscènes de La Fontaine n'ont jamais existé ; nous oublions ou feignons d'oublier que Voltaire a voulu flétrir, dans une œuvre inqualifiable, l'une des figures les plus pures, les plus touchantes de notre histoire ; et les épigrammes immondes de J.-B. Rousseau trouvent grâce devant le tribunal de notre pudeur.

De telle façon que le nom de ces trois écrivains est chaque jour prononcé, sans que la conscience publique en soit révoltée ou même s'en émeuve.

Ce n'est pas que nous réclamions contre le silence généreux et presque universel qui se fait à cet égard autour de ces grands noms ; nous l'approuvons, au contraire, et nous nous y associons volontiers : car n'est-ce pas le plus bel hommage qu'on puisse rendre à d'immortels génies que de fermer les yeux sur leurs défaillances, leurs chutes fugitives et momentanées, en considération des œuvres remarquables qu'ils nous ont laissées d'ailleurs ?

Agir autrement, c'est-à-dire, pour emprunter une piquante expression de Montaigne : « *Guetter les grands hommes aux petites choses,* » ce serait, à coup sûr, le moyen d'arriver à la négation de toute vertu, de toute gloire humaine ; et nous ne croyons pas formuler une proposition paradoxale en avançant qu'il n'est pas un auteur, pas un philosophe qui pût sortir vainqueur d'une telle épreuve. Dame nature est jalouse de ses droits, et notre fragilité apparait toujours par quelque coin.

Mais du moment que nous considérons comme non avenues les *gaîtés* de La Fontaine, de Voltaire et de '-B. Rousseau, pour ne voir que le côté moral de leur talent et la partie irréprochable de leurs œuvres, pourquoi n'appliquerions-nous pas ce procédé à l'auteur immortel de *la Métromanie* et de tant d'autres productions dignes de notre estime et de nos sympathies? De même qu'eux, au point de vue littéraire, il a glorieusement racheté sa faute, et, de plus qu'eux, il a le droit d'invoquer ses vingt ans pour se la faire pardonner. Toutefois, on remarquera que nous ne parlons ici que de l'*Ode à Priape*, attendu qu'elle forme l'accusation la plus grave portée contre Piron. Nous examinerons plus loin s'il a commis d'autres irrévérences littéraires, et jusqu'à quel âge il a pu pousser le goût de ce genre de compositions.

Personnification sincère de la gaîté gauloise, Piron a monté sa lyre au ton du Fabliau, et reproduit dans ses chants, avec autant de bonheur que d'originalité, la franchise un peu brutale et la bonhomie malicieuse de nos pères. Il s'inspire à la fois de Rabelais, de Clément Marot, de Villon, même de Montaigne, qu'il rajeunit et complète à sa manière, et comme sans y prétendre. A notre sens, il serait le dernier représentant de cette radieuse pléïade de poètes et de penseurs, naïfs ou profonds, railleurs ou mélancoliques, qui ont illustré le xvie siècle, si, de nos jours, Béranger n'avait renoué avec plus d'art, plus de correction, et surtout plus de goût, la filiation de cette grande famille, dont la physionomie va chaque jour s'effaçant sous nos mœurs positives et *affairées*.

Nous venons de parler de la délicatesse de goût de Béranger, et ce sera là, en effet, l'un des plus beaux titres de gloire de notre immortel chansonnier. Or, c'est le côté faible du talent de Piron. Outre qu'il ne sait pas toujours s'arrêter à propos, s'il choisit il donne quelquefois la préférence au strass sur le diamant. Il présente çà et là des longueurs, des superfétations, ce qu'on appelle des *landes*. Chez lui, le trait, si piquant, si ingénieux, si nettement incisif quand il s'en tient au premier jet, se dégage lent et embarrassé quand il s'y applique et le travaille. Abondant, énergique, étincelant de verve et d'audace, Piron a les défauts de ses brillantes qualités (1). Mais où trouver plus d'esprit et de douce philosophie que dans ses écrits les plus frivoles en apparence ? Il a presque toujours l'accent du cœur et *le son de l'âme*, si l'on peut dire ; et, lorsque cette précieuse faculté lui fait défaut, — ce qui est rare — il a l'abandon, la naïveté, la familiarité, qui prennent sous sa plume une teinte de tristesse douce, aussi touchante peut-être que la vraie sensibilité, et, à coup sûr, plus communicative que cette sensiblerie de convention dont tant d'auteurs font abus pour cacher la sécheresse de leur cœur ou l'indigence de leur esprit.

(1) M. Arsène Houssaye a dit que Piron écrivait en prose d'une façon *trop originale*. Nous pensons que M. Arsène Houssaye a voulu par ces mots formuler un éloge, attendu le mal qu'il se donne lui-même pour être *plus qu'original*. Cet écrivain a publié un assez grand nombre de biographies de personnages du xviiie siècle, auxquels il a généralement donné une physionomie qui n'est pas la leur, en substituant la fantaisie à la tradition, l'esprit à la vérité. Au surplus, M. Arsène Houssaye plaisante agréablement avec ses personnages ; et, comme la plaisanterie est chez lui un parti pris, on aurait mauvaise grâce à lui reprocher de n'avoir fait que des à peu près. *Tous les genres sont bons, hors le genre ennuyeux;* et les silhouettes de M. Houssaye ne

INTRODUCTION

Doué d'une imagination riante et féconde, d'une intelligence vive et prime-sautière, il n'est pas étonnant que Piron ait été ce causeur attachant et varié, plein de grâces soudaines et de ressources imprévues, dont on aime encore à citer les bons mots, sans pouvoir jamais les égaler.

Grimm dit que : « c'était une machine à saillies, à épigrammes, à traits. En l'examinant de près, on voyait que ces traits s'entre-choquaient dans sa tête, partaient involontairement, se poussaient pêle-mêle sur ses lèvres, et qu'il ne lui était pas plus possible de ne pas dire de bons mots, de ne pas faire d'épigrammes par douzaines, que de ne pas respirer. »

Piron dut donc faire les délices des cercles de son temps. Il n'était pas l'une des *bêtes* (1) les moins spirituelles que madame de Tencin réunissait chez elle à dîner une fois la semaine, et à chacune desquelles cette grande dame, femme d'esprit plus que de cœur, donnait au jour de l'an deux aunes de velours pour étrennes.

Mais nous n'avons pas la prétention de refaire la *vie* de Piron dans cette notice, qui n'est ni une *biographie*, ni une *étude* (2). Notre seule préoccupation, en nous li-

---

manquent ni de couleur ni de gaîté. Mais nous aurons à relever plus d'une fois les inexactitudes de cet aimable *fantaisiste*, seul titre qu'il semble ambitionner.

(1) C'est ainsi que madame de Tencin appelait les hommes de lettres qu'elle recevait à sa table. Piron a adressé à cette dame plusieurs épîtres fort jolies, dont une, encore inconnue, est insérée dans ce volume.

(2) A cet égard, voir le *Discours préliminaire* et la *Note* que Rigoley de Juvigny a placés en tête des *OEuvres de Piron*, édition déjà citée. En outre, M. Edouard Fournier a fait sur Piron un travail estimable, utile à consulter, et plus fidèle, à certains égards, que celui de Rigoley de Juvigny, qui, à l'exemple de Sosie, a voulu rester un peu l'*ami*

vrant à quelques *considérations générales* sur cet auteur, est de noter en passant, grâce aux manuscrits *inédits* que nous possédons et dont il sera parlé tout-à-l'heure, certains côtés de son caractère qui n'ont pu être même entrevus jusqu'ici.

Depuis longtemps tout a été dit sur sa verve, sur sa gaité intarissable. On se tromperait étrangement si l'on jugeait du bonheur de notre poète par cette fête perpétuelle qu'il se donnait à lui-même, à laquelle il conviait ses amis, et où s'épanouissaient à l'envi son esprit et son cœur. Il n'a pas été heureux, il a même souvent manqué du nécessaire; et si, au milieu des tristes préoccupations du besoin, son enjouement est toujours resté le même, il le doit, non à son insouciance ou à sa nature de *bouffon* (1) (M. Arsène Houssaye a cru devoir lui infliger cette épithète), mais à la fermeté de son esprit. Piron n'était ni insouciant ni bouffon. En l'étudiant de près, on lui découvre une mélancolie douce et contenue, une résignation calme et forte qui ferait honneur à plus d'un *philosophe* de nos jours, et dont la sévérité contrastait singulièrement avec les joies folles du dehors. Peut-être plus sensible que tout autre aux coups du sort, il portait gaiment sa misère, la regardait en face et vivait avec elle en bon compagnon. Cependant il était parfois impuissant à surmonter les dégoûts qui l'assiégeaient dans le silence de l'étude et même au sein de l'amitié ; ce fragment d'une

---

de tout le monde; mais ce n'est pas encore là, et ce ne pouvait être le dernier mot sur Piron. — Voir *OEuvres de Piron*, un vol. in-18; Paris, Delahays, 1857.

(1) Voltaire, dans une lettre adressée à La Harpe le 19 avril 1776, appelle notre poète *Gilles Piron;* mais entre eux, c'était de bonne guerre, et Piron le lui rendait bien, ou le lui avait bien rendu de son vivant, car à cette date il n'existait plus.

lettre adressée par lui à l'abbé Legendre, prieur de Saint-Ouen, près Melun (1), en fait foi :

« Oubliez, s'il vous plait, mes humeurs de Saint-Ouen, dit-il à son ami ; j'y ai eu de bons et de mauvais moments, et mes écarts ne viennent en partie que de la grande confiance que m'inspire votre bonne façon de penser. D'ailleurs, ayez la bonté de songer quelquefois que mes préoccupations secrètes absorbent toute ma joie. J'ai beaucoup à écrire et à penser. Je vis assez malheureusement, ma santé n'est pas des meilleures, j'ai peu d'amis, j'ai des rivaux triomphants, je n'ai pas encore eu trop bonne chance. Je suis sans manége, et, partant, j'espère peu. Un esprit avec tout cela est terriblement à la torture, et mérite indulgence. »

N'est-ce pas le cri de détresse de l'honnête homme souffrant et méconnu ? En présence de cet aveu suprême, qui oserait encore le traiter de *bouffon?*

Bien qu'il fût *sans manége,* en vue de s'affranchir de l'état de dépendance et d'abandon où il se trouvait, Piron rechercha toute sa vie la protection des grands ; et c'est même un spectacle affligeant que de le voir encenser certains personnages à écusson et de médiocre importance, qui ne demandaient pas mieux que de se donner des airs de Mécène. A la vérité, c'était la mode alors. Les poètes sacrifiaient aux favoris des cours ou de la fortune : cela mettait en relief, et valait de doux sourires. Voltaire lui-même ne s'est pas fait faute de ces sortes d'hommages ; mais l'heureux Voltaire se proposait un intérêt de vanité

(1) Voir la xxiiie lettre insérée dans la quatrième volume des *Mélanges des Bibliophiles français;* Firmin Didot, 6 vol. in-4°, 1820 à 1829. L'abbé Legendre était frère de madame Doublet de Persan, chez laquelle se rédigèrent les *Nouvelles à la main,* publiées plus tard sous le titre de *Mémoires secrets de Bachaumont.*

ou de plaisir, tandis que la pauvre muse bourguignonne obéissait presque toujours à la triste voix de la nécessité. De là, cet air de gêne et de fausse gaîté qui respire dans la plupart de ses vers à *dédicace*.

Tantôt c'est un remerciment à un visiteur titré qui a bien voulu *oublier* vingt-cinq louis sur la cheminée de notre poète; tantôt c'est une promesse de gibier ou de vin qu'on lui a faite et dont il sollicite l'accomplissement. Ailleurs, il chante la munificence d'un bienfaiteur anonyme (1) qui lui a constitué une petite rente viagère, ou il réclame le paiement d'une autre pension, due également à la générosité d'un protecteur, paiement qui se faisait trop attendre (2). Plus loin, il exprime sa gratitude pour l'envoi qu'on lui a fait du menu d'un dîner qu'il donnait à ses amis, etc., etc. — Littéralement, pendant un temps il vécut des miettes tombées de la table de ses protecteurs.

Tous ces détails d'intérieur affectent douloureusement, disons-nous, en ce sens qu'ils font ressortir sa position précaire et le quasi-dénûment dans lequel il était trop souvent plongé.

Au surplus, il lui fallait bien redoubler d'humilité et de flatterie auprès de quelques-uns de ces personnages blasés et blasonnés, qui, selon toute apparence, ne lui venaient en aide qu'en cédant à la fantaisie orgueilleuse de voir leur nom enchâssé dans une épître (3). Quelques-uns

(1) Le marquis de Lassay.
(2) Sur ce point, nous ne pouvons être de l'avis de M. Édouard Fournier, d'après lequel Piron se serait simplement *laissé faire* par la bienfaisance de quelques grands seigneurs, sans l'avoir jamais sollicitée.
(3) Nous ne pouvons croire, par exemple, à la générosité *spontanée* de l'un d'eux, le comte de Saint-Florentin, depuis duc de la Vril-

de ces étranges protecteurs, dont les mœurs ou la nullité donnaient souvent matière à la satire, s'attachaient probablement, au moyen de leurs cadeaux intéressés, à se rendre favorables les auteurs caustiques, et à conjurer par là de malignes épigrammes. C'est dans ce sens qu'il faut entendre le mot énergique de Duclos, qui disait de certains grands seigneurs : « *Ils nous craignent comme les voleurs craignent les lanternes.* »

On peut reprocher à Piron d'avoir un peu trop sacrifié, dans ses lettres, et parfois dans ses vers, à ce que nous appellerons *la plaisanterie au gros sel :* c'est-à-dire de s'être adonné au coq-à-l'âne, au mot à double entente ;

lière, pour peu que nous ajoutions foi à certains documents. Voyez (à la suite des *Mémoires de Diderot*, 2 vol. in-18, 1841), les *Mémoires* de sa fille, madame de Vandeul. On peut également consulter les *Mémoires de Bachaumont* (9 octobre 1765), et la *Galerie d'Orléans*, par J. Vatout, tome III, p. 270, où se trouvent deux épitaphes qui circulèrent, l'une quand le duc de la Vrillière perdit par accident sa main droite à la chasse; l'autre à l'époque de sa mort.

Quant au comte de Livry, premier maître d'hôtel de Louis XV et autre bienfaiteur de Piron, si l'on en croit l'anecdote racontée par Collé, il faisait beaucoup de cas de son propre esprit et souffrait peu que les autres en eussent plus que lui. Voici cette anecdote :

« Un soir que le comte de Livry, qui entretenait madame Dancourt, avait été plaisanté par Dancourt, qui avait été brillant et agréable on ne peut davantage au souper, il lui adressa la parole d'un air riant et lui dit : Dancourt, tu as été charmant jusqu'à présent ; mais je t'avertis que si, d'ici à la fin du repas, tu as plus d'esprit que moi, je te donnerai cent coups de bâton. Dancourt était brave et en avait donné des preuves ; mais la certitude de perdre son vilain état et sa fortune l'empêcha de répondre à cette brutalité. »

Cependant, hâtons-nous de le reconnaître, le comte de Livry se montra généralement intelligent et délicat dans ses libéralités envers Piron, auquel il constitua une rente de 600 livres par son contrat de mariage.

en d'autres termes, d'avoir souvent pris pour texte de ses facéties des incidents vulgaires et dépourvus de gaîté, auxquels il s'efforçait de donner de la physionomie et du relief.

Mais telle était la naïveté de nos pères : la moindre drôlerie les faisait rire aux larmes ; une aventure de voyage, une querelle entre gens ivres, un mari bossu ou trompé, un bas mis à l'envers, une mouche qui volait d'une certaine façon, c'en était assez pour provoquer leurs gorges-chaudes et les faire pâmer d'aise des mois durant. Après tout, c'était de la gaîté de bon aloi que nous ne pouvons plus comprendre. Notre siècle s'est fait grave, gourmé ; il bâille, il s'ennuie ; nous sommes de trop bonne compagnie pour descendre à cette hilarité bourgeoise, à

> Ce rire d'autrefois, ce rire des aïeux,
> Qui s'échappait du cœur comme un flot de vin vieux.

Et quand nous voulons nous divertir, nous allons héroïquement jouer à la Bourse ou sur le *turf*. Nos neveux comprendront-ils mieux ce genre de plaisanterie ? *Trahit sua quemque voluptas.*

Une étude curieuse serait à faire, qui consisterait à établir un parallèle philosophique et raisonné entre nos goûts, nos habitudes, nos préjugés du moment, et ceux des autres époques de notre histoire. Assurément, par suite d'une loi nécessaire du progrès, la comparaison serait souvent à notre avantage. Mais nos pères ne prendraient-ils pas sur nous une éclatante revanche, sous certains rapports ?...

Passons...

En amour, plus sensuel que sentimental, mais en amitié sûr et fidèle, Piron était plein de franchise, d'honneur et de bonté. Tous ses biographes sont d'accord sur ce point, de même qu'en ce qui concerne la simplicité de ses mœurs, lesquelles valaient mieux que les mœurs de la plupart des hommes de lettres de son temps (1).

Toutefois, malgré la bonhomie qui faisait le fond de son caractère, sa philosophie n'allait pas jusqu'au pardon des injures. Sensible aux froissements de l'amour-propre, il renvoyait le trait à qui l'avait blessé. A ce genre d'escarmouche il était passé maître ; il le savait, et sans pitié chargeait à fond sur ses adversaires ; et, chose étrange ! il se faisait peu d'ennemis. Un de ses contemporains, qui, du reste, ne lui est pas toujours favorable dans ses appréciations, dit : « Avec la facilité dangereuse dont Piron était doué de faire des épigrammes très-mordantes et de s'en permettre beaucoup, il a eu l'avantage de ne point passer pour méchant. Il les composait et les récitait avec une gaîté franche qui les lui faisait pardonner. J.-B. Rousseau, avec un extérieur moins enjoué, une physionomie moins ouverte, excita plus de haine par les siennes. Il en devint la victime (2). » De son côté, Rigoley de Juvigny, qui a vécu dans l'intimité de Piron, affirme « que sa malice était dans son esprit, non dans son cœur ; que ni le fiel ni la calomnie n'ont empoisonné ses traits, et qu'il avait la satire en horreur. »

Quoiqu'il en soit, pour notre part, nous serions effrayé

(1) Pour ne citer que Diderot et Duclos, le premier, étant marié, a vécu publiquement de longues années avec madame de P.... et mademoiselle Voland. La comtesse de Rochefort disait au second : « Voici votre paradis : du pain, du vin, du fromage et la première venue. »

(2) *Eloge anonyme de Piron*, extrait du *Necrologe des hommes célèbres de France*, par une société de gens de lettres ; Paris, année 1774.

de la quantité d'épigrammes que Piron a *éternuées*, pour nous servir de l'une de ses expressions (1), si nous ne savions que cette espèce d'escrime littéraire était un besoin de l'époque, un simple jeu d'esprit qui avait gagné tous les rangs (2).

En définitive, une réaction favorable se manifeste depuis quelque temps à l'égard de Piron. Des esprits généreux ont pris à tâche de le réhabiliter aux yeux des gens honnêtes, en le présentant sous sa véritable physionomie (3). Nous apportons notre modeste pierre à cette œuvre de justice et de réparation, sans entendre toutefois aliéner en rien notre indépendance. Nous dirons la vérité en tout et partout, et notre opinion toujours, quelle qu'elle soit, ou flatteuse ou sévère.

Mais il est temps de parler spécialement des manuscrits *entièrement inédits* qui forment l'objet de cette publication, et dont aucun des éditeurs ou biographes modernes de Piron n'a eu communication ni même connaissance. Ces manuscrits autographes et originaux, consistent en *Lettres*, *Poésies* et autres *documents* d'une haute importance, en ce sens qu'ils nous montrent Piron sous un jour tout-à-fait nouveau.

A entendre certains auteurs, Piron, retranché de la bonne compagnie, aurait vécu à l'écart en véritable bo-

(1) *Lettre au président de l'Académie de Caen*, du 14 décembre 1755, insérée dans *l'Artiste*, de 1830. Dans une autre lettre à M. de Fontette, écrite un mois après, Piron disait que Voltaire était à ses derniers *hoquets* et lui à ses derniers *éternuements*.

(2) Pour ne parler que de deux auteurs pris à partie par Piron, nous avons en portefeuille cinquante-quatre épigrammes de lui contre l'abbé Desfontaines et trente-deux contre Fréron : en tout quatre-vingt-six épigrammes !

(3) M. Edouard Fournier : voir l'Étude déjà citée ;

hême, et comme frappé de la réprobation publique. Eût-il assassiné père et mère, — son père qu'il aimait tant, malgré sa sévérité à son égard ! sa mère à laquelle il faisait une pension, malgré sa profonde détresse ! — eût-il été affilié à une bande de truands et de coupe-jarrets; enfin, eût-il habité un cabaret borgne dans un quartier perdu, on n'aurait pas tenu un autre langage. Quant à ses amours, on aurait pu croire qu'il les prenait çà et là en plein vent, n'importe où, et que ce vers du poète comique avait été fait particulièrement pour son usage :

Et quand le cœur m'en dit, j'en prends par où je puis.

Or, nous prouverons que Piron était admis dans les meilleures sociétés; que, loin de s'en être tenu aux amours faciles et banales, il a compté, au nombre de ses tendres victimes, au moins deux conquêtes choisies qu'il pouvait avouer le front haut et sans rougeur : — mademoiselle Quinault (1), la femme tendre et contenue, aux convenances parfaites, nature fine et distinguée; mademoiselle de Bar, la femme ardente et libre de frein, aux saillies brillantes et hardies; celle-ci, donnant fièrement la réplique à Piron, et luttant avec lui à armes égales ; celle-là, le conseillant, l'encourageant, l'armant contre lui-même; l'une, ange d'amour et de poésie; l'autre, vrai

---

M. Hippolyte Lucas : *Histoire philosophique et littéraire du Théâtre Français;* 1 vol. in-18. Gosselin, 1843.

M. Ludovic Lalanne : *Athenæum français,* revue universelle ; 2 février 1856.

MM. de Goncourt: *Portraits intimes du XVIIIe siècle;* 2 vol in-18, Dentu, 1858.

(1) Jeanne-Françoise Quinault, la célèbre soubrette de la Comédie-Française. Entrée au théâtre en 1718, morte en 1783.

démon à damner plusieurs saints; formant à elles deux un assemblage de contrastes, d'incohérences et d'oppositions plein de charme et d'imprévu.

Enfin, selon le désir exprimé par l'un des honorables compatriotes de Piron (1), qui gémissait de le voir abandonné à perpétuité aux nymphes vénales et subalternes, nous allons faire *pénétrer un rayon d'amour élégant et parfumé dans la mansarde de notre poète.*

Assurément, Piron était un pauvre diable, une espèce d'enfant perdu de la littérature; en un mot, l'un des descendants de ces poètes besogneux et crottés, si inhumainement flagellés par l'aristocrate Boileau; mais il était homme de belle stature et de bonne mine; sa taille n'avait pas moins de cinq pieds huit pouces; sa face, il le dit lui-même, était celle du *roi de Cocagne, vive, fleurie, rubiconde* (2); des yeux à fleur de tête, des narines dilatées et respirant le plaisir; de plus, il était aimable et galant : en voilà plus qu'il n'en faut pour expliquer ses bonnes fortunes en haut lieu, à une époque où les grandes dames ne demandaient pas d'autre monnaie pour se rendre; époque voisine de celle où une belle marquise, interrogeant l'acteur Baron, dans un moment d'orgueilleuse faiblesse, en avait obtenu la réponse que chacun sait.

Du reste, qu'on ne croie pas que les relations de Piron avec mesdemoiselles Quinault et de Bar aient été l'un de

---

(1) M. Abel Jeandet, de Verdun-sur-Saône, savant et spirituel bibliographe, auteur de plusieurs dissertations et notices fort intéressantes, où le talent de l'homme de style brille à côté de la conscience de l'historien. Il serait à désirer que chacune de nos vieilles provinces fût dotée d'un esprit aussi sagace, aussi investigateur, aussi lettré. Combien de richesses archéologiques, historiques et littéraires, enfouies dans la poussière de l'oubli, notre France scientifique recouvrerait !

(2) Voyez sa lettre plus loin.

ces romans écrits à deux par une belle matinée de printemps et dont, le lendemain, on a oublié jusqu'au titre ; une de ces liaisons formées par le caprice, entretenues quelque temps par l'attrait de la nouveauté, et qui se brisent à la première atteinte de la lassitude, mère du dégoût et de l'ennui. Non : ces deux amours de Piron ont duré de longues années ; et l'amitié qui y a survécu de part et d'autre ne s'est éteinte que sous le froid toucher de la mort.

Les manuscrits à notre disposition indiquent que Piron a fait deux voyages à Bruxelles : le premier en 1738, le second en 1740 (1). Or, ce sont les lettres adressées par lui à mademoiselle de Bar, pendant ces deux voyages, qu'il nous est donné d'offrir à la curiosité du lecteur ; plus, un assez grand nombre de lettres écrites à Piron par mademoiselle de Bar ; enfin, des lettres adressées au même par mademoiselle Quinault.

Ecrites au sein de la plus étroite intimité, toutes ces lettres sont intéressantes, en ce qu'elles peignent chaque personnage au naturel, en déshabillé, si l'on ose dire. On y voit Piron tout entier, avec ses joies d'enfant, ses faiblesses d'homme et ses petites passions de poète. En outre, l'élément littéraire y est fourni, abondant. La plupart des lettres de mesdemoiselles Quinault et de Bar roulent sur des choses d'art et de théâtre ; et plusieurs des lettres de Piron renferment, sur Voltaire et sur J.-B. Rousseau, poètes qu'il a occasion de voir à Bruxelles, des renseignements neufs et précieux.

Comme la correspondance de mademoiselle Quinault sera placée plus loin, vers la fin de ce volume, c'est le lieu où nous donnerons quelques détails biographiques

(1) Plus loin nous expliquerons les motifs et le but de ces voyages.

sur cette *divine Thalie,* ainsi que l'appelait Voltaire, laquelle est en possession d'une réputation trop éclatante, trop justement acquise, pour n'être pas connue du lecteur.

Il n'en est pas de même de mademoiselle de Bar, dont le nom est sans doute nouveau pour beaucoup de personnes.

Mademoiselle de Bar habitait l'hôtel de la marquise de Mimeure (1), qui se l'était probablement attachée, — comme il était d'usage alors dans certaines familles riches, — en qualité de demoiselle de compagnie ou de lectrice. C'était donc une espèce de mademoiselle de Lespinasse, ou de mademoiselle de Launay, que mademoiselle de Bar; mais au rebours de ces dernières, elle est restée ignorée, inconnue : et cependant par son esprit original, par le tour piquant de ses idées, elle mérita peut-être, — le lecteur en jugera, — sinon d'être élevée au rang de ces deux femmes célèbres, du moins d'avoir une place à leurs côtés.

Le sort a d'étranges caprices ! Il refuse parfois, non-seulement le renom, mais la notoriété même à de hautes intelligences, à de nobles cœurs, pour produire des médiocrités au grand jour, jusqu'à ce que le temps, — ce

(1) Charlotte-Madeleine de Carvoisin-d'Achy, mariée à Jacques-Louis Vallon, marquis de Mimeure (on prononce Mimûre), maréchal de camp et membre de l'Académie française. Morte à Paris, le 30 novembre 1739, à l'âge de 73 ans. Dans une note établie en marge d'une épître adressée par lui à cette dame, Piron nous apprend qu'elle *était dans la haute dévotion.* Pendant longtemps, elle fut intimement liée avec Voltaire, qui cessa de la voir lorsqu'il fit connaissance de la présidente de Bernières. — Voir la lettre de Voltaire à cette dernière, de novembre 1734 ; édition Beuchot. — D'après Voltaire (lettre écrite de Villars vers la fin de 1719), la marquise de Mimeure avait de l'agrément dans l'esprit.

lent justicier ! — ou le hasard, cette divinité aveugle ! — remette toute chose en son rang.

Jusqu'à ces derniers temps, quelques investigations que nous ayons faites, nous n'avions pu recueillir aucune lumière sur la famille de mademoiselle de Bar. Peut-être, dès lors, eussions-nous fait aussi de *la fantaisie*. Dans ce but, nous n'aurions pas manqué de faire descendre notre héroïne de l'illustre maison des ducs de Lorraine et de Bar, qui a compté des alliances parmi les têtes couronnées. Cependant, à quoi bon? Un blason à mademoiselle de Bar! Fi donc! Elle en eût sûrement fait litière, à en juger par sa philosophie vive et gaillarde et par l'indépendance de ses allures.

Heureusement pour notre conscience d'historien, nous n'avons pas de frais d'imagination à faire pour donner un état civil à mademoiselle de Bar. Nous savons positivement aujourd'hui quelle elle est, d'où elle vient, où elle va ; et le lecteur le saura lui-même.

Indépendamment de la correspondance dont il s'agit, nous publions aussi, *pour la première fois* :

1º Une vingtaine de lettres de Piron à *diverses personnes*. Treize de ces lettres sont adressées à des membres de l'Académie de Dijon (Legoux-Gerland, Maret, le président de Ruffey), et ont été écrites par notre poète à l'âge de 78 et 80 ans, c'est-à-dire peu d'années avant sa mort. Ce ne sont pas les moins curieuses du recueil, en ce sens qu'elles nous initient aux dernières pensées du vieillard, qui alors, comme on dit vulgairement, a *vidé le fond du sac*, au point de vue de ses sympathies et de ses rancunes littéraires ;

2º Différentes pièces de poésie, composées par Piron, — contes, épîtres, épigrammes, chansons, etc. ;

3° Enfin, nous mettons sous les yeux du lecteur les *premières amours* de Piron, en d'autres termes, les lettres (*prose et vers*), qu'il adressa à une sienne cousine de Dijon, dont il s'était éperdûment épris vers l'âge de 20 à 25 ans, avant qu'il quittât sa famille pour venir tenter fortune à Paris. Nous y ajoutons, comme appartenant à la même date et au même genre, quelques poésies adressées à d'autres jeunes Dijonnaises, ainsi qu'une pièce de vers intitulée : *Retour sur moi-même*, et composée en 1707, laquelle est signalée par Piron, dans une notule marginale, comme étant les *premiers vers qu'il ait faits de sa vie.*

Il paraîtra sans doute intéressant de prendre ainsi Piron à son point de départ, et de l'étudier dans ses impressions juvéniles, après l'avoir entendu dans les dernières confidences de sa vieillesse.

C'est donc un Piron *complet* et *tout-à-fait imprévu*, que nous présentons au public, en couronnant ce faisceau de piquantes nouveautés par le *Testament littéraire* du poète, document qui n'a jamais été imprimé dans son entier et dont nous avons l'original.

Une telle réunion de documents, — véritable trésor autobiographique et littéraire, — paraîtra plus précieuse encore quand on saura que Rigoley de Juvigny, éditeur des œuvres complètes de Piron et le légataire de ses manuscrits, l'a eue à sa disposition. Les ménagements que lui commandait la mémoire de Piron, son ami, et, d'un autre côté, la crainte de jeter du ridicule sur des écrivains estimables encore vivants, l'engagèrent évidemment à écarter ces matériaux de l'édition de 1776. Au surplus, aucun doute ne peut s'élever quant à leur dépôt entre ses mains, en présence des annotations et remarques qu'il a inscrites, *propriâ manu*, sur un certain nombre de poésies, de même que sur la couverture des cartons où elles étaient renfermées (1).

Cette découverte est piquante, n'est-il pas vrai? et nous promet de curieuses révélations.

Du reste, Juvigny ne fait aucune mention des lettres écrites par Piron, soit de Bruxelles à mademoiselle de Bar, (1738 — 1740), soit de Paris à diverses personnes, (1766 — 1768), et ce silence se conçoit : les premières lui donnent un démenti formel, quant aux sentiments et au langage qu'il prête à Piron à l'égard de J.-B. Rousseau ; les secondes contiennent comme une espèce de croisade contre des personnages et des abus qui, en général, avaient été épargnés jusques-là par Piron.

En ce qui concerne les lettres de mesdemoiselles Quinault et de Bar, il n'en parle pas davantage. Cette réticence a également sa raison d'être : mademoiselle Quinault vivait encore en 1776, et mademoiselle de Bar, morte en 1751, avait emporté dans la tombe un nom qui imposait une grande réserve à Juvigny.

Cet écrivain a donc procédé par la voie de l'abstention toutes les fois qu'il s'est agi de révéler des vérités *gênantes*, et par la voie de la dénégation lorsqu'il s'est trouvé en présence de certains faits passés dans le domaine de la notoriété, mais dénués de preuves. C'est

(1) Dans *le Moniteur* du 15 septembre 1817, on lit l'annonce suivante : « Les manuscrits de Piron sont arrivés, par succession, entre les mains d'une personne qui désire les vendre. La collection renferme plusieurs pièces du genre érotique, historiettes galantes, contes en vers, épigrammes, etc., qui n'ont point été imprimées. Les personnes auxquelles ces manuscrits pourront convenir, auront la facilité de les voir chez M. Marie, rue de l'Echiquier, 4, qui donnera sur leur authenticité tous les renseignements qu'on pourra désirer. »

ainsi, par exemple, qu'il a été conduit, dans maint endroit, à s'exprimer de manière à faire croire que quelques poésies égrillardes, imprimées furtivement en France et à l'étranger, du vivant et sous le nom de Piron, n'étaient pas de ce dernier. Pièces en main, nous pourrions fournir la preuve du contraire.

D'un autre côté, dans son *Discours préliminaire,* il dit avoir publié *toutes* les épigrammes dirigées par Piron contre les auteurs estimés du temps. Cette déclaration est inexacte. Outre ses restrictions à l'égard de l'abbé Desfontaines et de Fréron, Juvigny a tenu secrètes un assez grand nombre d'épigrammes que Piron a décochées, sous le manteau, contre Louis Racine, Crébillon fils, Dancourt, Le Franc de Pompignan, Destouches, Gresset, J.-J. Rousseau, etc., etc.

Nous sommes assez heureux pour pouvoir produire toutes ces épigrammes, dont la plupart sont des mieux venues.

Une remarque analogue s'applique aux autres poésies, c'est-à-dire aux épîtres, chansons, etc.

En un mot, à l'aide des pièces autographes et originales dont nous sommes détenteur, — lesquelles, sans détruire toujours les altérations de Juvigny, en modifient souvent le sens et la portée, — nous nous réservons le soin, — le malin plaisir peut-être, — de le surprendre quelquefois en flagrant délit d'inexactitude volontaire, ou de complaisante faiblesse.

Ces réserves posées, Juvigny s'est assez bien acquitté, dans l'ensemble, de sa double tâche d'éditeur et d'ami (1);

---

(1) Nous lui reprocherons toutefois d'avoir porté la main sur les préfaces que Piron avait faites pour chacune de ses pièces de théâtre jouées à la Comédie-Française, préfaces qui se trouvent, *in extenso*, dans l'édi-

et La Harpe, remarquons-le en passant, a été beaucoup trop sévère à son égard. Sa prose n'est ni *niaise* ni *plate*, encore moins *anti-française* (1). Elle est seulement quelque peu déclamatoire, et ce peu est de trop ; mais elle a, en général, le tour vif, précis, et ne manque pas çà et là d'une certaine élégance. On sait pourquoi, d'ailleurs, le bilieux auteur du *Cours de Littérature* a déclamé si fort contre l'éditeur des *OEuvres complètes* de Piron ; c'est qu'il trouva dans ce recueil un grand nombre d'épigrammes à son adresse, et ce ne sont pas les moins mordantes en vérité. A ce sujet, Juvigny se montra peu généreux envers La Harpe, mais peut-être agissait-il ainsi pour se dédommager du silence qu'il s'était imposé à l'endroit d'autres écrivains. Cette manière d'établir une compensation mériterait d'être notée.

En résumé, il serait par trop rigoureux de prendre texte des omissions dont il a été parlé plus haut pour exprimer un reproche d'infidélité contre Juvigny. Il nous appartiendrait moins qu'à tout autre, d'ailleurs, de nous élever contre la réserve extrême dont il a usé à l'égard de quelques-uns de ses contemporains, puisque c'est à

---

tion publiée par Piron lui-même en 1758. De Juvigny les a écourtées, défigurées, sous le prétexte qu'étant trop longues, elles avaient trouvé des censeurs. Cette mutilation est d'autant plus regrettable que les préfaces précitées sont généralement remarquables par leur ton franc et original, et que Piron ne s'est jamais mieux peint que dans ces sortes d'écrits. D'un autre côté, en vue de donner plus d'importance à sa publication, Juvigny y a inséré un assez grand nombre de productions médiocres ou puériles qu'un goût plus sévère lui aurait fait éliminer du bagage de Piron, pour y substituer celles que nous publions nous-même ; mais il n'a pas osé, et il n'a voulu rien perdre sur la quantité.

(1) *Correspondance littéraire adressée au grand-duc de Russie ;* 1774 à 1789, 5 vol. in-8°. Migneret, Paris, 1801, pages 554 et 555.

cette même réserve que nous devons aujourd'hui notre bonne fortune littéraire. Au surplus, si Juvigny s'est abstenu de mettre en lumière certaines productions de son ami, s'il en a désavoué d'autres, il a été guidé en cela, comme nous l'avons dit, par des motifs honorables puisés dans des considérations de personnes ou de *choses* qu'il a dû respecter. Ces dernières considérations, on le comprendra, existent pour nous comme elles ont existé pour Juvigny ; mais les premières ont disparu, et à l'heure qu'il est, nous pouvons citer des noms propres sans éveiller de susceptibilités.

Nous terminerons cette notice en annonçant que nous serons conduit, chemin faisant, à rectifier quelques erreurs dans lesquelles sont tombés certains biographes modernes, faute d'avoir sous la main les éléments d'instruction qui nous sont dévolus.

Trois points sont demeurés obscurs dans la vie de notre poète :

D'une part, on se demande si, nonobstant la traduction en vers, ou mieux la paraphrase des *Psaumes de la Pénitence* qu'il a faite dans sa vieillesse, il a composé des poésies *grivoises* à cette dernière période de son existence ; en d'autres termes, s'il est mort dans l'*impénitence finale littéraire ;*

D'un autre côté, des doutes s'élèvent sur la question de savoir si Piron, dans les derniers temps de sa vie, s'est réconcilié ou non avec Voltaire.

Nous répondrons péremptoirement à ces deux questions.

Enfin, on a exprimé plusieurs fois le désir de connaître le *nom véritable* et la *condition sociale* de la femme de Piron, tant il semblait que c'était là une physionomie curieuse et digne d'être étudiée.

Nous éclaircirons également ce fait; mais, de son côté, madame Piron se chargera du soin de nous dire *elle-même* ce qu'elle a été, au triple point de vue de l'instruction, du goût et de l'esprit.

HONORÉ BONHOMME.

CORRESPONDANCE
DE
PIRON AVEC MADEMOISELLE DE BAR

PREMIER VOYAGE
DE
PIRON A BRUXELLES
— 1738 —

CORRESPONDANCE

DE

PIRON AVEC MADEMOISELLE DE BAR

PREMIER VOYAGE

DE

PIRON A BRUXELLES

— 1738 —

Nous avons dit que Piron a fait deux voyages différents à Bruxelles : l'un en 1738, l'autre en 1740. Occupons-nous d'abord du premier voyage, que Juvigny et les autres biographes font remonter à l'année 1735, ce qui est une erreur, ainsi qu'il nous a été facile de le reconnaître en restituant aux lettres de Piron, à l'aide de l'*Almanach royal*, leur véritable millésime (1).

(1) Ce qui prouve surabondamment que ce premier voyage n'a pu s'accomplir en 1735, c'est que Piron, dès sa première lettre, parle de l'état de délabrement physique et moral dans lequel J.-B. Rousseau avait été jeté par suite d'une attaque d'apoplexie, dont il ne s'est jamais bien guéri. Or, cette attaque a eu lieu en janvier 1738; J.-B. Rousseau en rend compte à M. Boutet de Monthéri, son ami, dans une lettre du 16 février de la même année. — Voyez *Lettres de J.-B. Rousseau sur différents sujets de littérature*, 3 vol. in-12; Genève, 1750.

Quoiqu'il en soit, Juvigny nous apprend que Piron s'était rendu une première fois à Bruxelles pour y voir un étranger (1) dont il avait reçu, en forme de remerciment d'un exemplaire de sa tragédie de *Gustave*, une lettre de change assez considérable, et auquel il crut ne pouvoir se dispenser d'aller en exprimer personnellement sa gratitude. Il connaissait déjà cet étranger, qui l'avait autrefois traité avec beaucoup de bonté, à Paris, chez le comte de Livry.

Pendant le court séjour que Piron avait fait à Bruxelles, il s'était lié *d'une amitié intime,* au dire de Juvigny, avec J.-B. Rousseau, qui y végétait alors dans les tristesses de l'exil. Séduit, entraîné par la gaîté inépuisable de Piron, qui apportait un baume sans cesse renaissant à ses souffrances, « J.-B. Rousseau lui fit donner sa parole, ajoute Juvigny, de revenir le voir et le consoler. Il entretint depuis avec Piron un commerce de lettres réglé, et, dans toutes, il le pressait d'exécuter sa promesse. Piron se rendit aux instances de Rousseau en 1740. »

Arrêtons-nous ici. Dans un chapitre *ad hoc* nous parlerons du voyage de 1740, en communiquant alors au lecteur les lettres qui s'y rattachent.

---

(1) Ce personnage, que Juvigny ne nomme pas, était, croyons-nous, un M. Du Lis ou De Lys, très-riche et très-fastueux israélite, lequel avait eu, à Paris, à la suite de sa rupture avec la Pélissier, chanteuse à l'Opéra, dont il avait été l'amant, un procès scandaleux au Châtelet. — Voir, aux *Poésies inédites*, ce curieux épisode, raconté par Piron lui-même.

LETTRE I (1)

« Bruxelles, 13° juillet-dimanche.

» Dites-moi encore de ne pas porter moi-même mes lettres à la poste. Un domestique se chargea hier, dès les neuf heures du matin, d'une lettre pour vous, que j'avais bien pris de la peine d'écrire, et me la rendit en me couchant avec de grandes excuses de l'avoir oubliée. Cela n'arrivera plus. Vous recevrez tous les jours de mes nouvelles, et le jour que j'y aurai manqué c'est que j'aurai écrit ce jour-là à M. de Livry. Vous n'avez point mis de ? à son article; ainsi, je compte qu'il est fidèlement vrai, et vous me ferez plaisir de m'en assurer encore, savoir que vous avez été bien reçue, qu'il n'a point paru du tout fâché, et que je puis me régler là-dessus absolument. Je ne suis pas surpris que madame Guyard vous ait plu; mais nous avons tant de fois eu à rabattre de nos préventions favo-

(1) Les lettres relatives à ce premier voyage portent cette adresse : « A mademoiselle de Bar, chez madame la marquise de Mimeure, rue des Saints-Pères, faubourg Saint-Germain, à Paris. »

rables sur les plus belles apparences, qu'il ne faudra pas être plus surpris au temps d'un revers de médaille. Lorsque vous la verrez, dites-lui, s'il vous plaît, qu'elle aura quand elle voudra le Pope de Silhouët (1). Il est sur ma table, et vous le connaissez. Pour lui faire votre cour, dites-lui du bien de ce traducteur, et vous direz vrai. J'ai vu qu'elle s'y intéressait très-vivement, et vous lui ferez autant de plaisir qu'on vous en fait peut-être quand on vous dit du bien de moi.

» J'ai vu le dernier tome du pauvre Rousseau. Il n'y a plus grand monde au logis, et il n'a presque plus vaillant du renard que la peau dans laquelle il mourra. Il m'a entretenu longtemps de ses trois dernières épîtres, d'il y a deux ans, et je lui ai prêté l'attention la plus flatteuse, sans que cela m'ait mérité des représailles quand il a été question de *la Métromanie;* on ne peut louer plus sobrement qu'il a fait; mais d'un tel payeur on en prend ce qu'on peut. Il me vante extrêmement ces gens-ci, et préconise à tout venant le zèle et le bon esprit des habitants de cette ville, qui, dit-il, depuis l'archiduchesse (2) jusqu'au plus petit, se sont intéressés

---

(1) Silhouette (Etienne de), littérateur, contrôleur des finances; né en 1709, mort en 1767; a laissé plusieurs ouvrages de littérature et de philosophie.

(2) Marie-Thérèse, archiduchesse d'Autriche, fille de l'empereur Charles VI et d'Elisabeth-Christine de Brunswich-Wolfen-

tendrement à son état. Il ajoute que des bonnes gens ont été jusqu'à faire des vœux pour lui à une Notre-Dame tenue pour très-miraculeuse. Il est si peu vivant, qu'il n'a pu me donner grand'foi à cette bonne Vierge ; mais comme il se croit mieux peut-être qu'il n'est, et qu'une de ses maladies est peut-être de vouloir passer pour dévot, j'ai adhéré ingénuement à ce qu'il m'a paru vouloir, et je me suis écrié : Bénie soit la Sainte-Vierge d'avoir si bien opéré !

» S'il se voit des yeux d'autrui, et qu'il ait voulu goguenarder, il aura vu l'ironie ; si non, il aura pris cela pour argent comptant. En tout cas, c'est tout ce que j'ai pu faire pour son service. Impénétrable comme il est sous son masque éternel, à la décadence où il est tombé, on peut dire, d'après lui, de lui-même : « Le masque tombe, l'homme reste, et le héros s'évanouit. »

» Il va et vient pourtant, s'ajuste encore soigneusement ; et, malgré la pesanteur et la caducité visible où l'a jeté son apoplexie, il porte une perruque à cadenettes très-coquette, et qui jure parfaitement avec un visage détruit et une tête qui grouille. Il m'a dit que pour fermer sa carrière, il composait une *ode adressée à la Postérité*. Gare que cet écrit in-

buttel ; née le 13 mai 1717, monta sur le trône en 1740, et mourut à Vienne le 29 novembre 1780.

extremis n'aille pas à son adresse (1), ou ne soit renvoyé, dans nos fastes littéraires, au chapitre *de frigidis et maleficiatis*. Tout ce latin veut dire en bon français qu'il y a, je crois, bien de la différence de nous aux cygnes, et que le chant d'un moribond ne va pas loin. Bonjour, ma tante (2). Hier au soir je reçus votre lettre du 9 qui, toute courte qu'elle était, me fit plus de plaisir que celle-ci, qui est assez longue, ne vous en doit faire. Continuez tant que vous pourrez, sans vous incommoder. Bonjour de tout mon cœur. *Tournez, S. V. P.*

» Puisqu'il y a un port de lettre d'épargné d'hier, j'en profite pour vous envoyer l'ode que vous voyez. L'homélie se sent diablement de l'apoplexie. Elle a le mérite de la primeur, et vous pouvez vous en faire de fête auprès de mon ami Trublet, en négociant avec lui les deux effets que savez. Je vous réitère mes sollicitations pour cette affaire : elle m'est importante. Je me porte mieux que chez vous parce que je mange moins, quoiqu'il y ait grande chère. On ne peut être plus sobre que je le suis. En me conservant si précieusement, je fais comme ceux qui se penchent en suivant leurs boules et qui leur

(1) Ce bon mot a été attribué à Voltaire. Il est évidemment de Piron, attendu que Voltaire n'a pu le dire qu'après la publication de l'ode, que J.-B. Rousseau communiqua à Piron *à l'état de projet*.

(2) Nom d'amitié que Piron donne à mademoiselle de Bar dans plusieurs de ses lettres.

en croient faire faire autant. Je me conserve parce que vous m'aimez, et je m'imagine que vous vous choyez de même là-bas, parce que je vous aime. Si je savais que vous vous donnassiez la moindre indigestion, je m'en donnerais quatre. Soyez sage, ou je croirai que vous ne vous souciez plus que je le sois. Mes compliments à la nièce. »

LETTRE II

« Ce dimanche 20.

» Je me sens dans une colère extrême contre les Clairaut (1). Je vous exhorte à l'insensibilité contre les incartades de pareilles gens; je m'abstiens de leur écrire pour vous obéir. Ayez donc la même patience de votre côté, et poussez le temps de l'épaule sur cela, comme je le pousse ici sur bien d'autres choses. Je suis pourtant très-curieux de savoir ce qu'ils ont dit et fait de nouveau pire que devant, quoiqu'en tout, qui se prépare à être sourd et muet,

---

(1) Il s'agit probablement de quelques membres de la famille du célèbre géomètre Clairaut (Alexis-Clément), qui fit un voyage en Laponie, et auquel Piron avait adressé, à ce sujet, en 1737, une jolie lettre insérée dans ses *Œuvres complètes*.

devrait débuter par être aveugle et à ne pas chercher les objets qui émeuvent les puissances. Je n'ai pas encore eu le temps d'écrire à mon cher comte (1). C'est ici un bien autre mouvement qu'à La Haye. C'était là un désert, où pendant cinq ou six semaines, je ne voyais que les cinq ou six mêmes personnes. Bruxelles est aussi vivant que Paris, et notre hôtel est une halle ouverte aux quatre nations.

» Je suis donc entouré de monde depuis huit heures du matin jusqu'à minuit. Rousseau est devenu mon vieillard de la mer, et par conséquent j'ai sur les épaules une meule de moulin de marbre aussi lourde et aussi froide qu'il y en puisse avoir. Son assiduité sert à me le développer, et je vous avoue qu'il n'est pas trop bon. C'est un consommé de Panurge et de la Rancune. Il ne dit bien de personne, et je ne l'échapperai pas plus qu'un autre, quelque attention que j'aie à lui complaire, et quelque goût qu'il paraisse prendre à moi. Tout autre qui le connaîtrait moins, se flatterait qu'il aurait quelque pudeur et qu'il n'oserait médire de quelqu'un qu'il loue à toute outrance ; mais je vois que ces sortes

(1) Le comte de Carvoisin, cornette de la première compagnie des mousquetaires, puis brigadier de cavalerie ; l'un des neveux de la marquise de Mimeure, qui, à l'instigation de mademoiselle de Bar, le fit héritier de la plus grande partie de sa fortune. On verra plus loin comment il récompensa le dévouement de mademoiselle de Bar. Il mourut en 1749.

de contradictions ne l'embarrassent point du tout. Il pousse même les choses à une grande imprudence pour un homme d'esprit ; et quand on le connaît, on ne peut plus s'étonner de ses malheurs. Ne montrez point ceci à Trublet, ni à d'autres. Vous en sentez les conséquences. Il m'a parlé avec un mépris cruel du comte Pacheco ; et, voyez le danger des mauvaises langues ! je ne puis me refuser à quelques mauvaises impressions que cela m'a faites. Il m'a prié de l'avoir à dîner quelquefois, mais de n'en pas mettre ce petit malheureux-là, parce qu'il se tiendrait déshonoré s'il avait été en sa compagnie. Du reste, il honore infiniment l'abbé Desfontaines, et en parle avec de grands éloges ; il a beau dire, il me paraît ici très-déserté des honnêtes gens. Il fait ardemment sa cour aux Jésuites, et vit en sage écolier avec eux. Il est aussi inconséquent qu'un sot.

» Hier, il nous racontait qu'étant un jour à une promenade en carrosse avec *le petit coquin d'Arouët*, celui-ci lui lisait une ode très-impie et telle qu'il fut contraint de lui dire (paroles qu'il nous prononça avec le ton et la grimace d'un saint) : Monsieur, si vous ne finissez, je serai contraint de descendre et de vous laisser là. Une minute au plus après ce pieux récit, il nous dit que M. Malezieu (1) lisant

(1) Malezieu (N. de), précepteur du duc du Maine ; membre de

un soir la Bible à M. le duc du Maine et en étant à un endroit où il y avait : « Dieu lui apparut *en songe,* » il lut : « Dieu lui apparut en *singe,* » parce que l'o se trouvait effacé. Sur quoi le prince lui dit : —Malezieu, vous lisez mal : il doit y avoir en *songe.* —Pourquoi, dit l'auteur, n'y aurait-il pas en *singe* ? n'est-il pas loisible à Dieu d'apparaître dans la forme qu'il lui plaît ? Et, là-dessus, Rousseau de rire sans aucun scrupule. Le voilà peint. Jugez-en maintenant, et voyez s'il y a à s'y fier.

» Ne nous parlons plus du caprice des postes. Il n'y en a point d'autre que leur lenteur. J'ai reçu toutes vos lettres très-ponctuellement tous les jours, ainsi que vous recevez, à ce que j'espère, les miennes. Conservez-vous, si vous m'aimez. Pour moi, à mon pauvre œil près, je suis en parfaite santé. Mes compliments à mademoiselle Morel. »

l'Académie française. Né en 1650, mort en 1727. Ne contribua pas peu à ce qu'on appelât la petite *cour de Sceaux* les *galères du bel-esprit.*

LETTRE III

« Dimanche, 27.

» Comment dites-vous quelquefois si joliment ? Après *je rirons bien, mais que Barbe accouche*, ne dites-vous pas : *elle n'a mezhui que trois semaines, elle fera trois perroquets* (1) ? Nous avons encore trois grandes semaines à attendre (2), et nous verrons ces perroquets.

» Nous menons une vie presque aussi ridicule qu'en Normandie avec Saint-Maurice. Ceci est tout différent de La Haye. Nous étions là des Chartreux ; ici, nous sommes des sacripans. Notre hôtel, qui n'a pas son pareil à Paris pour l'étendue, est continuellement plein de jeunes étrangers qui se renouvellent de temps en temps, mais qui ne nous quittent pas à cause de notre belle dépense, de nos concerts et nos beaux-esprits. Deux ou trois aigrefins, dont M. le comte est un des plus grêlés et des plus mal en linge, viennent assidûment nous faire leur cour à midi, et de ce moment commence, pour jusqu'à minuit, le mélange merveilleux dont je vous

(1) Plaisanteries bourguignonnes, dont nous ignorons l'origine. *Mezhui* veut dire désormais.
(2) Temps au bout duquel Piron devait retourner à Paris.

ai dû faire rire dans ma lettre précédente, savoir : des Rousseau, des Beaulieu, des Pacheco, des Piron, des Geroli, des Bijou, de nos aigrefins ; et de boire et de brailler et de polissonner, et de faire vomir les meilleurs estomacs de mille et mille fades impertinences de tous les genres : la belle par ses mignardises mal en place, les uns par des flatteries, les autres par des fatuités et le reste. Voilà un échantillon de notre vie à Bruxelles, vie si tumultueuse ! Au lieu qu'à La Haye, mon hôte et moi nous étions cloués face à face l'un de l'autre ; ici à peine sait-il où je suis et si j'y suis. Il arrivera de cela que j'ai très-bien fait d'apporter de quoi m'en retourner. L'adorateur du dernier venu (1) songera peu à moi lors de mon départ ; aussi mon drôle ne s'avise pas cette fois-ci d'acheter des petits couteaux pour les perdre.

» Rousseau me récita hier une épigramme en ricanant et sans me nommer l'offensé ; mais il m'avait point la veille M. La Serrée si ressemblant, qu'un aveugle l'eût reconnu (2) :

Inspiré par son appétit,
Il flatte, amuse, divertit ;
Le matin lit son répertoire,

(1) On ignore quel est le personnage que Piron appelle ainsi. Peut-être est-ce l'étranger auprès duquel il s'était rendu, et qu'il désigne tantôt sous le nom de Du Lis, tantôt sous celui de De Lys.

(2) Cette épigramme a été imprimée.

> *Le soir vide à table son sac :*
> *Son esprit est dans sa mémoire*
> *Et son cœur dans son estomac.*

» Que dites-vous de la bonne âme? Est-elle bien raccommodée avec l'amour du prochain? J'ai envoyé trois épigrammes de moi à M. le comte de Livry. La première est *la Veuve inconsolable* (1), Voici les deux autres :

> *La mariée au saut du lit jasait,* etc. (2).

» Celle qui suit est sur la nomination de Crébillon à la place de l'examinateur Chérier (3) :

> *Dieu des vers, sous ton pavillon*
> *Qu'on se met bien à la malheure !*
> *Pour placer le grand Crébillon*
> *Il faut que le gros Chérier meure.*
> *Et quel emploi! Sa muse en pleure.*
> *Examiner avec dégoût*
> *Nos rogatons de bout en bout!*
> *Du moins l'autre, (en paix soit sa cendre !)*
> *Sans rien dire paraphait tout;*
> *Ou lisait tout sans rien entendre.*

(1) Cette épigramme a été imprimée.
(2) Même remarque.
(3) Bien que cette épigramme se trouve dans les OEuvres complètes, nous croyons devoir la transcrire en entier comme partie intégrante de la lettre. D'a[près] un très-intéressant article, inséré par M. F. Guessart dans la C[orr]espondance littéraire, que publie avec succès M. Ludovic Lalanne, l'abbé Chérier était loin d'être aussi ignorant que le prétend Piron. C'était, au contraire, un esprit fin et judicieux.

» Mon pauvre œil et mon papier s'usent à ces balivernes, tandis que j'avais mille bonnes choses à rabâcher. Le roi de Babylone se fourre partout, et fait ici grand tort au roi des bavards. Il me semble qu'il ne devrait guère être question de bel-esprit quand on écrit à sa bien-aimée. J'attends en tremblant la lettre que vous devez écrire à M. Du Lis, parce qu'il a l'effronterie de me dire que vous écrivez mieux que moi. Je n'ai point entendu raillerie là-dessus. Je lui soutiens que non ; et si par malheur il va y avoir de l'esprit dans votre lettre, je suis un roi détrôné. L'avis vous en viendra trop tard, la lettre est peut-être faite. Vous n'avez pas songé à y mettre de l'esprit, le hasard y en aura mis pour vous ; au lieu que si vous aviez été avertie, vous auriez songé à y en glisser, et vous auriez fait tout de travers. Arrive qui plante. Je vous incague tous ! »

LETTRE IV

« Lundi, 11 août.

» Nous voyons bien à quelle lettre nous répondons ; mais il y a longtemps que nous ne nous souvenons plus de quelle lettre nous lisons la réponse.

N'importe; écrivons et continuons comme nous avons commencé. Quoi faisant, je vous dirai, ma chère et très-chère amie, que je viens d'être aussi aise que je le fus de ma vie, en lisant votre lettre du 31 août (1). Vous y êtes de la plus jolie humeur du monde, témoin cette phrase : « Me voilà aimant mon grand dadais comme jadis. Eh bien ! cela est bon. »

« Depuis plus d'une année, je ne sentis de mouvements plus délicieux que dans le moment où j'ai lu et où je relis ces mots doux et joyeux. Il n'y a que la réalité qui puisse y ajouter. Je vous en baise et rebaise mille fois les pieds et les mains. Je ne vous demande que deux ou trois mots comme cela par jour pour faire de moi tout ce que vous voudrez de beau, de bon, de grand. Vous me rendrez capable de tout, comme vous voyez, avec peu de chose. Dites-moi comme on peut vous conserver sur ce ton-là, et vous verrez si rien ne vous est impossible quand vous voulez bien plaire. En un mot, autant je fus chagrin dans ma lettre du 28, autant votre lettre du 31 m'a rendu épanoui. De joie, j'en ai dépendu un écu de six livres en fusées, hier au soir, que nos gens ont tirées sur notre porte. Il y avait vis-à-vis une armée de polissons qui en tiraient aussi sur les nôtres. J'animais nos gens en général chrétien, et

---

(1) Évidemment, il y a erreur dans l'indication de cette date, la lettre de Piron étant du 1 août.

en accompagnant notre artillerie de cris de guerre et d'apostrophes injurieuses au parti adverse, que j'avais fait Turc. Comme nous étions en pleines ténèbres avant et après chaque fusée, mon rôle ne me commettait aux yeux de personne, et mon éloquence allait plus haut que les plus hautes fusées.

» Au bruit que cette guerre faisait, le petit Pacheco est venu sur la porte (il soupait). Tout en arrivant, les Turcs qui tiraient sur nous et dont l'armée était composée de sept ou huit petits écoliers, lui ont jeté pour sa bienvenue une fusée dans le nez. Il a tiré l'épée et s'est jeté, tête baissée, au travers des ennemis qui courent encore. Après une course digne de celle que fit Don Quichotte aux trousses d'un troupeau de moutons, il revint à notre camp tout couvert de sueur et l'épée encore à la main. A cet abord terrible, il nous allait mettre aussi en fuite, s'il ne nous eût rassurés en nous disant ce qui l'empêchait de rengaîner : c'est qu'en poursuivant la canaille infidèle, il avait glorieusement perdu son fourreau.

» Voilà de quoi rire deux ou trois jours durant dans notre auberge (1). Vous savez ma façon vive de conter et de broder dans un premier mou-

(1) Heureux temps que celui-là, où de tels enfantillages faisaient rire des hommes raisonnables pendant deux ou trois jours ! Du reste, cette lettre présente un échantillon de la plaisanterie *au gros sel* dont nous avons parlé, et qui, à juste titre, effraie les délicats.

vement. Je vis l'heure où M. Duliz (1) allait passer
en l'autre monde, sur les ailes de mon esprit conteur,
à force de rire et de pleurer. Cela ne fait pas cet
effet sur vous, parce que ceci n'est rien, dénué des
circonstances et du détail de la chose lors de l'événement. Quoi qu'il en soit, hier je repris courage
pour jusqu'à notre départ, grâce à la gaîté que me
donnèrent les deux ou trois mots que je vous ai dits
de votre façon. Je n'oublierai jamais non plus la
bonté que vous avez de n'être point malade : car
dire de vous bien porter, c'est ce que je n'ose espérer, et nous serions trop heureux. D'un mauvais
payeur on prend ce qu'on peut, et je n'en demande
pas plus au ciel, de peur que mon ambition ne me
fasse perdre le peu qu'il nous veut bien donner.

» Bonjour, princesse de Visapour. Que ne suis-je
à vos pieds ! Dans dix-neuf jours, messer Levraut
est assigné à comparaître devant les lares du maître,
et nous ôterons du caveau quelques-unes de ces
malheureuses qui m'attendent la corde au cou. Je
les châtierai d'avoir laissé crever quinze de leurs
sœurs sans mot dire. M. le duc d'Aremberg (2),

(1) L'orthographe du nom de ce personnage est Duliz. Voyez les *Mémoires anecdotes pour servir à l'histoire de M. Duliz*; Londres, 1739. Samuel Harding, 1 vol. in-12 et le *Journal* de Barbier.

(2) Aremberg (Léopold-Philippe de Ligne, duc d'), gouverneur de Mons, grand bailli de Hainaut, général de Marie-Thérèse. Né à Mons en 1690, mort en 1754. Il était en correspondance avec Voltaire, et donna un asile et une pension à J.-B. Rousseau.

s'étant bien trouvé apparemment de ma présence une première fois, m'envoya prier une deuxième avant-hier. Je refusai, et fus hier le voir. Je l'entretins une bonne heure, et ne l'ai point guéri de la ridicule envie de m'avoir. M. de Livry sera bien aise de savoir qu'il y fut fort question de son aimable *lui*, parce que j'y trouvai le frère du roi de Suède, le prince de Hesse-Cassel, que nous eûmes à Livry, il y a six ou sept ans. »

—

LETTRE V

« Dimanche, 10 août 1738.

» Nous eûmes hier un plaisir que n'a jamais eu la France. On exécuta, au concert de M. Duliz, une cantate dont, non-seulement les paroles, mais même la musique étaient de M. Rousseau (1). L'assemblée était belle et nombreuse ; et ce prince des poètes modernes fut déclaré, par une acclamation bien flatteuse, citoyen de la double colline et docteur *in utroque*. Le bruit en ira jusqu'à Cirey, et voilà de

(1) J.-B. Rousseau n'a jamais fait, que nous sachions, la musique d'aucune de ses cantates. Nous inclinons à croire que cette lettre est une mystification à l'adresse de Voltaire, et arrangée entre Piron et ses amis.

la besogne pour Voltaire. La moindre feuille de laurier ajoutée à la couronne d'autrui lui paraît, comme vous savez, un vol fait à la sienne, et lui fait mettre son bonnet de travers. Une pièce qui réussissait aux marionnettes, pendant le succès de sa *Zaïre*, lui donna la fièvre. Il rêvait toutes les nuits qu'il courait les rues sur un char de triomphe, assis à côté de Polichinelle. Les Suisses ne voulurent jamais tant de mal à Brioché (1) qu'il en voulait au sieur Bertrand et à sa grande troupe de bois. Que ne sera-ce pas aujourd'hui que, couronné par l'Académie des Sciences, conjointement avec sa divine Emilie, il va rêver qu'il voit Rousseau assis sur le même char de triomphe, entre lui et sa dame Du Châtelet ?

» Rousseau, grand musicien ! O rage ! ô désespoir ! C'est de quoi ne s'était pas encore avisé notre génie frivole et vaste. Adieu la poésie, l'histoire et la philosophie, et malheur à Lully et à Rousseau ! Nous aurons dans un an, en vengeance de notre cantate, un opéra dont il aura fait les paroles et la musique Je l'ai gagé. Ne me laissez pas perdre le pari. Ayez bien soin d'apprendre au charitable abbé Trublet, la nouvelle que je vous écris, et reposons-nous du reste sur le soin qu'il aura de

(1) Allusion à la mésaventure arrivée à Brioché, fameux joueur de marionnettes, qui, donnant des représentations à Soleure, fut soupçonné de magie et emprisonné.

piquer la jalousie de l'homme universel par des hyperboles. Vous savez mieux que moi, tout avare de louanges qu'il est, combien il loue quelqu'un volontiers quand cela peut en mortifier quelque autre. Souvenez-vous des deux lettres de Voltaire que vous m'avez envoyées ; et comme le bon abbé, en prenant malignement le parti de Desfontaines, occasionna la seconde de ces lettres où le pauvre diable est achevé de peindre.

» Confiez-lui donc au plus tôt les intérêts de ma gageure, en lui exaltant le succès du *musicien* Rousseau. Je suis à peine levé que je vous l'écris. Ne vous couchez pas sans avoir instruit l'abbé Trublet. Il ne dormira pas qu'il n'ait répandu la nouvelle partout, avec de plus grandes exagérations encore que les vôtres ; et bientôt Voltaire averti, ni ne se couchera, ni ne dormira qu'il n'ait appris la musique et qu'il ne m'ait fait gagner ma gageure. Je vous retiens et vous promets déjà, en récompense, une loge pour le jour de la première représentation de son opéra ; et croyez-moi, je ne m'y prends pas de plus loin qu'il ne faut. Il fera mettre dans les gazettes qu'il apprend la musique, avant la première leçon, et de ce jour-là la salle sera retenue pour les six premiers vendredis. Je ne doute pas non plus que madame Du Châtelet ne partage encore alors sa gloire. Elle aura fait la musique ou les paroles. La voilà associée à jamais aux travaux de cet Hercule poétique; et non comme la paresseuse Omphale qui, au lieu de se charger d'une massue comme son amant, lui fit prendre une quenouille. Diable ! ceci va bien autrement, ma foi ! Madame Du Châtelet a brûlé ses quenouilles ; elle a pris les équerres et les compas de son chaste ami, et, comme je dis, elle y sera cette fois-ci pour quelque corde de sa lyre et de son arc.

» Voilà, ma chère amie, une lettre que je n'ai écrite que par ordre, et par conséquent qu'on voulait voir. On vient de la voir, et elle a réjoui. J'écrivais pour d'autres, j'écris pour vous maintenant. Votre chambre est donc bien belle ! et celle du pauvre absent fera peur. N'aurai-je rien des éclaboussures de votre rouge (1) ? Oh ! bien ! si je ne trouve ni plume ajoutée à mon lit, ni matelas renouvelé, ni plancher repeinturé, je sais bien ce que je ferai au milieu de votre chambre ! Hélas! je me chatouille pour me faire rire. Ma chambre fût-elle une écurie d'Augias, et moi avec vous égaré en lieux où une vache ne trouverait pas son veau..... Mais le levraut a beau jeu encore. Ah ! b..., nous t'attraperons. Tu as beau courir, brouter, faire tous tes tours. Le tour de broche viendra peut-être. Encore trois dimanches, et puis fouette, fouette, fouette ! »

(1) Probablement mademoiselle de Bar avait écrit à Piron qu'elle avait mis sa chambre en couleur.

LETTRE VI

« Mercredi, 20 août.

» Avez-vous cru, madame Bartholomée, jeter l'effroi dans mon noble cœur en m'annonçant le décret des louis d'or? Vous vous êtes bien trompée : je m'en cloque ; et pourvu qu'il n'y ait jamais de diminution d'amitié entre nous, je serai trop heureux. Je suis bien aise que vous fassiez travailler à ma volière. Pour mon lit de plume et mon matelas, vous ne m'en parlez pas ; et voilà pourtant ma linote qui n'a plus ni poil ni plume. Je gage que vous aurez laissé perdre tout cela, sans songer à vous en servir pour l'usage que je vous dis ici.

» Je crois que je dîne ici, aujourd'hui, chez le comte de Lannoy (1) ; du moins Rousseau me dit hier qu'il devait m'y mener aujourd'hui. Ce soir mes vacances finissent et la tourmente recommence ; mais ce ne sera plus que pour onze jours. Par conséquent, vous n'avez plus, à commencer d'aujourd'hui, que huit fois à m'écrire ; car ne recevant régulièrement vos lettres écrites, par exemple le 20, que

---

(1) Lannoy (comte de), gouverneur de Bruxelles pour Marie-Thérèse ; fut assiégé par le maréchal de Saxe, dans cette ville, qui se rendit le 28 février 1746. J.-B. Rousseau a dédié à ce personnage l'une de ses odes, la ixe du livre ive.

le 23, le 24 que le 24, etc., passé le 28 vous n'avez plus rien à mettre à la poste pour moi. Souvenez-vous-en bien, et point en-deçà ni au-delà, s'il vous plaît; entendez-vous, *bête Azurine?* Je vous suis bien obligé de la peine que vous avez prise pour la commission de mes *Métromanies*. Si le cadet Lebreton a été exact de son côté, j'aurai le paquet à la fin de cette semaine.

» N'avez-vous pas eu du plaisir à ma lettre d'avant-hier au sujet de la procession de Malines (1) ? J'eus tort de me plaindre de la mauvaise chère que j'y fis. Je l'aurais trouvée bonne si j'avais su que tous vivres manquèrent aux trois quarts des pèlerins; en sorte qu'il en est revenu des gens presque en défaillance, qui avaient mis en gage chausses et cotillons pour aller là, et qui y tirèrent la langue d'un pied, faute de pain. La fête a duré trois jours avec les cavalcades. Tout cet attirail d'anges à cheval et de chars de triomphe est l'ouvrage des pères Jésuites, qui en sont les ordonnateurs. Pacheco, qui n'a pas manqué un des trois jours, dit qu'hier il y eut des anges qui se battirent à la porte des Jésuites; et qu'un père Jésuite étant venu mettre le holà, un petit ange rebelle lui avait donné des coups de pieds dans les os des jambes, dont le Jésuite indigné lui avait mis bas les chausses, et l'avait

(1) Cette lettre n'a pu être retrouvée.

fouetté devant tout le paradis, en pleine rue. Voilà une aventure qui manque au poëme de Milton dans sa chute des mauvais anges.

» Je viens de recevoir un billet de la part du comte de Lannoy pour le dîner que je vous ai dit. J'aurais bien mieux aimé manger mon écu de six livres seul, tête à tête avec votre riante image. Il faut prendre le temps comme il vient. Je vous conterai demain comment se sera passée une partie que j'esquive depuis que je suis ici. Je ne puis qu'être un peu embarrassé parmi les grands d'un gros pays où les binbins (1) n'ont point de passe-ports. J'ai su, par madame Law, que Rousseau dit infiniment de bien de moi pour le caractère. Le pauvre homme n'ira, je crois, pas loin. Mandez-moi quelque chose de flatteur sur sa dernière épître que je vous ai envoyée, si jà n'est fait. Il veut et reveut que je fasse le railleur, et je m'y sens déterminé sur ses promesses et ses prédictions favorables. Adieu, Fernand Cortez ! adieu Médée ! ou plutôt sans adieu, jusqu'au revoir, si Dieu nous prête vie. C'est assez d'irrésolution ; il est temps d'entrer en danse, et je ne recule plus. Bonjour, ma chère tante ; je vous avais demandé quelques gaîtés un peu cyniques ; mais vous êtes chiche, même de

(1) *Binbin*, nom mignard usité en Bourgogne à l'égard des petits garçons, et que Piron se donne à lui-même dans un grand nombre de ses compositions.

l'ombre des choses qu'on désire de vous. Nous nous reverrons. Patience ! et j'en ferai à ma tête ou je mourrai à vos pieds... Il faut avouer que l'amour n'a point d'âge ni de date. Le nôtre a près de vingt ans, et nous en avons, vous et moi, chacun trente par-dessus. »

LETTRE VII.

« Ce samedi, 23 août.

» Votre belle et longue lettre d'hier nous a fait tout le plaisir possible ; je vous en fais mes compliments et mes remercîments. Hier ce diable de Rousseau me tomba dès le matin, à huit heures, sur les épaules, et resta collé dessus jusqu'au soir, en me disant continuellement que j'étais sa consolation. Il fut cependant la désolation de sa consolation, et je ne pus avoir celle de finir la lettre que je vous écrivais. A chaque souris encore que j'entends trotter, je sue de frayeur, et crois toujours que je l'ai sur mon dos. Dépêchons donc. L'adresse des six exemplaires que je vous demandais hier est : « A M. Coutume, chez M. Morin, aux armes d'Angleterre, proche la cour. » Je vous prie d'avoir soin de cette commission. Ce paquet, quoi qu'on fasse, ne peut arriver qu'après notre départ : c'est pour cela que je donne l'adresse de Coutume.

» La Legrand (1) se porte mieux et est très-joyeuse parce que hier, pendant que nous étions au pied de son lit, en cercle, on nous vint dire que madame Tauzin était arrivée; aussitôt tout disparut et elle resta seule. A mesure que le temps de mon retour approche, la sérénité me revient. Hier, mon altesse fut très-sérénissime, et pour la première fois depuis que je vous ai quittée, j'eus quelques bons moments à travers les fâcheux, qui m'obsédèrent au point qu'à neuf heures du soir, je retrouvai dans ma poche la lettre que je vous avais écrite le matin. Vous avez dû remarquer comme elle était finie et cachetée à la hâte et à la diable.

» Voici les vers que Rousseau a faits pour être mis en tête de la nouvelle édition qu'on poura faire de Newton et de Voltaire (2) :

Belle Emilie, acceptez de ma main
Les derniers fruits de ma littérature;

(1) Fille de l'acteur-auteur de ce nom. Attachée d'abord à la Comédie-Française en qualité de soubrette, puis à l'Opéra-Comique, elle partit, en 1735, pour les Pays-Bas, et mourut à Amsterdam en 1740. Elle était alors la maîtresse de M. Duliz, « Petite, noire et maigre, elle n'avait aucun trait de beauté; mais c'était une agréable débauchée, ne ménageant point les termes défendus, et passant les nuits à dire des *gueulées* et à boire sans en être incommodée. » Voyez les *Mémoires* déjà cités.

(2) Ces vers nous semblent inédits.

> *Ce jeune enfant conçu dans votre sein*
> *De nos amours est la vive peinture.*
> *Je vous dois tout, aimable créature.*
> *Mieux que Newton vous faites ma splendeur.*
> *Vous dont l'esprit, la beauté, la droiture,*
> *La modestie et la chaste pudeur,*
> *M'ont, au défaut de sens et de lecture,*
> *Communiqué leur attractive odeur;*
> *Et qui, m'ayant dévoilé la nature,*
> *M'en avez fait sonder la profondeur.*

» Cela n'est pas des meilleurs de ce monde, et les homélies se ressentent de l'apoplexie. Pour sa conduite et son caractère, ce sont des énigmes et la honte des animaux raisonnables.

» Pacheco parle de revenir à Paris avec moi. Ce sera une connaissance que j'aurai grand soin de mal cultiver. Il fait accroire ici que sa femme est de grande maison et possède de grands biens. Il a ici de ses parents dans les hauts emplois de la cour de l'archiduchesse, qu'il ne voit point, et qui craignent plus de le voir qu'ils n'en ont envie. Je me réjouis de trouver ma volière accommodée à votre fantaisie; nous verrons si vous avez bien hocargumentoé. J'ai bien peur de perdre ma pauvre petite linote, nue comme vous me la dépeignez. Je vous la recommande bien ainsi que mon laurier. Périssent plutôt les moissons et les vendanges!... Et le pauvre Frifri aussi, Dieu le conserve! Il ne me reconnaîtra pas plus que vous les premiers jours;

mais il se ravisera au bout de la semaine. Faites mes compliments à Madame et à Mademoiselle. Je vous ai promis de me rendre aimable à ses yeux, et je ferai mes efforts pour tenir parole; vous le verrez. Je veux sur mes vieux jours songer à plaire et y réussir mieux que je n'ai fait. Mon beau visage est flétri. Il faut que l'agrément du dedans répare les ruines du dehors. Les belles résolutions! Devenir poli, doux, complaisant, égal. Eh! oui dà! cela serait beau et rare; mais fiez-vous-y! la métamorphose durera longtemps. Un rat passera; crac! voilà ma femme qui saute hors du lit et qui redevient chatte. Ma pauvre tante, ayez pitié de moi, et fâchez-vous le moins que vous pourrez quand je ne vaudrai rien.

« Ce dimanche, 24.

» Les b... de fâcheux, ne m'ont-ils pas empêché de cacheter et de mettre à la boîte, pour me traîner au diable Vauvert (1) et ailleurs. En sorte que, de fil en aiguille, ma lettre est restée dans ma poche et m'est sortie tout à fait de la mémoire. Voilà un des

---

(1) *Diable vert (aller au)*, originairement on a dit : *Aller au diable de Vauvert*. Le château de Vauvert, situé à Paris, à peu près dans l'endroit où se trouve l'entrée de la grande avenue qui conduit du jardin du Luxembourg à l'Observatoire, était un vieux bâtiment où des diables, dit-on, apparaissaient, faisant un bruit épouvantable, avant que saint Louis le donnât aux Chartreux. (*Dictionnaire des proverbes français*, par de la Mésangère; 3e édition, p. 202.)

jours de ma vie où j'ai le plus enragé. Je vous demande bien pardon d'une faute impardonnable. Je vous aurai peut être mise dans l'inquiétude, encore que votre facteur vous ait habituée à passer bien des jours sans recevoir de mes nouvelles. Cela ne m'arrivera plus d'ici à samedi 30, qui sera le dernier jour que je vous écrirai. Vous cesserez, vous, le 28 : c'est-à-dire que passé jeudi, vous n'écrirez plus. J'ai reçu hier mes trois exemplaires. Bonjour, ma chère et bonne amie. »

LETTRE VIII

Ce mardi, 26 août 1738.

» Hier j'eus bien du plaisir. Nous allions tous les matins régulièrement, le généreux Aboul-Cassem (1) et moi, nous promener au parc de l'archiduchesse, où il y a un troupeau de cent daims assez familiers. On me dit, avant-hier, qu'ils aimaient le pain ; j'en avertis Aboul Cassem, qui, sur-le-champ, en envoya chercher un d'un sol par le

---

(1) Personnage des *Mille et une Nuits*.
Nous croyons qu'il est question ici de M. Duliz, qui avait plus d'ostentation que de vraie générosité.

pauvre Baudouin, qui en apporta deux. Les daims nous approchèrent avec leurs grands bois de cerf, et haussant leurs jolies têtes, communièrent cinq ou six de ma main. Il eût fallu le don du miracle des cinq pains et des trois poissons pour soûler ces gueules. Cassem, ravi de les avoir vus brifer, dit à Baudouin d'aller quérir encore un petit pain, et vous noterez qu'il y avait pour une demi-heure de chemin. Je lui dis que le pauvre homme n'était plus de l'âge d'un basque, et je lui sauvai cette corvée et une pleurésie, sans faire grand tort aux daims, qui n'en auraient guère eu qu'une demi-miette chacun.

» Mais hier, dès que je vous eus écrit et mis ma lettre à la poste, je profitai de l'absence du généreux Aboul Cassem, qui est à Enghien, pour aller au parc régaler mes daims à ma fantaisie, suivi de deux hommes qui portaient pour six livres de pain dans deux corbeilles. Dès que ces bonnes personnes m'aperçurent, elles arrivèrent toutes au-devant et autour de moi, avec les têtes hautes et leurs doubles cornes de licornes au-dessus de leurs têtes. J'eus mille peines à couper les parts ; elles ne voulaient pas m'en laisser le temps, et mordaient la miche et le couteau tout à même. Quand les pains furent en morceaux, il fallait les voir gruger. J'étais fâché comme tout de l'embarras où ces bêtes me mettaient. Imaginez-vous qu'elles poussaient l'impudence jusqu'à poser les pieds de devant sur mes deux épaules par devant et par derrière ; j'avais quelquefois un long morceau de pain dans la bouche par un bout qu'une d'entre elles tenait et grugeait par l'autre. Une autre emportait la corbeille et ne la voulait pas rendre. Enfin, mademoiselle, c'était une misère comme elles me tourmentaient. Elles avaient beau avoir tout avalé, elles voulaient encore que je leur en trouvasse, en fût-il n'en fût-il point. La sentinelle en faction à la porte du parc fut obligée de les bourrer pour les empêcher de sortir et de me suivre. Je suis sûr que de la journée on n'a pu les remettre à brouter, et qu'elles n'ont pas quitté de vue la porte pour voir si je reviendrais.

» Si ce n'était pas ici une lettre à laquelle il n'y aura point de réponse, je me serais bien gardé de vous avoir écrit ceci, car Dieu sait si vous m'auriez donné ordre de retourner là tous les jours, et comme vous auriez fait sauter les écus de six livres ! Mais il n'y a plus moyen. Les daims n'ont qu'à s'en torcher le bec, et Dieu veuille que je ne les revoie jamais ! Voilà, je suis sûr, la plus jolie lettre que vous ayez reçue de moi, dès que vous n'avez pas voulu rire de ma statue enfoncée dans son piédestal de paille (1). Il faut me bien aimer pour s'en tenir : car il n'y avait rien de plus drôle.

(1) Vraisemblablement, allusion à une lettre qui nous manque.

Le mécontentement du fat de Blavet (2) a tout-à-fait tourné la mauvaise humeur De M. Duliz contre lui. Je n'en souffre plus du tout, et cela joint à l'approche du jour du départ, me fait oublier tous les désagréments passés et celui de n'avoir tout juste que pour payer ma chaise. N'en faisons pas moins bonne chère en nous revoyant : bon rôt et bon vin le jour de mon arrivée. D'ici là, ne laissez pas mourir de soif la pauvre petite frotteuse, ni ne laissez pas ma tante sans goulapiement, entendez-vous ?

» Pour moi, il sera bien aisé de me régaler, depuis le temps que je n'ai rien mangé ni bu de bon. Avez-vous bien grondé du jour où vous avez manqué de lettres par la faute de mes importuns éternels ? En récompense, vous aurez de mes lettres jusqu'au jour de mon arrivée, et je serai quatre jours sans en recevoir de vous. Je vous remercie de l'exactitude que vous avez eue pendant le cours d'un aussi long et si sot voyage. Cela m'a soutenu, au milieu de cent dégoûts mortels. Notre homme aurait bien dû du moins payer nos ports de lettres et vos fleurs d'oranger. J'espère que vous ne prendrez plus la peine de lui en faire. J'admire qu'il ait pris celle de vous en écrire un mot de remercîment,

---

(2) Nous ignorons s'il s'agit de Blavet, musicien, compositeur, mort en 1768, ou de son fils (Jean-Louis), économiste, traducteur, auteur de quelques ouvrages.

au peu d'attention qu'il a fait à cette politesse.
Vous en croirez d'autres que moi, et vous vous réglerez là-dessus absolument. Bonjour, ma chère
de Bar. Que vous êtes aise de n'avoir plus la maudite lettre à faire !... »

LETTRE IX

Ce samedi soir.

» Comme je ne vous écrirai pas demain, je vous écris deux fois aujourd'hui, et, pour la première fois, je m'en remets à un autre pour mettre demain matin ma lettre à la boîte. On est au concert et je m'en …. Vive ma de Bar et foin du reste ! Elle est tout, et tout sans elle ne m'est rien.

» Nous avons fait aujourd'hui un dîner très-plaisant : c'est aujourd'hui samedi. Rousseau est venu à neuf heures dans ma chambre : — Mon cher, je meurs d'ennui ; vous êtes venu du ciel pour ma consolation. — Bras dessus bras dessous. C'est de lui ce que je dis. On ne dîne qu'à deux heures : cinq heures par conséquent en attendant. Cinq heures ! concevez-vous ce que c'est que cinq heures pour un homme qui s'ennuie? D'autant plus qu'en sortant de là il est question de commencer ailleurs. On sert. Voici du rare. Rousseau mange une soupe grasse surmontée d'un chapon. On apporte ensuite les entrées. — C'est aujourd'hui samedi, dit l'auteur de *la Moïsade*, je fais maigre. — Grand embarras. On envoie chercher s'il y aura vite et vite du poisson et des œufs. Imaginez-vous quel contre-temps! Voyez Rousseau, les bras croisés, qui voit dix personnes se damner comme des déterminés. Je m'écrie : — Mais la soupe ! — Rousseau répond, les yeux baissés : — On permet ici la soupe grasse le samedi ; mais rien de plus.

» Qu'auriez-vous dit? Je l'ai menacé de conter cela à Paris, et, pour être croyable, d'en prendre à témoin Baudouin, qui n'avait point du tout l'air d'un faux témoin. Il a soutenu toutes ces menaces en Tartufe intrépide, et attendu tranquillement du saumon frais, de l'esturgeon, des écrevisses et toutes sortes de friandises orthodoxes, que le pauvre homme a grugées très-catholiquement, et bu d'autant. J'étais confondu ; mais du moins je me satisfaisais en fulminant contre ses inconséquences ; je parodiais son catholicisme ; je renonçais à la chair; j'attendais opiniâtrément le maigre ; mais pour m'amuser en route, je m'enivrais, parce que le vin n'a point de religion, et Dieu sait mes propos !

» Le poisson étant arrivé, tout le monde, ainsi que

moi, a envoyé au diable les viandes du sabbat (qui, par parenthèse, n'étaient que des viandes juives dont tout suc est exprimé, et qui sont par-dessus le marché cuites de la veille et ne se présentent que réchauffées), et s'est jeté sur la prébende du pauvre homme. Vous dire mes bons mots, mes apostrophes, mes invectives, ce serait vouloir arranger les combinaisons des atomes. M. Duliz était crevé de rire ; si je ne m'étais retenu, un bon mot de plus l'enterrait. Je m'en suis fait faute à temps. J'ai bien fait d'être aussi brillant, car hier au soir, à souper, la dame m'ayant plus déplu qu'à son ordinaire, je l'entrepris sans mesure; et sans mesure, en présence de ceux qu'elle dupe à leur honte, je la foudroyai (1). Blavet m'a dit ce matin, en homme commun, tout le danger que cela me faisait courir, tout juste et tout honnête que fût là-dedans mon caractère net et naïf. Je lui ai répondu que j'étais peut-être imprudent, mais non pas étourdi; que je sais où tout va; que le pis-aller est d'être trop lourd ou trop chaud; mais que je laissais à tout le monde, et à lui tout le premier, la liberté de me lâcher. Le dîner m'a fait déplacer le Très-Haut, et les chérubins m'ont mis sur son trône. Un moment a renversé tous les ressorts de la machine des mécontents, et moi, je suis venu pour me reposer, m'entretenir avec

---

(1) Il est question ici, croyons-nous, de la Legrand.

ma bonne tante, qui ne m'estimera jamais tant que je le mérite et que je l'aime.

» Je reçois, au moment du point précédent, votre lettre du 12, et la vais donner à Rousseau, qui est au concert. Elle est charmante. Vous bouillez d'esprit, excepté la stupide indifférence avec laquelle vous en recevez l'aveu d'une des bouches les plus spirituelles du royaume. Je ne parle pas de Rousseau, qui ne peut savoir encore qu'en dire; mais de Piron, votre bon et digne ami. Votre histoire de Dechamp (hormis le nom) paraîtrait un conte réchauffé du vieux temps, sans les circonstances qui constatent l'époque. Je viens de relire votre lettre : Rousseau ne l'aura pas. Elle est trop bonne pour lui. L'homme à la *soupe grasse* et au reste *maigre*, ne mérite pas cette confidence ; mais vous n'y perdrez rien. Votre esprit m'est plus précieux que le mien. »

CONTE DE PIRON

SUR UN

SUJET DONNÉ PAR J.-B. ROUSSEAU (1)

— 1738 —

—

« Etant à Bruxelles à dîner chez M. le comte de Lannoy, gouverneur de la ville, M. Rousseau, au sortir de table, me tirant à part, me pressa de venir faire un tour au parc. Nous y fûmes, et quand il se vit seul avec moi en lieu sûr et désert : — Oh ! çà, monsieur, me dit-il, je vous trouve un enjoue-

---

(1) D'après les prévisions de M. Edouard Fournier, Piron et J.-B. Rousseau se rencontrant à Bruxelles et ayant également à se plaindre, le premier du *tripot comique*, qui n'avait joué la *Métromanie* que sur les ordres formels du comte de Maurepas; le second, de quelques confrères, auteurs de son exil, durent faire assaut de médisance contre leur prochain de la littérature et du théâtre. M. Fournier regrette qu'aucune de leurs épigrammes d'alors n'ait survécu. On a vu que ces épigrammes se bornent à celles consignées dans la lettre IIIe, lesquelles, sauf celle dirigée contre l'examinateur Chérier, n'ont rien de littéraire. Le conte suivant complète le bagage poétique de ce premier voyage. C'est pourquoi nous le plaçons ici, quoiqu'il ait été imprimé dans les *OEuvres complètes*, sous le titre de Dagobert. Quant à la prose qui le précède, elle est entièrement inédite.

ment tel que je n'en vois plus nulle part ; tout est pédant, faux ou bel-esprit. Vous vous êtes sauvé de cette contagion, mais non pas encore tout-à-fait de celle des mœurs du siècle, dont il a plu à Dieu de me guérir, et je lui en rends bien des grâces tous les jours. Je suis tombé, à votre âge, dans bien des égarements. Je prierai Dieu qu'il vous en tire. En attendant, recevez un dépôt que je vais vous faire. — Je ne m'attendais guère, après un tel début, à un dépôt de la nature qu'on va voir. Il continua donc et me dit :

» Ecoutez ; il m'est resté dans mes bucoliques un petit conte que je me félicite bien de n'avoir pas mis en vers, mais que je serais bien fâché d'y voir mis par un autre que vous. Ce serait dommage. Le voici : Un bon saint disant ses patenôtres à sa fenêtre, vit le diable en l'air qui paraissait fort empressé. Le saint aussitôt lui lâcha aux trousses un de ces *oremus* triomphants qui forcent les anges rebelles de venir à jubé. Voilà donc celui-ci, bon gré mal gré, contraint de s'abattre et de venir se poser sur le doigt du saint comme eût fait le moineau de Lesbie sur celui de la dame. — Rousseau ne manquait pas d'accompagner chaque fleur de sa rhétorique d'un clignement d'œil que vous lui connaissez, et d'un sourire léger qui ne dénotait pas la conversion du monde la plus complète.

» Le saint, continua-t-il, demande à son diable où

il va si vite. Le diable répond qu'il va chez un roi mourant pour en emporter l'âme : qu'elle lui est bien dévolue, qu'elle ne lui peut guère échapper, mais qu'enfin il ne faudrait qu'un malheur, un bon acte de contrition, et zeste! il n'attraperait rien; qu'ainsi il le priait de ne pas le retenir plus longtemps. Le saint par mépris le laissa aller, puis, levant les yeux au ciel : « Seigneur, s'écria-t-il, laisseriez-vous en proie au démon l'âme d'un roi, de votre image sur terre ! O mon Dieu ! par le peu de mérites que peuvent m'avoir acquis trente ans de prières, de jeûnes, de macérations... — Rousseau s'arrêta là tout court et se mit à genoux, levant ses mains au ciel bien haut par-dessus sa tête qu'il avait presque contre terre. Je crus d'abord que c'était pour mieux jouer la prière du saint, mais voyant qu'il ne sonnait plus mot et cela durant un peu trop, je le voulus presser de se relever. Laissez, laissez, me dit-il, n'entendez-vous pas comme moi l'*Angelus* qui sonne? Ah! oui, m'écriai-je; et sur-le-champ, quoiqu'il n'y eût là que Dieu et Rousseau qui me vissent, je m'agenouillai très-édifié de cette pieuse interruption. Nos *Ave* finis, le bonhomme se releva; son visage se rouvrit : — L'Ange, reprit-il gaiement, descendit du ciel pour dire au saint que sa prière était exaucée et que son roi était sauvé. Le saint, très-aise, se relève, se remet à la fenêtre, revoit passer son pauvre diable tout honteux, le réadjure, etc... Bref, il acheva du même ton le conte qui est ici en vers, et dont il fut très-content :

A tire-d'aile, un diable fendait l'air.
Un saint l'adjure et l'arrête. — Eh! de grâce,
Ne m'amusez, dit le suppôt d'enfer.
— Où vas-tu donc? — Près d'un roi qui trépasse,
Que m'ont acquis cent tours de passe-passe,
Mais qui peut faire un bon ferme-propos! —
Au diable adonc le saint donna campos.
Puis ardemment il se mit en prières
Pour que cette âme esquivât les chaudières
Du faux glouton qui reparaît bientôt,
Non pas allègre et gai comme tantôt,
Mais traînant l'aile et la queue et la hanche;
Penaud, maté, tout évêque d'Avranche.
De quoi le saint lui cria tout ravi :
Ah! ah! le prince a dit son peccavi.
— Non, dit le diable, et j'avais belle chance.
De mon côté jà penchait la balance;
Dedans étaient maint beau cas réservé,
Un cœur de sang et de pleurs abreuvé,
Foi violée, abattis de provinces,
Incestes, rapts, tels autres jeux de princes...
Je triomphais, lorsque de l'autre part
Mon ange adverse a mis pour le pendard
Une abbaye et soixante-dix moines,
Gras, rebondis, ventrus comme chanoines...
Un contre-poids pareil à celui-là
Eût emporté le double de fredaines.

*Bredouille (1) !....—Ainsi le diable s'en alla.
Bénis soient Dieu, moines, legs, et bedaines !...*
— 1738 —

(1) Terme du jeu de trictrac; marque qui indique que l'un a tous ses points et que l'adversaire n'en a pas.

SUITE DE LA CORRESPONDANCE
DE
PIRON AVEC MADEMOISELLE DE BAR

SECOND VOYAGE

DE

PIRON A BRUXELLES

— 1740 —

II

SUITE DE LA CORRESPONDANCE

DE

PIRON AVEC MADEMOISELLE DE BAR

SECOND VOYAGE

DE

PIRON A BRUXELLES

— 1740 —

Il est difficile de concilier le langage sévère que tient Piron à l'égard de J.-B. Rousseau, lors de son premier voyage à Bruxelles, avec cette *amitié intime* dont, au dire de Rigoley de Juvigny, les deux poètes s'étaient liés tout d'abord. Il y a plus. Continuant d'exalter l'union parfaite qui régnait entre Piron et J.-B. Rousseau, Juvigny ajoute, à propos du second voyage, fait en 1740 :

« Piron avait déjà bien observé J.-B. Rousseau lors de leur première entrevue; il le sonda pour ainsi dire cette fois-ci, et y réussit d'autant plus aisément que Rousseau ne pouvait se séparer de lui, et qu'ils passaient ensemble des journées entières. Piron, dans une lettre qu'il écrivit à la marquise de Mimeure, dont les anciennes bontés pour Rousseau ne s'étaient point refroidies, parle avec éloge de la piété de ce dernier; avoue qu'elle lui a paru *solide* et *sincère*, et soutient qu'il n'était pas l'auteur des infâmes couplets qui causèrent ses malheurs. Ce jugement de Piron n'est point suspect : car il ajoute avec sa franchise ordinaire, qu'il l'avait étudié soigneusement, « et malgré sa dévotion, j'ai vu, dit-il, qu'il tenait encore un peu aux premières idées dont il forma ses épigrammes. Il m'a donné la matière d'un conte assez gaillard que j'ai mis en vers par complaisance pour lui, et dont il m'a paru content (1). »

Sans révoquer en doute l'authenticité de cette lettre, nous ne pouvons admettre qu'elle ait été adressée à la marquise de Mimeure en 1740, par la raison que la marquise était morte au mois de novembre 1739. Piron n'a pu écrire la missive en question que pendant son premier voyage, c'est-à-dire en 1738.

Mais alors, dira-t-on, Piron jouait donc un double jeu ! D'un côté, il affirmait la *sincérité* de la piété de J.-B. Rousseau, et d'autre part, il présentait cette même piété comme une singerie, s'alliant au mieux avec les calculs de l'égoïsme et le dénigrement du prochain.

Dans l'un et l'autre cas, Piron nous semble n'avoir manqué à aucun des devoirs de l'honnête homme.

S'il a parlé avantageusement de la piété de Rousseau à la marquise de Mimeure, c'est que cette dame était très-pieuse elle-même; et comme elle portait depuis longtemps à Rousseau une bienveillance *qui ne s'était point refroidie*, Piron voulait conserver cet appui au malheureux exilé. Le moyen d'y parvenir n'était assurément pas de

---

(1) Voyez ce conte à la page 44. Il a été composé en 1738, lors du premier voyage, ainsi que le prouve le millésime que Piron y a établi à la fin, et non en 1740, comme l'allègue Juvigny.

le signaler comme un *tartufe* ou comme un *consommé de Panurge et de la Rancune*. En lui attribuant la *réalité* d'une vertu dont il avait du reste l'*apparence*, Piron croyait concilier tous les intérêts ; et ce petit mensonge fait l'éloge de son cœur.

Au surplus, il termine sa lettre à la marquise par un *correctif* qui prouve qu'il avait hâte de rentrer dans sa franchise habituelle et dans la vérité.

Avec mademoiselle de Bar, il n'a pas cet embarras : il va droit au but, sans précautions oratoires, et dit les choses telles qu'il les entrevoit, telles qu'elles lui apparaissent. D'ailleurs, contrairement à l'assertion de Juvigny, nous croyons que Piron n'avait pas été attiré une seconde fois à Bruxelles par son amitié pour Rousseau, ni par le désir de le voir. Ce voyage nous paraît avoir été entrepris en vue de soigner quelques intérêts privés du comte de Carvoisin, l'un des neveux de la marquise de Mimeure. Dans l'une des lettres qu'on va lire, Piron dit en parlant de ce personnage : « Je compte son affaire faite ; » et, plus loin, il ajoute : « Je conçois qu'il faudra que je sois de retour sans faute le 15, dès que l'affaire de M. le comte de Carvoisin est manquée. »

Si la chose est ainsi, tout s'explique. Rousseau ne devient plus qu'une simple connaissance pour Piron, qui, dès lors, n'est tenu envers lui à aucun des devoirs de l'amitié. Dans ce cas, il n'y aurait pas à se récrier sur ce que Pithias eût déchiré Damon.

Du reste, dans les lettres qui vont suivre, Piron traite Voltaire avec plus d'irrévérence encore qu'il n'a traité J.-B. Rousseau ; mais il ne faut pas oublier que Voltaire (1)

---

(1) Dans plusieurs endroits de sa correspondance, notamment dans la lettre du 1er janvier 1733, adressée au marquis de Senas d'Orgeval,

n'avait négligé aucune occasion de le froisser ou de lui nuire; et Piron, comme nous l'avons dit, ne pratiquait pas le pardon des injures.

tome IV des *Mélanges des Bibliophiles*, Piron se plaint des *menées et souterrains* par lesquels Voltaire s'appliquait à *barrer* sa route. Voir, à ce sujet, la notice déjà citée de M. Edouard Fournier, chapitres III et V, où se trouvent décrites en partie les méchancetés gratuites qu'a exercées Voltaire contre Piron.

LETTRE X (1)

« A Bruxelles, ce lundi soir.

» Je ne vous écris pas de Valenciennes, ma très-chère tante, parce que je suis à Bruxelles. Donnez-moi une meilleure raison, et prenez-vous en à la chaise roulante de notre cher comte (2), qui m'a coulé pour ainsi dire ici en trente-six heures. Elle va toute seule. Je lui avais promis plus de beurre que de pain ; aussi lui ai-je tenu parole : elle est grasse à lard.

» Quand je me vis à Péronne, hier à sept heures du soir, et cela sans y avoir pensé, savez-vous ce que je fis ? Le lendemain, c'est-à-dire ce matin, je n'ai plus voulu prendre de chevaux. Vous avez vu des petits garçons quelquefois avec un petit bâton

---

(1) Les lettres concernant ce second voyage portent cette suscription : « A mademoiselle de Bar, chez M. le comte de Carvoisin, rue des Saints-Pères, faubourg Saint-Germain, à Paris. »

Le comte de Carvoisin ayant hérité de l'hôtel de sa tante, y garda mademoiselle de Bar, qui continua probablement de remplir, auprès de la comtesse et de sa mère, le même rôle qu'elle avait rempli auprès de madame de Mimeure.

(2) Piron fit ce voyage dans la chaise-roulante du comte de Carvoisin, fait qui semble confirmer nos prévisions plus haut exprimées.

faire courir un cerceau devant eux ; j'ai fait comme cela. J'ai tourné le timon de ma chaise du côté de Bruxelles, et avec ma canne, tantôt d'un côté, tantôt de l'autre, je l'ai si bien mise en train, qu'elle allait comme une roue de gagne-petit. Quand elle a été dans ce bon branle et qu'elle n'a plus eu affaire de moi pour aller, je me suis mis à califourchon sur le timon, avec mon bonnet vert sur la tête, et haïe ! N'oubliez pas que ce sont ici des pays bas et qui vont en descendant jusqu'à la mer. Nous allions donc grand train, comme je vous dis là, quand, avec ma lorgnette, j'ai aperçu d'assez loin un petit monticule qui nous allait arrêter. Qu'ai-je fait ? J'ai profité de la rapidité de notre marche ; j'ai donné le branle à la chaise d'un tour de fesse ; il me passait trois grands pieds de timon entre les jambes ; je vous les fiche à toute bride dans le *flanc* d'une belle vache blanche comme du lait qui ne s'attendait guère ce jour-là à devenir cheval de poste. Le timon lui entre aussi avant que la canne de La Chaussée, à Livry, entrait dans le fumier. Voilà ma vache en fureur qui serre les fesses et galope comme un cerf. La pesanteur de ma malle l'aurait bientôt eu mise hors d'haleine si, par bonheur, elle n'eût passé entre deux beaux chevaux noirs qui marchaient côte à côte notre même chemin. La vache, de chacune de ses cornes, perce le collier de ces chevaux et les force ainsi à courir comme elle jusqu'à

Bruxelles, où je suis entré, comme vous voyez, dans une espèce de triomphe, précédé d'une vache blanche flanquée de deux chevaux noirs, et coiffé de mon bonnet vert, jambe de ci jambe de là, sur mon timon. Cela fait tableau.

» J'ai oublié de vous dire que j'avais eu le temps d'attacher la queue de la vache au timon avec ma jarretière. Il ne faut qu'une omission comme celle-là pour ôter aux choses leur vraisemblance et nous faire passer pour des menteurs.

» Voltaire est ici, mais je ne l'irai pas voir, pour de bonnes raisons que vous saurez une autre fois, et que vous approuverez. Rousseau n'y est pas. Il est à La Haye depuis que Voltaire est à Bruxelles. Je n'ai pas le temps de vous en dire davantage. Aimez-moi toujours un peu. Il n'est mal que bien n'en vienne. Le soir que je vous causai tant d'inquiétude, j'aurais donné toute chose au monde pour ne vous l'avoir pas causée ; mais à cette heure que le mal est passé, je ne voudrais pour rien au monde que vous ne l'eussiez pas eue. Je me croyais au rang des noyés sans cela. J'avais tort : pardonnez-le moi et continuez de me le faire avoir. Faites bien mes tendres compliments à M. de Carvoisin. Je compte son affaire faite ; en ce cas, il va avoir des femmes à choisir : car toutes les femmes sont coiffées de cornettes (1). Espérons bien de toutes

(1) Allusion au grade de cornette dont le comte était pourvu.

choses. Quel temps faisait-il le matin, hier, quand je partis! et pourtant jamais voyage fut-il plus beau qu'à votre éloignement près, le mien l'a été jusqu'ici? »

LETTRE XI

« Vendredi, 22 juillet.

» J'ai reçu votre lettre du 7, où vous me mandez de ne point chimériser sur l'absence, de me tenir gai, de compter sur le souvenir de mon très-cher souverain et sur son indulgence au sujet de mon silence (1); de trembler du tonnerre qui a fait pisser au lit mademoiselle Vermunde; de ne plus songer à la cornette, et, enfin, de charrier droit si je ne veux vous voir venir ici sur le cheval anglais pour me châtier. Mon plus grand châtiment serait de voir ici ce que j'aime : y puissent être à jamais ceux que je hais! David ne souhaita jamais tant de mal à ses ennemis. O gens heureux! que le jugement priva d'imagination et dont l'esprit ne quitte pas le corps! remerciez bien Dieu quand vous êtes en France et

(1) Le comte de Livry.

à Livry, et que vos binbins d'amis sont en Hollande. C'est un grand bonheur pour le repos de votre âme.

» Entre autres âmes damnées que la Providence a confinées ici, il y a Rousseau, Voltaire et moi : ce n'est pas là un trio de baudets, non plus que trois têtes dans un bonnet. Nous logeons tous les trois porte à porte. Je fus voir Voltaire dès que je le sus arrivé : on le céla ; mais un moment après que je fus entré, on me vint prier de sa part à souper. Je n'y soupai pas, mais je le vis et il me cassa tendrement le nez à coups de joues. Je lui dis que sans doute il allait voir le roi de Prusse. Il me jura que non, et qu'il ne quitterait pas ses amis de dix à quinze ans pour un nouveau venu. Il appuya beaucoup sur son mérite, et établit pour la première qualité de ce prince, le goût qu'il a pour les gens de lettres. Il m'en parla enfin comme du Thiriot du Nord. On ne saurait savoir précisément ce que vient faire ici ce grand homme (1); on sait seulement qu'il passe quatre à cinq heures par jour chez Paupie, son libraire, et que celui du marquis d'Argens (2) achève

---

(1) Voltaire était allé à Bruxelles pour suivre un procès que la marquise du Châtelet avait avec la maison Honsbrouck.

(2) Argens (J.-B. Boyer, marquis d'), philosophe, littérateur, traducteur ; né à Aix (Provence), en 1704, mort en 1771 ; l'un des ennemis les plus acharnés du christianisme. Après avoir servi quelques années, il se retira en Hollande, puis à la cour du

d'imprimer quelque chose où Voltaire est maltraité, ces deux messieurs, après s'être entre-grattés quelque temps, en étant au dénouement de la pièce de Vadius et Trissotin. Ainsi Paupie pourrait bien répondre d'avance à quelque nouvelle *Voltairomanie*. Il s'est bien contenu devant moi sur le chapitre de Rousseau, et même devant Paupie, à ce que ce dernier vient de dire à Rousseau ; en sorte qu'il ne s'éloignerait peut-être pas d'un raccommodement, si les amis de Rousseau voulaient. Mais celui-ci, à qui j'en ai parlé, est entièrement converti ; il est devenu parfaitement dévot : il n'y a plus de quartier. Il dit tendrement que ce serait livrer un homme de bonne foi comme lui à la trahison et à la fausseté, et qu'il ne se fie pas plus à la morale de Voltaire qu'à sa théologie. Moi, qui vois l'un et l'autre, j'entendrai bien des épigrammes. Mon dessein, au reste, n'est de faire ni le trigaud, ni le médiateur. Je courrais, à les rejoindre, le même péril qu'essuya le Crotoniate à déjoindre, et je n'y serai pas pris, je vous en réponds.

» Je dînai avant-hier chez le comte de Chavanne,

grand Frédéric, qui le fit son chambellan et directeur général de l'Académie de Berlin ; revint en France, où il mourut. Auteur des *Lettres juives*, 8 vol. in-12 ; *Lettres chinoises*, 6 vol. in-12 ; *Lettres cabalistiques*, 7 vol. ; *Philosophie du bon sens*, 3 vol. ; etc. Dans une lettre de mars 1751, adressée au marquis d'Argens, Voltaire l'appelle « très-révérend père en diable et très-cher frère. »

envoyé de Sardaigne, où tous les envoyés du monde étaient. J'y parus l'envoyé de Dieu, tant les fumées des vins d'Italie me rendirent brillant. Je vais faire la révérence à un ministre devant lequel il faudra prendre un ton plus grave. C'est monsieur l'ambassadeur de France (1) qui vient d'arriver et que, pour le coup, je ne pourrai négliger comme j'ai fait les autres fois. Je vous prie de bien assurer M. le comte de Carvoisin de mes ressouvenirs et de ma reconnaissance. Je conçois qu'il faudra que je sois de retour sans faute le 15, dès que son affaire est manquée. Je m'y disposerai. On est ici fort sensible à vos compliments, parce qu'on les croit aussi sincères qu'ils le sont, et on vous rend la pareille.

» Je vous réitère mes remerciements de votre exactitude à m'écrire. Elle est une des nécessités de ma vie. Ne manquez jamais, s'il vous plaît, de renouveler, à chaque ordinaire, mes diverses assurances de divers sentiments à diverses personnes que vous savez. Je vois avec bien du plaisir vos allées et vos venues à Livry. Je suis où vous êtes, et c'est être devant mon souverain que de vous y savoir. »

(1) M. Dagien, chargé des affaires du roi à Bruxelles.

LETTRE XII

« Ce mardi 24, 25 ou 26 juillet (1).

» Je gagne tout doucement mon terme, sans avoir encore rien gâté et avec un intérieur plus tranquille que je ne l'avais les autres années. Dieu veuille que cela dure jusqu'à Paris ! Votre régularité à m'écrire ne contribue pas peu à ma sagesse, et je dors sur l'espérance que vous ne vous relâcherez pas.

» J'ai eu un rhume qui m'a fait garder la chambre trois jours, et qui est parfaitement guéri. J'en ai été quitte pour la retraite, la diète et de *belle eau claire ;* mais quant à présent, *faites-la boire à notre chien, frère Lubin ne le peut faire* (2). On ne peut se mieux porter que je fais. Voltaire, avec tant d'autres, a envoyé régulièrement chez moi ces trois jours-là : aussi hier, je ne l'oubliai pas dans mes visites. Il a déjà changé de logis. Son hôte m'en parla fort mal et me dit surtout qu'il avait plus besoin de demeurer chez un apothicaire que chez un marchand de vins. Il est vrai qu'il voyage avec les provisions de Medalon (3). Je fus le chercher

---

(1) 26 juillet 1740.
(2) Refrain d'une ballade de Clément Marot.
(3) Médecin ou apothicaire.

chez son nouvel hôte, et je le trouvai sur sa chaise percée. Il me fit bien vite rebrousser à la salle d'audience, où il me suivit tout breneux. J'eus avec ce foireux-là une heure ou deux d'entretien aigre-doux auquel je fournis assez joliment mon petit contingent. C'est un fou, un fat, un ladre, un impudent et un fripon. Un libraire de Bruxelles l'a déjà traduit devant le magistrat pour cette dernière qualité, et depuis quatre jours qu'il est ici, il a déjà pris six lavements et un procès (1). Les belles aventures de voyage! Demain nous dînons ensemble chez le général Desbrosses. Je vous avoue que j'en ai une joie maligne. Je suis las du tête-à-tête avec lui; je ne les aime qu'avec de bonnes gens... Je ne lui en donnais que pour son argent, par l'inutilité qu'il y aurait eu de le pousser à un certain point entre quatre-z-yeux; mais demain qu'il y aura grande compagnie, je l'attends. J'ai tâté son jeu assez pour ne le guère craindre. Il est avantageux en diable et demi, et prompt à l'offensive. Patience! disait Panurge, je vous gâterai mon Dindenaut qu'il n'y manquera rien. Est-ce donc à

(1) Quelques années plus tard (17 mars 1749), Voltaire écrivait au roi de Prusse : « ... Une fille jeune et belle ou non, vraiment, c'est bien là ce qu'il me faut ! J'ai besoin de fourrure en été et non de fille. Il me faut un bon lit, mais pour moi tout seul, une seringue et le roi de Prusse. » (*Lettres inédites de la marquise du Châtelet et supplément à la correspondance de Voltaire avec le roi de Prusse;* Paris, Lefebvre, 1818; un vol. in-8º.

l'auteur de *Cortès* à plier devant le faiseur de *Zulime* (1)? Qu'en dites-vous, ma Minerve? Pour qui gagez-vous? Au reste, l'envoyé de Sardaigne, que je vis aussi hier, et le général Desbrosses ensuite, m'ont dit tous deux qu'il leur avait dit beaucoup de bien de moi ; mais, outre que ces messieurs lui avaient donné le ton, c'est de cette sorte de bien qui ressemble aux saluts de protection. Je ne suis pas en Irlande, il n'y a plus de bleu, et nous nous réjouirons.

» Je rendis aussi ma première visite à M. l'am-

(1) La passion égare Piron et le rend injuste. Quoiqu'il y ait des beautés incontestables dans ses tragédies, surtout dans *Gustave Wasa*, évidemment il a fait fausse route et *forcé son talent* en s'adonnant à ce genre. Il est probable que les lauriers moissonnés par Voltaire dans cette voie l'empêchaient de dormir, et que c'est en vue d'égaler ce rival qu'il a chaussé le cothurne. D'ailleurs, le vent soufflait alors à la tragédie. De même qu'au siècle précédent, quelques auteurs comiques, Regnard en tête, avaient cherché vainement à faire un doigt de cour à Melpomène, — stylo du temps, — de même, au XVIIIe siècle, les Boissy, les Marivaux, les Gresset, etc., tentaient, sans plus de succès, de sacrifier sur le même autel. Il paraît que chaque auteur tenait à honneur d'avoir fait sa tragédie. Cela le complétait et couronnait son bagage; mais Piron eut le tort de la récidive. Du reste, il avait débuté, en 1728, au Théâtre-Français, par une pièce bâtarde, participant de la comédie et de la tragédie (*les Fils ingrats ou l'École des Pères*), qui avait pu lui faire prendre le change sur sa véritable vocation. A ce sujet, dans une note accompagnant son *Élégie sur Piron* (1773, in-8°), Imbert dit avec raison : « Il est singulier que Piron ait le premier introduit ce comique larmoyant qui, depuis, s'est si bien naturalisé chez nous. »

En effet, La Chaussée n'est venu qu'après Piron, qui l'appelait, en se moquant : « *Révérend père La Chaussée, prédicateur du saint vallon.* » Singulier retour des choses d'ici-bas !...

bassadeur, dont l'hôtel m'avait déjà été ouvert pendant son absence avec toutes sortes de marques d'estime et d'amitié. Jugez si, avec les recommandations de madame de Tencin, j'avais à douter d'une bonne réception. Si je n'étais pas enchaîné aux circonspections que mérite mon aimable hôte, il serait devenu le mien et j'aurais huit jours de la semaine un couvert à sa table ; mais je me suis astreint, comme je l'avais déjà pratiqué depuis mon arrivée ici, au samedi seulement. J'ai été deux heures avec lui, tête-à-tête dans son cabinet, à jaser de sa marotte, c'est-à-dire de l'auteur de *Télémaque*, dont il a recouvré le précieux manuscrit qu'il me fit voir comme l'homme à la tulipe ; et je vous avoue que je me sentais les mêmes mouvements de vénération que Son Excellence à l'aspect du précieux texte d'un si grand homme et de son portrait en grand qui était devant mes yeux. Vous connaissez comme mes passions s'expriment, et vous concevez que je n'eus pas de peine à bien faire ma cour. Dites à mon souverain (1) tous les biens du monde de son petit Binbin, qui se rend digne ici de sa protection. Ne l'excitez point à me la continuer; sa bonté n'a que faire de cela, et mon grand mérite se charge de tout. Ma foi, je deviens Voltaire, à quelque chose près. Priez bien Dieu que vos chats ne

(1) Le comte de Livry.

dansent pas la veille du jour que je serai sur le Mœrdick (1), afin que je n'y danse pas à mon tour. Demandez bien des pardons pour moi au maître de la maison (2) de ce que je ne lui adresse pas quelques lettres de mille pages pour l'amuser et le remercier. Je lui dirai pourquoi, quand j'aurai la joie de le revoir.. Ne m'oubliez pas quand vous verrez mademoiselle Vermunde et M. Dumontet ; partagez auprès d'eux mes obligations jusqu'à ce que je prenne, à mon retour, tout ce fardeau-là sur mes épaules. Et pour vous, si j'avais des yeux, quelle langue n'aurais-je pas avec le cœur que j'ai ! et que ne me resterait-il pas encore à vous dire !

» Je ne vous dis pas combien d'amitiés M. le premier président de mon âme me charge de vous faire, ni tout ce qu'il vous prie de dire pour lui à notre cher comte. Cela serait trop long pour mes yeux et pour votre vive intelligence. »

(1) Mœrdyk, village des Pays-Bas, sur la rive gauche de Hollandsch-Diep, que l'on passe en barque, et où se noya, en 1711, le prince d'Orange, Guillaume de Frise.
(2) Le comte de Carvoisin.

LETTRE XIII

« Vendredi 29 juillet 1740.

» J'ai reçu votre lettre du 21 juillet, qui a mis, comme les autres, huit jours à venir, et où vous me mandez que M. de Livry se porte mieux ; qu'il n'y a pas d'apparence que M. de Carvoisin soit cornette, et que vous partez pour Livry dans le moment. Mais vous voilà donc devenue commensale éternelle de votre souverain ; vous allez manger toute ma part et ma place est prise. Je vous ferai bien déguerpir quand je serai de retour, vilaine gourmande. Allez-vous-en sur mon banc de pierre rêver à moi, sans vous ingérer de me dérober ma portion et mes éloges. Enfin, je remarque que depuis que la belle cuisine est bâtie, vous ne sortez plus des environs ; tenez, on aura eu toute la peine et mademoiselle en aura le plaisir. Oh bien ! faites-donc l'inscription : je ne m'en mêle plus. Que ceux qui vont au réfectoire chantent l'office ! J'en mets mon joli bonnet vert tout de travers. Avertissez-en le noble ami de Coulican, et ne manquez pas de l'informer de ma réussite de mardi dernier chez le général Desbrosses. Chantez tous ma gloire et commencez ainsi le psaume :

*Je chante le vainqueur du vainqueur de la terre,
Binbin, qui mit à bas l'invincible Voltaire.*

» Rapportez-vous-en bien à moi. Si le sort des armes m'eût été contraire, je vous avouerais ma turpitude comme je me *jacte*. Mais ma défaite n'était pas possible. Voltaire est le plus grand pygmée du monde (1). Je lui ai scié ses échasses rasibus du pied. Cela s'est passé devant les *quatre nations* (2) : vous voyez que ce n'est pas loin de chez vous (M. le comte, point de pommes !).

» il y avait le comte de Bentem, la seconde personne des Etats de Hollande ; M. Trevor, ministre

---

(1) Piron se croyait sincèrement et intrépidement, sinon supérieur, du moins égal à Voltaire. Cette prétention est de nature à faire sourire. Cependant il est juste de reconnaître que Piron a un avantage incontestable sur Voltaire, qui n'a jamais pu donner au théâtre une comédie *viable*, tandis que la *Métromanie*, cette *œuvre de génie*, comme l'appelle M. Villemain, vivra aussi longtemps, selon l'expression de Grimm, qu'il y aura un théâtre et du goût en France. La Harpe dit à peu près la même chose, ainsi que tous les critiques les plus autorisés du xviiie siècle. Seul, protestant contre cet arrêt, un écrivain de nos jours veut à toute force que la *Métromanie* ne soit pas un *chef-d'œuvre*. Au surplus, le même auteur trouve des airs de famille entre la manière de Piron et celle de Gresset. Ce qui est le dernier mot de la fantaisie.

(2) Allusion au collége Mazarin, aujourd'hui l'Institut, voisin de la demeure de mademoiselle de Bar. On l'appelait *collége des quatre nations*, parce qu'il avait été primitivement destiné à recevoir un certain nombre de jeunes gentilshommes pauvres, tirés de quatre provinces de France, et qui y étaient élevés gratis. Pour y être admis, il fallait être *noble d'extraction*, *au moins de quatre générations paternelles*.

d'Angleterre ; le marquis Arioste, italien, de la famille du divin Arioste ; Voltaire, etc., etc. Vous voyez que les spectateurs valaient la peine du spectacle : aussi le jeu a-t-il bien valu la chandelle. Tout s'est passé le plus gaiement du monde, excepté dans le cœur altier de votre illustre momie (1). Le bon c'est qu'il a cherché noise. Je lui faisais d'abord assez bénignement patte de velours, bien sûr que sa fatte majesté en abuserait ; ainsi a-t-il fait. Il a jugé à propos, avec une charité peu chrétienne, de me plaindre d'avoir perdu le plus beau de mon imagination à l'Opéra comique. J'ai répondu, avec un air de contrition aussi sincère que sa charité, que ce que je me reprochais le plus, dans ces écarts de ma muse naissante, c'était de m'être moqué de lui sur ce théâtre-là ; et tout de suite j'ai raconté la scène d'Arlequin sur Pégase qui culbute, aux deux premiers vers d'*Artemire,* tous les vins du général, qui sont sans nombre et se sont changés en vins de Nazare.... Voltaire en est devenu butor; je n'ai plu lâché ma proie en lui demandant toujours pardon de *la liberté grande.* Ensuite je me suis mis sur mes louanges, et en homme qui songeait bien à ce qu'il disait, j'ai dit que du moins tout le peu que j'avais donné au Théâtre-Français avait réussi. Il a bien vite excepté *Callisthène* : c'est où je l'attendais,

(1) Voltaire.

ayant à lui répondre, comme je l'ai fait sur-le-champ, que c'était celle qui avait eu le succès le plus flatteur pour moi puisque c'était la seule dont il eût dit du bien ; et cela est vrai comme je vous l'ai dit dans le temps. J'avais si fort les rieurs de mon côté, qu'il a pris le parti de s'en mettre lui-même (du bout des dents comme bien jugez), me disant, d'un air de protection, qu'il aimait mieux m'entendre que me lire. Dites la vérité, Monsieur, lui ai-je répondu, avouez que vous n'aimez ni l'un ni l'autre. On n'a pas eu de peine à tourner cette réponse de ses deux côtés, et ç'a été le coup de grâce. De là en avant je n'ai été que de mieux en mieux. Le poëme du *Cheval de bronze* a donné lieu à la scène du monde la plus comique entre Binbin et ce héros. Il était au désespoir de la profanation et de je ne sais quel ridicule agréable que cela jetait sur sa *Henriade*.

» En un mot, lisez la fable du *Lion et du Moucheron*, et vous lirez notre histoire ; et le tout sans la moindre aigreur, sans que rien de ma part ait eu le moindre air d'hostilité. Binbin toujours jusqu'au bout des ongles ; mais Binbin couronné d'acclamations, au point qu'il n'est plus ici question que de ma victoire, sans que je m'en mêle aucunement. Rousseau, fâché comme tout, l'a mandé à nombre de gens à Paris. « Voltaire, dit-il dans ses lettres, est venu perdre ici la seule réputation à laquelle il avait sacrifié toutes les autres : sa réputation de bel-esprit. » La vanité m'a donné des yeux pour en tant écrire ; mais, réflexion faite, j'ai vaincu avec si peu de péril, que j'en dois triompher sans gloire. Adieu ma vanité ; adieu ma vue. Bonjour ma tante (1). »

(1) Ni dans la correspondance de Voltaire, ni dans celle de J.-B. Rousseau, nous n'avons trouvé trace de la passe-d'armes littéraire dont Piron rend compte. Se serait-il donné les gants d'une victoire chimérique, et les moulins à vent n'existeraient-ils que dans sa tête ? Cela n'est pas probable, puisqu'il cite nommément les personnages qui ont jugé des coups. Au surplus, la lutte admise, nous croyons volontiers que les rieurs ont été pour lui. D'après Grimm, « personne n'était en état de soutenir un assaut avec Piron ; il avait la repartie terrassante, prompte comme l'éclair et plus terrible que l'attaque. C'était donc, à ce genre de combats à coups de langue, l'athlète le plus fort qui eût jamais existé nulle part. Voilà pourquoi M. de Voltaire craignait toujours la rencontre de Piron, parce que tout son brillant n'était pas à l'épreuve des traits de ce combattant redoutable. » *Gazette littéraire*, 1 vol. in-18, 1854; Didier, p. 192.

LETTRES

DE

MADEMOISELLE DE BAR A PIRON

III

LETTRES

DE

MADEMOISELLE DE BAR A PIRON

Il n'est pas mal, ce semble, de couper la correspondance de Piron par les lettres de mademoiselle de Bar. Outre que cette façon de procéder répandra de la variété dans ce recueil, elle donnera tout de suite au lecteur un avant-goût du style de notre héroïne, et permettra de juger jusqu'à quel point sont mérités les compliments que Piron lui adresse, en maint endroit, sur son esprit et son talent épistolaire.

Nous hésitons d'autant moins d'ailleurs à adopter cette méthode, qu'il n'est pas possible d'établir un ordre chronologique entre les lettres de mademoiselle de Bar, ces lettres indiquant simplement, soit la date, soit le jour de la semaine où elles ont été écrites, et jamais le mois, ni le millésime. On pourrait donc, à la rigueur et sans inconvénient, les placer *ici* ou *là*, à volonté. Toutefois, quelques-unes citent des faits historiques ou littéraires qui nous ont permis de leur attribuer leur date véritable. En somme, nous n'avons rien négligé pour éviter les transpositions, et pour relier entre eux des incidents qui ont besoin parfois, pour être bien compris, d'être présentés dans un ordre logique.

LETTRE I

« Paris, le 22 avril.

» Je suis très- se que vous vous acheminiez vers Paris. Vous perdez beaucoup de n'y être pas. On canonise un saint Jean aux Carmes du Luxembourg, où tout Paris accourt comme il a coutume de faire pour toutes les curiosités qui arrivent dans cette ville. Ce saint fait des miracles qui ne sont pas de mon goût : ceux qui vont en bonne santé pour l'honorer reviennent estropiés sans que notre homme s'en embarrasse.

» Je vais demain à Passy voir mon cher amant le baron (1), avec M. Medalon (2), qui vous aime autant que moi. On a fait un compliment à la comédie aussi impertinent que les comédiens. On donne demain le *Philosophe marié* (3), en attendant *Sce-*

---

(1) On ignore quel est ce baron que mademoiselle de Bar, en plaisantant, appelle *son* amant.
(2) Médecin.
(3) Comédie de Destouches, jouée le 15 février 1727.

vole (1), tragédie, et *Alceste corrigé* (2) : c'est le terme.

» Les comédiens Italiens ont ouvert par une pièce d'un acte intitulée *les Effets du Dépit* (3). Cela est mauvais. Je ne sais qui en est l'auteur. Boissy est aussi embarrassé de son *Français en Angleterre* (4) que l'homme de la fable l'était de son bloc de marbre ; c'est-à-dire qu'il ne sait s'il en fera une historiette, un poëme épique ou une farce en deux ou trois actes. Dieu lui soit en aide ! La paix se confirme (5) et la grossesse de la reine aussi (6). Grand sujet de joie pour vous et pour moi ! Monsieur Swift est plus fou que nous deux ; nous n'avons imaginé que des châteaux en l'air ; mais lui, fait voler une île comme une mouche (7). Je le lis actuellement. Je ne l'aurai plus quand vous arriverez. Il est imprimé chez la veuve Coutelier.

(1) Reprise, probablement, de la tragédie de du Ryer, jouée la première fois en 1646.
(2) Tragédie de Boissy, jouée en 1727, d'abord sous le titre d'*Admète*.
(3) Comédie en un acte, en prose, par de Beauchamps, aux Italiens, en 1727.
(4) *Le Français à Londres,* comédie en cinq actes, de Boissy, 3 juillet 1727.
(5) Guerre entre l'Espagne et l'Angleterre, etc., etc. Les préliminaires de paix furent signés à Paris le 31 mai 1727.
(6) Marie Leczinska accoucha, le 14 août 1727, de deux filles, Louise-Elisabeth et Anne-Henriette. Selon toute apparence, il s'agit de cette grossesse.
(7) *Voyages de Gulliver,* par l'anglais Swift.

» Grand plaisir pour Paris : on joue demain le *Naufrage* de Flaminia (1).

» On se porte bien ici. Madame de Mimeure a été debout aujourd'hui quatre heures. Si vous n'avez pas été à Dieppe (2), allez-y. Il me faut des petites boîtes et cent-un petits colifichets. Je ne ris pas. Vous ne serez pas reçu sans ce passeport. M. Petit est, dit-on, décoré maintenant d'un beau cordon bleu de l'ordre de Pologne. »

LETTRE II

« Ce mardi, 10 juin.

» Je crois que je n'ai que faire de vous dire que voici une lettre de M. de Senas (3) ; vous le verrez bien de vous-même. Vous n'avez donc qu'à m'en-

---

(1) *Naufrage* (le), comédie en cinq actes, tirée du *Rudens*, de Plaute, par la demoiselle Flaminia, jouée au Théâtre-Italien en 1726.

(2) Piron était alors à Rouen, où cette lettre lui a été ainsi adressée : « A monsieur Piron, chez la veuve Toussaint, dans la cour de la vicomté de l'Eau, à Rouen. »

Il y retourna l'année suivante pour achever, dans la retraite, sa tragédie de *Callisthène*.

(3) Le marquis de Senas d'Orgeval, ami de Piron, auquel il envoyait, en cadeau, de Provence où il demeurait, du vin, de l'huile, des sardines, des olives, etc. Voir au IVe tome des *Mé-*

voyer la lettre pour M. de Noirmoutier, et je l'enverrai par Bonneville.

» Je ne conçois pas les comédiens. Ils ont affiché pour aujourd'hui, mardi, *les Serments indiscrets* (1). Voilà ce qui ne s'est jamais vu. Une pièce qu'on siffle depuis le commencement du second acte jusqu'à la troisième scène du cinquième ; une pièce où l'on fait détaler les acteurs à force de crier : Annoncez ! — Croient-ils que le public s'en dédira et qu'il la trouvera bonne ? Je le désire plus que je ne l'espère. Le pauvre Marivaux doit être bien mortifié. La chute de sa pièce a été ignominieuse. Elle n'est pourtant pas sans mérite, puisqu'il est vrai qu'elle mérite son sort. On annonce une petite pièce en un acte, qui a pour titre *le Procès des cinq Sens* (2). Qu'est-ce que cela vous fait, puisque vous ne la verrez pas non plus que moi ?

» Le vase est encore entier sur le coin de la cheminée, malgré la visite d'une personne qui a dit qu'elle savait que vous aimiez les fleurs et qu'elle vous avait donné un bouquet de fleurs d'Italie qui n'avait point de prix, tant il était admirable. Vous l'avez donc perdu, puisque je ne l'ai pas vu.

langes de la Société des Bibliophiles français, les lettres que Piron lui a adressées.

(1) *Les Serments indiscrets*, comédie en cinq actes, en prose, par Marivaux ; 8 juin 1732.

(2) *Le Procès des Sens*, comédie en un acte, en vers, de Louis Fuselier ; 16 juin 1732.

» Le père Priou (1) m'a écrit la plus gentille lettre du monde. Je lui avais répondu d'avance. Votre aventure du petit garçon n'a point de prix, non plus que Loulou qui a repris sa douceur. Le prend qui veut. Il va à tout le monde dès qu'on l'appelle. Il est tout comme il était lorsque je l'attrapai. Vos oiseaux font les délices du jardin. Ils ont fait taire la pauvre fauvette, tant ils vous ressemblent, c'est-à-dire tant ils bavardent. Le bec ne leur ferme pas malgré la pluie qui ne cesse de tomber. Je crois que vous ne pouvez guère vous promener.

» Je vous envoie une image que l'abbé de La Tassonnerie m'a donnée. Je l'ai baisée en la recevant. Nous sommes amis comme porcs. Il doit m'amener l'abbé Dandelot. Peu s'en faut que M. de Jaiguelins ne fasse le voyage de Colmar à Paris pour me voir, tant j'ai plu à ces bons allemands-là, que c'est merveille. Je ne m'en cuide (2) pourtant pas un zeste de plus ; mais je me cuiderai beaucoup si je puis vous ramener à la raison, c'est-à-dire au sentiment du père Priou. »

(1) Nous avons de ce père Priou une épigramme autographe adressée à Piron, *Un Lundi gras*, et qui est, en effet, le *carnaval* de la pensée et du dévergondage. On nous dispensera de la publier.

(2) *Cuider*, penser, croire, de *cogitare*. Rabelais. — On remarquera que mademoiselle de Bar emprunte souvent des expressions et des tours de phrase à nos vieux auteurs, dont elle avait fait une étude si intelligente, si approfondie, qu'elle se les était comme assimilés. Plus loin, nous expliquerons cette particularité.

LETTRE III

« Ce mardi au soir.

» Madame l'Académie est orpheline de dimanche par le départ de madame la marquise de Lambert, qui est partie ce jour-là, à six heures du soir, pour les espaces imaginaires (1). Dieu la maintienne en joie métaphysique, et nous en joie physique. Ainsi soit-il ! Cela sera si vous vous portez aussi bien que je.

» Sarrazin est venu vous chercher pour ce que vous savez. Je n'avais rien à lui dire. Il me dit, lui, qu'on jouait *le Temple du Goût* (2) aux Italiens ; que Voltaire y était déchiré sans mesure, et vous critiqué sur quatre vers de *Gustave*, dont deux :

La honte fait sentir je ne sais quels remords
Qui, du tyran des cœurs, et cœtera...

» Les deux autres, je ne m'en souviens pas. On joue samedi *Pélopée* (3). Mademoiselle Crosnier va

---

(1) Lambert (Anne-Thérèse de Marguenat de Courcelles, marquise de), née en 1647, morte le 12 juillet 1733.
(2) *Le Temple du Goût*, comédie en un acte, en vers libres, par Romagnési et Niveau ; 1733.
(3) *Pélopée*, tragédie de l'abbé Pellegrin ; 1733. Il y a une anecdote au sujet de cette pièce. L'abbé Pellegrin, se promenant

bien. La dame de céans (1) s'est trouvée très-mal hier. Ce n'est rien par l'événement, mais nous avons eu peur; elle est hors d'affaire aujourd'hui. Etes-vous encore seul ! Mandez-moi tout cela, et que maudit soit Omar !

LETTRE IV

« Samedi au soir.

» Le compliment que vous me faites par une belle petite apostille sur la tragédie de *Silva* (2), vous huche et vous rehuche tout au beau milieu du trône du roi de Babylone. J'ai écrit le fait, et je n'y ai ni part ni demi. Vous dites bien que vous poussez

au Luxembourg avec un de ses amis, vit une feuille de papier qui contenait un modèle d'écriture sur lequel il n'y avait que des P. L'ami ramassa ce papier et demanda à Pellegrin s'il devinait ce que voulaient dire toutes ces lettres. — C'est, répondit l'abbé, la leçon qu'un maître à écrire a donnée à son élève et que le vent a fait voler à nos pieds. — Vous vous trompez, dit son ami. Voici le sens de cette longue abréviation ; tous ces P signifient : *Pélopée*, Pièce Pitoyable, Par Pellegrin, Poète, Pauvre Prêtre Provençal. *Annales dramatiques*; 1811, tome VII.

(1) La marquise de Mimeure était atteinte d'un cancer dont elle ne put guérir.

(2) Aucun des dictionnaires dramatiques que nous avons consultés ne fait mention d'une tragédie portant ce titre.

votre voyage, afin qu'il avance ; mais vous ne dites pas quand vous pourrez arriver. Il serait pourtant d'une grande conséquence que vous arrivassiez bientôt, si vous voulez voir une chose qui vous ferait grand plaisir, et qui peut cesser d'un moment à l'autre. C'est la demeure nocturne de *Louis-Louis-Luiton*, qui est aussi rembourrée, aussi matelassée, aussi remplumée, aussi veloutée, aussi glacée, aussi étoffée, aussi ornée que pourrait être celle d'un directeur de nonnes (1) ; en un mot, c'est la chaise à porteur de la pieuse joie. Cette chaise est, à cause de la lune ou de la présence des picards dans l'antichambre (2), affublée d'une toile qui la garantit de la poussière ; et, grâce aux soins de l'utilité et de la capacité incarnées, les glaces sont baissées de peur de solution de continuité ; l'avisé *Luiton*, qui de ce s'est aperçu, bien et beau s'en accommode. S'il n'y a que moi qui le décèle, il pourra bien y rester jusqu'au grand jugement.

» Ne dépensez plus en émissaires pour me voir entrer chez M. le garde des sceaux, ou en sortir : je ne le verrai qu'à Paris. Je dîne demain chez

(1) Il s'agit des oiseaux élevés par Piron et que mademoiselle de Bar soignait en son absence.

(2) Nous ne savons ce que mademoiselle de Bar veut dire par *picards*. Peut-être désigne-t-elle ainsi les chats qui rôdaient dans la pièce voisine, et qu'elle appelait *picards* par allusion aux hérétiques de ce nom qui parurent en Hongrie au XVe siècle, et qui prêchaient la communauté des femmes. Voyez Le Duchat.

Lalouette. L'un et l'autre vous remercient des complimens que vous leur faites. La pauvre mademoiselle Perrot a un mal d'yeux horrible, tant la veste de M. Boulet l'a éblouie : voyez la force de l'imagination ! J'ai vu M. Le Vaée, à qui j'ai rendu ce qui lui appartenait, ou ce qui ne lui appartenait pas. J'ai oublié de mettre dans la poche de votre culotte le tire-bouchons de mademoiselle Desmarest, pour ajouter à tous vos bijoux. On joue aujourd'hui le *Badinage*(1). Je ne fermerai ma lettre que demain, si j'en apprends quelque chose, je vous en ferai part.

» Ce Dimanche.

» Je ne sais pas la moindre chose du *Badinage*. Passez-vous-en. »

(1) Comédie en vers libres, par Boissy, jouée en 1733 à la Comédie-Française. On trouve dans cette pièce d'assez jolis détails, comme aussi une critique dure et fausse de la musique de l'opéra d'*Hippolyte et Aricie*, composée par Rameau. — *Annales dramatiques*; 1808, tome 1er.

LETTRE V.

« Hé bien ! vieux Tobie (1), il faut donc un arrêt du Sénat pour vous obliger à m'écrire. Vous faites donc bien le débauché puisque vous ne trouvez pas un moment pour réfléchir que je suis en peine de votre silence. Vous portez-vous bien ? Tant mieux ! J'en suis fort aise, et moi aussi... J'aurais eu bien du plaisir à vous voir ici. C'est le plus beau lieu du monde; des eaux comme à Versailles et des gens comme à babord (2). J'y gruge que c'est merveille : cela va bien pour l'appétit. Ne songez pas à venir; quelque plaisir que j'eusse à vous voir, j'y renonce, parce qu'il n'y a pas un seul cabaret où l'on puisse descendre et manger un morceau ; et encore une petite raison, qui est la plus forte : c'est que j'ai dilapidé mon écu dans les vignes pour acheter du raisin à cinq ou six gueules fraîches qui me suivent comme des barbets.

» M. Baudart doit venir samedi ou dimanche, mais fort peu, entendez-vous. Cela ne conviendrait nullement, à cause de la lune. Mandez-moi tout ce

---

(1) Allusion à la faiblesse de la vue de Piron.
(2) Cette lettre a vraisemblablement été écrite d'une maison de campagne de la marquise de Mimeure.

que vous savez et tout ce que vous ne savez pas. Bonjour hibou ; aimez bien hibouse. Si notre ami Faget (1) avait fait ressource, ou que son impudence lui pût procurer un carrosse, des ânes ou un tombereau pour pouvoir venir avec ce truand de Medalon et mon pauvre Condridies, on ferait jouer les eaux pour eux comme pour des honnêtes gens. Ils n'auront jamais occasion de les voir parce que nous n'y reviendrons plus. Il y fait trop froid : notre petite complexion ne s'accommode pas de cet air-ci. »

(1) Médecin, élève de Petit et ami de Piron, qui fit l'inscription suivante pour être mise au bas de son portrait :

Tel fut le célèbre Faget,
Aîné d'un illustre cadet (1).
Tous deux, par de brillantes cures,
En France également connus;
De Mars l'un guérit les blessures,
Et l'autre celles de Vénus.

(1) Chirurgien-major de la gendarmerie.

SUITE DE LA CORRESPONDANCE

DE

MADEMOISELLE DE BAR AVEC PIRON

LETTRE VI

« A Paris, ce 16 octobre.

» Tout vient à point à qui sait attendre. Voilà commencer une lettre tout justement comme aurait fait Sancho Pança, avec la différence cependant que le proverbe aurait été applicable à ce qu'il aurait voulu dire ; pour moi, je ne sais point du tout comment je pourrai l'accrocher à ma pensée. Mais que j'y réussisse ou non, je ne recommencerai pas ma lettre. Quatre lignes sont pour moi les travaux d'Hercule. Personne ne s'en douterait en voyant ma prolixité ; mais j'ai mes raisons pour être prolixe. Le proverbe s'éloigne, je vous étourdis par mes inepties, vous ne savez plus où vous en êtes, ni moi non plus ; tout est confondu, le chaos est ressuscité, je jette mon bonnet par-dessus les moulins. Faites-en de même. Bon ! Voilà qui est à merveille. Or, écoutez-moi maintenant, et ayez de la foi, car rien n'est plus vrai que ce que je vais vous dire.

» Mademoiselle Sallé, tant vantée et tant chantée

pour ses rares talens et son austère sagesse (1), a su plaire, et gagner le cœur, malgré tout cela, d'un cavalier français très-connu lui-même par un mérite supérieur et par une vertu très-épurée, (qui se ressemble s'assemble). Ce cavalier donc a cru ne pouvoir trop faire pour ce prodige (ce sont ses propres termes), que de lui proposer de l'épouser et de la faire dame de son âme et de vingt-neuf belles mille livres de rente; (le proverbe pourrait bien être fourré là-dedans, mais passons). La demoiselle, ainsi que Dieu quand il créa le monde, trouva cela bon et consentit à tout. Aussitôt, on ordonne les équipages, on arrête des femmes diri-

(1) Mademoiselle Sallé, célèbre danseuse de l'Opéra, était citée comme un prodige de vertu. Voltaire s'exprime ainsi sur son compte :

De tous les cœurs et du sien la maîtresse,
Elle alluma des feux qui lui sont inconnus :
 De Diane c'est la prêtresse,
 Dansant sous les traits de Vénus.

Voici d'autres vers sur mademoiselle Sallé :

De son art enchanteur tout reconnut les lois;
Dans Londres, dans Paris, tout vola sur ses traces.
Elle fut sans égale, et parut à la fois
Elève des Vertus et rivale des Grâces.

Quoi qu'il en soit, la sagesse de cette danseuse trouva des incrédules et n'était pas généralement reconnue de son temps. On peut consulter à ce sujet les *Annales dramatiques*, tome VIII, page 239. Paris, 1811 ; Capelle et Renaud ; 9 vol. in-8º.

gées par des Sulpiciens ; on loue une belle maison dans notre faubourg; on fait des meubles et une livrée magnifique. Tandis que tout cela se prépare, le jeune gentilhomme passe en Angleterre pour arrondir ses vingt-neuf mille livres de rente par son mérite et sa vertu : il lui manquait quelques oboles. Mais ces stupides Anglais, gens sans entendement et peu connaisseurs en vrai mérite, n'ont, dit-on, en nulle façon du monde, voulu coopérer à l'arrondissement de la somme; de sorte que notre jeune seigneur est revenu, revient, ou reviendra, tout comme Jean s'en est allé. Mais de ce ne vous guémentez (1); car si la demoiselle n'en voulait rien rabattre, le généreux M. de Voltaire ne laisserait pas pour si peu son féal Thiriot dans la nasse (2).

Je crois qu'à tant de vertu, vous avez aisément reconnu l'ami de ce célèbre auteur : car dis-moi qui tu hantes, *et cætera*. Ce principe-là posé, vous allez donc être d'un orgueil effroyable; mais non, je faux (3). Le généreux génie qui se manifeste à vous et qui a la bonté de vous rapprocher de sa génierie, n'est point orgueilleux, donc, vous ne le serez pas. Enfin, je vois que vous allez être un homme admirable : car dis-moi qui tu hantes, *et cætera*.

(1) *Guémenter* (se), plaindre, s'enquérir. Rabelais.
(2) Dans l'embarras, dans une mauvaise affaire.
(3) Le passage qui suit fait supposer qu'il existait alors des relations assez fréquentes entre Voltaire et Piron.

Et à-propos de cela je sors du sabbat, où deux sorciers de Beauvais, l'un jeune et l'autre vieux, sont arrivés à califourchon sur des croix du pays. On a baisé le c.. du bouc, et moi aussi. On a parlé sans s'entendre, on a dit, et lu, et récité cent mille impertinences. J'ai fait comme les autres : car dis-moi qui tu hantes, *et cætera*.

L'abbé vous embrasse (1). Il n'aura reçu votre lettre qu'en rentrant, puisque je n'ai reçu la vôtre qu'après l'avoir quitté. Il part demain, à quatre heures du matin, pour Breuilpont. Il vous prie de lui écrire et de faire mention de la dame du château dans votre lettre. Elle aime à être dans votre souvenir parce qu'elle vous aime beaucoup ; et si on vous envoie quelque poisson, ne mortifiez pas l'amour-propre, qui est plus grand qu'un jour sans pain. La modeste et gentille maîtresse de Galba vous fait mille compliments. Tournez-lui une pauvre fois le bec dans la première lettre que vous m'écrirez. Votre chat noir et votre chatte blanche se promènent tant que le jour dure dans le jardin des moines (2) ; on n'en saurait

---

(1) L'abbé Legendre, vraisemblablement.

(1) A cette époque, Piron demeurait rue Saint-Honoré, près du couvent des Capucins. Ce couvent était où est maintenant le côté ouest de la place Vendôme. Il fut démoli en 1790, ainsi que l'église qui y attenait, et sur l'emplacement on a percé les rues Castiglione et du Mont-Thabor. On y avait également construit une salle de spectacle, dite *Cirque Olympique*. Comme on le

chevir (1). Ils ne sont que griffes et dents, mais de cela peu me chault. J'ai bien autre chose en tête et qui m'embarrasse infiniment. Conseillez-moi, mon père en Dieu.

Le diable me tente de vous prier de faire cent mille compliments de ma part à M. le comte (2). Mais j'ai peur que cela ne soit trop familier de le faire en langue vulgaire. Comment ferons-nous ? Vous n'en savez rien. Ho ! bien, bien, je le sais, moi. Traduisez-le-moi en grec ; mettez-y beaucoup de respect, mais beaucoup plus de tendres sentiments de reconnaissance pour toutes ses bontés envers sa vieille Liénarde. Bonjour, Tobie. Datez vos lettres.

LETTRE VII.

« Ce Mardi.

» Je reçus hier trop tard votre lettre pour y pouvoir répondre. J'y réponds aujourd'hui. *Le Petit-*

verra aux *Poésies inédites*, Piron avait obtenu des Capucins les clés de leur jardin pour pouvoir se rendre directement de chez lui aux Tuileries.

(1) Venir à bout de quelqu'un ; lui faire faire ce qu'on veut. Montaigne.

(2) Le comte de Livry.

Maître (1), dont vous me demandez des nouvelles, a été traité et reçu comme un chien dans un jeu de quilles. En vérité, je commence à croire que le pauvre Marivaux radote, et qu'ainsi que le monseigneur l'archevêque, il aurait grand besoin d'un Gil Blas qui lui conseillât de ne plus composer d'homélies : car ce qu'il a donné sous le titre du *Petit-Maître* n'a nullement les qualités nécessaires pour être appelé comédie. C'est un fatras de vieilles pensées surannées qui traînent la gaîne depuis un temps infini dans les ruelles subalternes et qui, partant, sont d'un plat et d'une trivialité merveilleuse. Enfin, il n'y a ni conduite, ni liaison, ni intérêt ; au diable le nœud qui s'y trouve ! Il n'y a pas la queue d'une situation. On y voit trois ou quatre conversations alambiquées à la Marivaux, amenées comme Dieu fut vendu, et tout le reste à l'avenant ; en un mot, il n'y a pas le sens commun. Aussi le parterre s'en est-il expliqué en termes très-clairs et très-bruyants ; et même ceux que la nature n'a pas favorisés du don de pouvoir s'exprimer par ces sons argentins qu'en bon français on nomme sifflets, ceux-là, dis-je, enfilèrent plusieurs clés ensemble dans le cordon de leur canne, puis, les élevant au-dessus de leurs têtes, ils firent un fracas tel qu'on n'aurait pas entendu Dieu tonner : ce qui

(1) *Le Petit-Maître,* comédie en trois actes, en prose, de Marivaux, jouée en 1734.

obligea le sieur Montmeny de s'avancer sur le bord du théâtre, à la fin du second acte, pour faire des propositions d'accommodement, qui furent de planter tout là et de jouer la petite pièce. Mais vous connaissez la docilité, la complaisance, la douceur du benin et accommodant parterre. Il se mit à crier à tue-tête qu'il voulait et qu'il ne voulait pas ; puis il voulut enfin. Il fallut passer par ses baguettes avec toute la rigueur possible ; mais admirez ce que c'est que d'aller au feu ! cela aguerrit. L'auteur et les comédiens prirent apparemment goût à cette petite guerre-là, puisque dimanche ils s'escrimèrent encore avec le divin parterre, qui, de son côté, fit de si hauts faits d'armes, qu'il mit à fin l'aventure. *Requiescant in pace.*

» La pauvre géline avec ses poussins a donc bien des maux (1). Vraiment, je le conçois bien. Gardez qu'il faut qu'elle aille en haut, en bas, à droite, à gauche, derrière, devant, et de tous les côtés ; et qu'avec tout cela il faut qu'elle mette encore deux perruques et deux chemises par jour. Oh ! c'en est trop pour mignonne cacagéline. Mais au vrai, sérieusement parlant, m.... en mon nez (2), il faut brûler quelques soupers : car, après tout, il ne faut

(1) Il s'agit de Piron, que mademoiselle de Bar compare à une géline, c'est-à-dire une jeune poule grasse.

(2) On voit que mademoiselle de Bar avait lu *le Moyen de parvenir*, de Béroalde de Verville.

pas revenir malade. Mais gueule ira toujours son train.

—

LETTRE VIII

« Vendredi soir, 13 juin.

» Vous disputez donc contre toutes sortes de raisons ; mais il est inutile de vous répéter ce que vous disputez ; vous le savez mieux que moi. Il n'est question que de vous prouver en peu de mots et clairement que votre thèse est fausse de tous points. C'est ce que je vais faire très-nettement (1).

» Les sens, que le supérieur (2) admet comme le souverain bien et le seul plaisir décidé que l'homme puisse prendre, étant une faveur de la

(1) La dissertation qui suit est un fort bon modèle d'amphigouri, de *galimatias double*, dirait Boileau. Mademoiselle de Bar s'y moque de l'abbé Legendre, de Piron, et des savants en *us*, que la rage de tout expliquer, de tout définir, embarque souvent dans des divagations sans issue. C'est une plaisanterie dans le goût de Molière, une réminiscence de quelques-unes de ses comédies. Aussi mademoiselle de Bar aurait-elle pu finir par le fameux *ergo* du docteur Sgaranelle, qui, essoufflé et à bout d'arguments, s'écrie : « *Voilà justement ce qui fait que votre fille est muette !* »

(2) L'abbé Legendre.

nature envers l'humaine engeance, on ne peut disconvenir que la toute-puissance, ou la nature, ou tout, comme il vous plaira de nommer ce qui nous a gratifiés de ce qui nous fait tant de plaisir et tant de mal, n'ait eu en vue trois choses : les sens, l'imagination et les passions. Par les passions, je n'entends pas les sens qui les produisent, ni l'imagination qui les excite et les entretient ; j'entends le mouvement de l'âme et des esprits causé par les sens et par l'imagination, et qui agit à son tour sur la cause qui les produit : car tout cela n'est qu'une circulation de sentiments et de mouvements qui s'entretiennent et se reproduisent. Si les sens produisent les passions, les passions, en échange, par le mouvement qu'elles excitent dans le corps, unissent les sens aux objets sensibles. Si l'imagination excite les passions, les passions, par le contrecoup du mouvement des esprits, réveillent l'imagination ; et chacune de ces choses s'entretient et est reproduite par l'effet dont elle est la cause, tant l'économie du corps humain est admirable.

» Tirons des conséquences justes de tout ceci ; elles confondront votre opinion et feront triompher celle de notre infaillible supérieur.

» Les passions sont des mouvements de l'âme qui accompagnent celui des esprits et du sang, et qui produisent dans le corps, par la construction de la machine, toutes les dispositions nécessaires pour entretenir la cause qui les a fait naître, à la vue d'un objet qui ébranle l'âme. Supposons que cet objet soit un bien ; il se fait deux cours ou deux épanchements d'esprits animaux du cerveau dans les autres parties du corps : les uns se répandent dans les membres extérieurs, les pieds, les bras ; et si les pieds et les bras sont hors de service, dans les poumons et les organes de la voix, afin de nous disposer, et ceux qui sont avec nous, à nous unir à cet objet. L'autre partie s'insinue dans les nerfs qui répondent au cœur, aux poumons, au foie et autres lieux, pour proportionner la fermentation et le cours du sang et des humeurs par rapport au bien présent. De sorte que la trace, que la présence du bien, ou l'imagination, laisse dans le cerveau, et qui détermine ces deux épanchements d'esprits, est entretenue par les nouveaux esprits que ce second épanchement tâche de fournir au cerveau par les secousses réitérées et violentes dont il ébranle les nerfs qui environnent les vaisseaux où sont les humeurs et le sang, matière dont les esprits se forment sans cesse. Comme tout doit être plein d'esprits, depuis le cerveau, origine des nerfs, jusqu'aux extrémités des mêmes nerfs, qui se distribuent dans les membres, la trace du bien répandant avec force les esprits dans toutes les parties du corps pour leur donner un mouvement violent et extraordinaire, ou leur faire prendre une posture forcée, il est évident que le sang monte à la tête promptement par l'action des nerfs qui l'environnent, autrement le cerveau ne répandant pas assez d'esprits dans les membres, on ne pourrait pas conserver longtemps l'air, la posture et le mouvement nécessaires à l'acquisition du bien et à la fuite du mal, *et cætera* (1). Ce qui vous prouve, clair comme le jour, que notre bien-aimé supérieur a raison. Rendez-vous, et de bonne grâce, et remerciez les dieux passés, présents et à venir de m'avoir pour vous éclairer dans vos erreurs.

» Dites à Tonton (2) que sa féale muse éclopée a fait recrue d'une béquille. Le récit de vous et du petit garçon est charmant en prose, léger, précis, plaisant, en un mot, à la Rabelais; et en vers, tarare! Pour les pauvres chênes, ils me font grande pitié : leur chanson m'a touchée beaucoup. Je suis très-embarrassée dans cette affaire; car je veux que tout le monde vive, et si le pauvre piquebois ne peut manger que de ces chênes-là, comment faire? Ajustez tout cela pour le mieux.

» J'ai trouvé hier, jeudi, écrit sur votre porte, que M. de Livry était venu pour vous voir, je ne sais

---

(1) Nous ne suivrons pas plus loin mademoiselle de Bar dans ses savantes théories. Il suffira au lecteur d'avoir un échantillon de ce qu'elle pouvait faire en matière physiologique, quand elle voulait bien s'en donner la peine.

(2) Mademoiselle Quinault, à laquelle le comte de Livry avait donné le surnom de *Tonton*. Plus loin le lecteur saura pourquoi.

7

pas quel jour ; car je n'étais pas montée là-haut depuis celui de votre départ. Je n'ai pas trouvé un moment aujourd'hui pour aller chez Galba, tant il a fait vilain. J'irai demain sans faute, plût-il des hallebardes. »

LETTRE IX

« Ce vendredi matin.

» Si vous aviez fait passer votre homme à Bondi (1), à la poste, cela aurait raccourci son chemin. J'ai reçu votre lettre mercredi, à six heures du soir, et j'y ai répondu sur-le-champ.

» Je vous remercie de votre aide pour mourir de chaud. Je n'en ai plus affaire : c'est besogne faite ; et d'ailleurs voilà le frais venu qui vous amènera peut-être du monde. Quant à vous, ne vous faites pas mourir d'ennui. Revenez, nous nous entr'aiderons pour cela. Bonjour six fois, chouette. Votre tambornéa est parti bien matin. Il n'est pas encore six heures ; et si je me porte bien, mademoiselle Cronier aussi. J'ai donné vingt-quatre sols. »

(1) Piron était alors à la maison de campagne du comte de Livry, près Bondi.

LETTRE X

« Ce mercredi au soir.

» Il n'est point venu de lettres pour vous ; partant, je ne pourrai exécuter les ordres de M. le cardinal (1), en déchirant le papier qui aurait pu grossir le paquet.

» Gaucher est venu ce matin vous chercher pour vous dire qu'il y avait du grabuge et de mauvaises manœuvres dans les allures de son assortisseur ; qu'un nommé Fouillard, mari de la petite Legrand, arrivait de Hollande ces jours-ci pour ajuster toutes les flûtes. Il désirait vous prier de faire sentir à ce Fouillard que lui, Gaucher, n'entendait pas être commis avec tous les vauriens qui voulaient entrer dans cette affaire. Vous n'êtes point ici, et voilà tout.

» Remerciez de ma part les mouches qui ont assez laissé de vous pour me donner des nouvelles de votre santé, qui est très-bonne, Dieu merci ! J'ai grand'pitié des pattes des petits moineaux. Ne pourriez-vous pas faire mettre des barres de fer *à la glace*, pour leur rafraîchir leurs pauvres petites pattes ? Louis ne songe non plus à vous qu'à Jean

(1) Par ce mot elle désigne Piron.

de Vert. Vos volatilles en font autant. Il n'y a que moi qui voudrais que vous fussiez ici pour me voir distiller ; mais à quelque chose malheur est bon, et la grande chaleur m'a guéri mes reins. La plaie de mademoiselle Cronier va bien : on la *caustique* que c'est merveille. Elle vous remercie de votre bon souvenir et vous fait mille compliments. Bonneville est sorti d'aujourd'hui. Bonjour, Garoui-Garama. Tant mieux ! Nous dirons bien *alegria* quand succès viendra. »

LETTRE XI (1)

« Ce jeudi matin.

» Plus j'examine et moins je conçois, mademoiselle, pourquoi vous vous opiniâtrez à me vouloir persuader que vous avez encore de l'amitié pour moi. Vous avez été bien maladroite et vous m'avez crue bien sotte si vous avez pensé que je ne m'a-

(1) Nous plaçons ici, pour clore la correspondance de mademoiselle de Bar, une lettre écrite par elle-même à une ancienne amie, lettre dans laquelle mademoiselle de Bar fait connaître comment elle entendait et pratiquait l'amitié. Cette femme, si frivole en apparence, à en juger, du moins, par quelques paragraphes de sa correspondance, avait, paraît-il, d'excellentes qualités de cœur, et, quand il le fallait, une vraie dignité.

percevrais pas de votre changement. J'y ai été sensible, je l'avoue ; je m'en suis aperçue le plus tard que j'ai pu, quoique ce ne soit pas ma coutume d'avancer quand on recule. J'ai fermé les yeux sur la sécheresse de vos procédés. Les raisons qui vous les ont fait avoir doivent subsister. Je n'ai rien fait pour les faire naître, et, partant, rien fait pour les effacer. Vous vous êtes lassée d'une amie solide : chose rare et précieuse dans tous les temps, marchandise cependant qui n'a de prix que celui qu'on est capable d'y mettre. Je vous l'ai crue cette capacité-là, et je vous estimais en conséquence. Un reste d'amitié m'engage à vous exhorter à ne pas ajouter l'injustice à la légèreté. Jugez-vous vous-même équitablement ; j'en appelle au fond de votre cœur. Là, vous trouverez qui de nous deux doit se plaindre et faire des reproches.

» Quant à l'autre affaire, je ne sais si M. Piron serait d'humeur à s'en mêler. Si vous y êtes intéressée d'une certaine façon, écrivez-lui-en un mot et j'appuierai. Mettez-moi à quelque épreuve plus sérieuse que celle-là, si vous voulez être éclaircie comme j'en use avec les gens que j'ai tendrement aimés. Je vous prie d'être persuadée qu'au défaut de l'amitié, je serai toute ma vie votre très-humble et très-obéissante servante.

De Bar. »

LETTRE XII

LETTRE DE MA FEMME (1), EN VIEUX GAULOIS,

A M. DE LA FAYE,

Pour lui demander son conte de l'Enfant de Neige, que je lui vantais avec raison.

« Sire chevalier,

» Je vous requiers un don. Jà n'est besoin de vous ramentevoir la loi des chevaliers. Bien cuidé-je que la sçavez trop mieulx que moi. Partant, je vous supply, pour Dieu, ne m'éconduire, si vous ne voulez de moi faire la plus dolente damoiselle qui fut oncques. Tout preux chevalier requis, fût-ce par Urgande, voire par Gabrine, n'amoindrit son loz pour pitié qu'il eut de si chétive créature. Partant, si vous faites tant pour moi que de me ottroier cette mienne requête, honneur et gloire en redonderont sur vous. Si ma demande vous grève,

(1) C'est Piron qui parle et qui appelle mademoiselle de Bar *ma femme*, attendu qu'il l'épousa plus tard, ainsi qu'on le verra dans la *Notice* suivante.

l'édangiez-en l'auteur de *Gengiscan* (1) qui vous a moyéné ce pourchas, en me racontant par le menu l'aventure de l'*Enfant de Neige* qu'avez si glorieusement mise à fin. Il me ha tout affolée en me faisant veoir très-apertement que nul rien ne peut être parangoné à ce chief de besoigne.

» Seigneur chevalier, je mourrai malement si ne me faites ce bien que de me le faire veoir. Or donc, advisez, beau sire, à ce que debvez faire pour conserver la vie à celle qui n'a de regret à la perdre à moins pour autant que cela vous tollirait une serve qui est à vous tout oultre d'hui à toujours mais.

RÉPONSE DE M. DE LA FAYE

A MA FEMME,

En lui envoyant le conte de l'Enfant de Neige.

Trop a vanté le labeur imparfait
D'un qui s'en va rimant à la bouline,
Cettui grand clerc émule de Racine.
Pour l'enlever à celui qui l'a fait,
Faut que soyez plus qu'Urgande ou Gabrine.

(1) Tragédie que je composais alors et que j'ai laissée. (*Note de Piron.*)

Nota (1). Véritablement, ce conte est bien fait et curieux. M. de La Faye ne le communiquait qu'à ses amis ; il est pourtant imprimé dans des collections. Du reste, cet homme d'esprit était trop de son temps pour être initié dans l'érudition gauloise. L'illustre Foncemagne, son confrère, lui dirait qu'Urgande était une vieille et bonne magicienne, et Gabrine une orde et méchante sorcière. Galant et poli comme il faisait profession d'être, il se serait bien gardé de mettre ici Gabrine en jeu ainsi qu'il l'y met.

Quelque temps après, il tomba malade. Le bourreau Sylva (2) et Faget, son maître valet, le saignèrent, en vingt-quatre heures, jusqu'à ce que mort s'ensuivît. Je fus témoin de la dernière saignée et de la catastrophe. Je rentrai chez moi aussi affligé qu'on peut l'être. J'en eus la fièvre, et dans l'accès, je fis ces quatre vers :

La Faye, adieu · jusqu'au revoir.
C'est pour la nuit que je te quitte ;
Je me trouve un peu mal ce soir,
Et demain Sylva me visite.

(1) De la main de Piron.
(2) Médecin célèbre.

NOTICE
SUR
LA FEMME DE PIRON

IV

LA FEMME DE PIRON

Quelle a été la femme de Piron, et que faisait-elle avant son mariage ?

Le présent chapitre a pour objet de répondre à ces deux questions.

Et d'abord, il est évident que la femme de Piron a été mademoiselle de Bar. Dans son *Journal,* Collé est explicite à cet égard, ainsi que nous le verrons plus loin. Toutefois, Rigoley de Juvigny et Girault (1) lui donnent un autre nom : celui de demoiselle *Marie-Thérèse Quenaudon.* Mais Juvigny la peint, sinon dans tous les détails, du moins dans l'ensemble, avec des couleurs si conformes à celles employées par Collé, que le doute n'est pas permis quant à l'identité des personnes. Du reste, ni Juvigny, ni Collé, ni Girault ne mentionnent ce fait acquis par nous après de longues recherches et que nous développons plus loin, savoir : que Marie-Thérèse Quenaudon était veuve lorsqu'elle épousa Piron. Une chose singulière, c'est que Piron lui-même passe ce fait sous silence dans la lettre qu'il écrivit à sa mère, le 7 mai 1741,

(1) *Essais historiques sur Dijon* (page 197). Lettres inédites adressées, par divers auteurs, à l'Académie de la même ville (page 68).

pour lui annoncer son mariage; lettre que nous reproduisons à la fin de ce chapitre.

Juvigny s'exprime de la manière suivante (1) : « Une forte constitution, une santé robuste, une gaieté inaltérable promettaient à Piron les plus longs jours; mais aussi peu fortuné qu'il l'était, comment envisager la vieillesse sans la redouter ? La Providence lui ménageait une ressource dans un mariage avantageux (à considérer la position où il se trouvait), qu'il contracta à son retour de Bruxelles (2), avec demoiselle *Marie-Thérèse Quenaudon*, âgée de cinquante ans, qu'il avait connue chez la marquise de Mimeure. Cette demoiselle jouissait de deux mille livres de rentes viagères environ, auxquelles le généreux comte de Livry ajouta, par le contrat de mariage, six cents livres de rentes, aussi viagères, au profit de Piron.

» Le lien qui serra leur union fut celui de la simple et pure amitié. Jamais deux personnes ne furent mieux assorties. Madame Piron avait beaucoup d'esprit et de gaieté. Elle était très-versée dans la connaissance de nos anciens romanciers, dont elle possédait supérieurement le vieux langage. Elle imitait leur style à s'y tromper. Les beaux esprits qu'elle voyait chez la marquise de Mimeure consultaient souvent son goût sur leurs ouvrages. Avec une compagne de ce caractère, Piron ne pouvait manquer d'être heureux. »

Juvigny ajoute que rien ne troubla le bonheur des époux pendant les quatre premières années de leur mariage. Mais *une espèce d'ami*, dit-il, homme de qualité, au bonheur et à la fortune duquel Piron avait contri-

(1) *Vie d'Alexis Piron*, travail déjà cité.
(2) Le 15 avril 1741, c'est-à-dire neuf mois après son second voyage.

bué (1), crut devoir lui offrir, dans son hôtel, un appartement auquel il mit un *prix assez honnête*. Cet appartement nécessitait des réparations. Piron et sa femme en firent les frais. Le *dernier clou* était à peine *mis* (2), que l'espèce *d'ami* leur donna congé, sous le prétexte que sa belle-mère trouvait mauvais qu'il logeât un poète chez lui. Cette grande dame avait sans doute lu Platon dont elle suivit les conseils, avec cette différence pourtant que la pauvre muse bourguignonne partit sans être chargée de fleurs ni de présents. L'impression que produisit ce procédé sur madame Piron fut si vive, si profonde, que son esprit se troubla. Ce triste état, auquel se joignit peu après la paralysie, fut bientôt sans remède.

« C'est alors, continue Juvigny, que Piron connut, pour la première fois, la tristesse. Affligé de ce cruel accident, qui n'avait pas altéré la douceur du caractère de sa femme, il ne voulut jamais l'abandonner à des soins étrangers. Continuellement occupé d'elle, et secondé de sa nièce, madame Capron, il lui administrait les secours dont elle avait besoin, et n'épargnait rien pour lui rendre sa situation moins malheureuse.

» Elle mourut le 17 mai 1751. Tout le monde a été témoin de la douleur que cette perte causa à Piron, et des larmes sincères et durables qu'elle lui fit répandre. »

---

(1) Le comte de Carvoisin, neveu de la marquise de Mimeure, celui dont il est parlé dans les lettres de Piron. C'est moins Piron que mademoiselle de Bar, qui, usant de son crédit auprès de la marquise, avait contribué à ce que son testament fût fait en faveur du neveu, lequel en témoigna sa reconnaissance comme on va voir.

(2) Lettre de Piron à son frère, 21 mai 1749, publiée dans le *Cabinet historique* (M. i., Paris), et analysée dans le catalogue des autographes vendus le 20 avril 1858, par M. Laverdet. Piron alla habiter chez M. Alleaume, notaire, rue de Condé, faubourg Saint-Germain.

Bien que le tableau de cette démence, suivie de paralysie et d'une si triste fin, vienne assombrir ce portrait, il répond assez bien, dans certaines parties, à l'idée qu'on s'est faite de mademoiselle de Bar. Seulement, on voudrait la voir un peu plus jeune. Constatons, toutefois, qu'elle n'avait que trente ans lorsqu'elle écrivit à Piron les lettres que vous savez. Quoi qu'il en soit, Juvigny passe sous silence un point intéressant : il ne dit pas à quel titre et sur quel pied elle se trouvait dans l'hôtel de la marquise de Mimeure. Mais Collé, que rien n'embarrasse, et qui, plutôt que de consentir à paraître ignorer quelque chose, inventerait volontiers et controuverait même, au besoin, Collé va combler cette lacune... à sa manière :

« Le 17 de ce mois (17 mai 1751), la femme de Piron est morte. Quoiqu'elle eût été pendant plus de deux ans furieuse jusqu'à battre son mari, Piron n'a jamais voulu consentir à s'en séparer. Il a pourtant souffert tout ce que l'on peut souffrir d'une personne qui a perdu entièrement la raison, et qui se portait quelquefois aux dernières extrémités. Dans les huit derniers mois de sa vie, sa fureur était tombée en imbécillité. Piron l'aimait réellement, et je viens de le voir dans la plus grande affliction, et abîmé dans une véritable douleur. Il y a trente-deux ans qu'il vivait avec elle ; il lui avait toutes sortes d'obligations. Elle l'avait soutenu longtemps lorsqu'il était dans l'indigence.

» Elle se nommait *Debar;* elle était laide à faire peur; moi, qui la connaissais depuis vingt-trois ans, je l'ai toujours vue vieille. C'était une de ces physionomies malheureuses qui n'ont jamais été jeunes. Elle avait de l'esprit, mais peu agréable, nul goût; au contraire, elle en était l'antipode : je conviens même qu'elle n'a pas peu contribué à détourner Piron de tâcher d'en avoir. Elle avait une érudition singulière pour une femme : elle possédait le gaulois. Ses livres favoris étaient le *Roman de la Rose*, *Villon*, *Rabelais*, les *Amadis*, *Perceforêt*; enfin, tous nos anciens faisaient ses délices.

» Elle n'avait point de principes. Lui vantant un jour la probité de Lepelletier, elle parut surprise de ce que je le louais là-dessus de bonne foi. — Comment! me dit-elle, un homme qui a de l'esprit comme vous, donne-t-il dans les préjugés du *tien* et du *mien* ? — Ses mœurs étaient basses, et cela n'est pas étonnant, ayant été femme de chambre de la marquise de Mimeure, qui n'est morte que depuis cinq ou six ans.

» Piron a vécu au moins vingt ans avec elle avant de l'épouser. Ils s'étaient donné réciproquement tous leurs biens par leur contrat de mariage : ce qui consiste, pour ceux que madame Piron laisse, en 750 livres de rente au principal au denier quarante de 30,000 livres, qui appartiennent actuellement à Piron, au moyen de cette donation. Elle avait, outre cela, environ 2,500 livres de rente viagère, qui sont perdus à sa mort. S'ils avaient pu, avec sûreté, se donner l'un à l'autre leurs biens sans se marier, ils n'en auraient jamais fait la cérémonie (1). »

Ainsi, d'après Collé, mademoiselle de Bar était simple femme de chambre chez la marquise de Mimeure.

On connaît la causticité de Collé : c'est chose passée en proverbe. Il dit quelque part, dans le même *Journal*, qu'il *n'a jamais fait un vers contre qui que ce soit*. Si

---

(1) *Journal de Collé*, 5 vol. in-8°; Paris, 1807. Voyez 17 mai 1751.

cela est vrai, en prose il s'est largement dédommagé de cette mansuétude poétique.

Son *Journal* est un véritable réquisitoire dressé contre les auteurs ses confrères et autres personnages du temps. On y trouve généralement moins de gaieté et plus de fiel qu'il ne sied à un joyeux suivant de Comus. Le *genus irritabile vatum* d'Horace y est dépassé. Les mots de *gredin, coquin, vilain homme, petit drôle, petite impure, impudente créature* voltigent à l'envi au bout de sa plume (1). Ni le sexe, ni l'âge, ni le caractère ne trouvent grâce devant notre féroce critique, qui parle, du reste, avec une bonhomie béate, avec un ton câlin et doucereux. Au surplus, se prenant lui-même personnellement au sérieux, il est curieux de le voir, du haut du piédestal où sa petite vanité se prélasse, louer ses propres ouvrages et lancer solennellement ses arrêts... et quels arrêts !

D'après lui, le conte philosophique de Voltaire (*Zadig*), est un *mauvais ouvrage;* Lekain, un *acteur souverainement désagréable, sans chaleur, sans entrailles,* etc., etc.

Enfin, c'est un parti pris de médisance et de dénigrement qui n'a pas de nom, un acharnement maladif contre tout ce qui lui porte ombrage. L'amitié elle-même ne parvient pas à adoucir ses traits. A diverses reprises, il se livre à une censure brutale au sujet de quelques épigrammes de Piron, notamment à l'égard de sa comédie *les Fils ingrats.* Il est encore moins modéré envers son ami Gallet, auquel cependant il avait de grandes obligations, puisque, d'après son propre aveu, *Gallet avait été*

---

(1) Ces aménités littéraires s'adressent à l'abbé d'Olivet, à Lekain, Rameau, madame Favart, etc., etc.

son maître en chansons : c'était sous lui qu'il avait appris à en faire. »

Les termes dans lesquels le disciple *accommode* le maître méritent d'être rapportés :

« Gallet, épicier et chansonnier, fait banqueroute, dit-il. Il y a quinze ans que je ne le vois plus, à cause de ses mœurs et de sa crapule. Quoiqu'il ait fait des couplets et des parodies fort jolis, c'était cependant un homme d'un commerce grossier et désagréable, et qui n'avait jamais eu d'agrément ni d'esprit dans la conversation ; ajoutez à cela de la bassesse et de la friponnerie : c'est trop de moitié (1). »

O sainte amitié, voile-toi la face ! A la vérité, Collé reconnaît, un mois après, qu'il s'est trompé. Gallet n'a point fait banqueroute, mais seulement *une honnête faillite.*

Décidément, ce Collé était un faux bonhomme, et qui pis est, un faux ami (2). Grâce à lui, encore un autel qui s'écroule, encore une joyeuse croyance qui s'en va ! Piron, Collé, Gallet ! Trinité folâtre et bachique ! Rois de la gaudriole et du flon-flon ! Vous, dont l'amitié touchante et traditionnelle était citée en exemple et faisait la joie de nos pères, vous voilà donc détrônés ! Votre union fraternelle n'existe plus ; elle n'a jamais existé : votre amitié fut un long mensonge !

En présence d'une telle démonstration, on est bien

---

(1) *Journal de Collé*, juillet 1751.
(2) Voici comment Bachaumont, dans ses *Mémoires secrets*, 9 novembre 1783, constate la mort de Collé. « M. Collé, lecteur du duc d'Orléans et l'un de ses secrétaires ordinaires, dont on avait annoncé, l'année passée, l'état triste et languissant, vient d'y succomber, abandonné presque généralement, à raison de l'humeur détestable dont il était tourmenté, et qu'il faisait rejaillir sur les autres. »

près de couvrir de son indulgence les passions jalouses et les mesquines rivalités qui rongent au cœur la littérature contemporaine.

Mais revenons à mademoiselle de Bar, qui, la version de Collé admise, serait la plus singulière personne qu'on pût imaginer. Comment ! elle avait de l'esprit, de la littérature, de l'*érudition* même ; elle jouissait de trois mille deux cent cinquante livres de rente : c'est-à-dire d'un revenu trois fois suffisant alors pour assurer l'indépendance, et, au lieu de vivre dans un honnête et doux loisir, au lieu de se *faire servir* elle-même, elle se met aux gages d'autrui, elle accepte de gaieté de cœur la livrée et les dégoûts de la domesticité ; enfin, elle se fait femme de chambre.

En vérité, ne serait-ce pas le cas de lui appliquer le mot plaisant de ce grave magistrat qui, ayant surpris un jeune et beau seigneur dans les bras de sa femme, vieille et laide créature, se borna à congédier le galant avec politesse, en lui disant : « Ah ! monsieur, quel métier vous faites là... sans y être obligé !... »

Parlons sérieusement, et supposons que mademoiselle de Bar était, en effet, une modeste femme de chambre... Mais alors elle écoutait donc aux portes ? et, dans ce cas, on doit convenir qu'elle avait l'oreille fine et la mémoire heureuse.

Effectivement, si l'on adopte l'allégation de Collé, on est forcément conduit à croire qu'en transmettant à Piron des nouvelles littéraires et autres, en lui exprimant un avis sur telle ou telle pièce de théâtre, sur la cause de leurs chutes ou de leurs succès, etc., mademoiselle de Bar ne faisait que recueillir les bruits et les opinions qui circulaient autour d'elle ; elle était ainsi l'écho *oblique* et *furtif* des familiers beaux-esprits de l'hôtel de la marquise de Mimeure, à la condition, bien entendu, que chaque visiteur passât par l'office ou tout au moins par l'antichambre ; sinon, il fallait bien que mademoiselle de Bar écoutât aux portes, son humble condition l'excluant de fait des honneurs du salon.

Si mademoiselle de Launay était admise aux petits comités de la cour de Sceaux, et mademoiselle de Lespinasse aux cercles brillants de madame du Deffand, c'est que ces deux spirituelles femmes étaient lectrices, gouvernantes, demoiselles de compagnie, tout ce qu'on voudra, excepté femmes de chambre.

Mademoiselle Aïssé, mademoiselle Delaunay et madame du Deffand avaient chacune à leur service de vraies femmes de chambre, dont elles nous ont transmis les noms : la bonne Rondel, la fidèle Sophie, l'excellente Dévreux nous sont connues ; mais aucune d'elles, que nous sachions, n'a laissé une réputation de femme d'esprit. Elles avaient les vertus de leur état, et c'est beaucoup, sans doute ; mais, de même qu'à elles trois elles n'auraient pu faire une demoiselle de Bar, de même celle-ci, — telle du moins que nous nous la représentons, — n'aurait pu égaler la moindre d'entre elles, sous le rapport des soins domestiques. Ce devait être même une très-mauvaise femme de chambre que mademoiselle de Bar, et bien propre à exercer la pieuse patience de sa maîtresse et à lui faire faire son salut ici-bas. Ce ne pouvait être raisonnablement que dans ce but que la marquise de Mimeure la gardait auprès d'elle.

Mais non ! Après tout, ce serait à la fois une complaisance blâmable et une défaite trop facile que de donner à Collé raison dans ce débat. Son assertion est tout simplement une petite calomnie, et des plus anodines. Il aimait tant à mordre *ses bons amis* par quelque endroit, et à se venger ainsi de la supériorité qu'ils pouvaient avoir sur lui ! Or, n'osant attaquer en face Piron, qui l'eût écrasé sous l'un de ses *éternuements*, il s'attaque sournoisement à sa femme : il en fait une femme de chambre. Il a dû hésiter pour savoir s'il n'en ferait pas une cuisinière.

Il va plus loin. D'un trait de plume, il la dépouille de la plus sainte auréole dont une femme puisse s'entourer : il déclare qu'elle *n'avait point de principes* (1) ; et cela parce qu'elle professait, paraît-il, des idées un peu vives sur la théorie du *tien* et du *mien*. Mais de la part de mademoiselle de Bar, qui, n'ayant rien à envier du côté de l'aisance, devait être satisfaite de son lot, ces mêmes idées avaient au moins le mérite du courage et du désintéressement. Collé n'était pas homme à comprendre de telles hardiesses, lui qui tenait tant à ce qu'il possédait, à en juger par les incessants et incroyables petits manéges auxquels il eut recours pour obtenir d'abord, pour conserver ensuite un intérêt dans *les fermes* du duc d'Orléans, dont il était parvenu à être le lecteur. Il devait naturellement considérer mademoiselle de Bar comme un esprit révolutionnaire, capable des plus noirs forfaits. Donc, elle était sans principes. De goût, elle n'en avait pas davantage ; « elle en était même l'antipode, et n'avait pas peu contribué à empêcher Piron d'en avoir (2). »

(1) Dans une note placée au bas d'une épître à *son bienfaiteur anonyme*, Piron dit que sa femme avait le caractère le *plus estimable*, le *plus égal* et le *plus sensé*.

(2) En revanche, Collé se hâte de nous apprendre que sa femme à lui était son Égérie, son *oracle*, son *conseil*, etc.

Comme il sonna la charge, il sonne la victoire.

Nous ignorons en quoi madame Collé a si heureusement *inspiré* son mari, et quel est le chef-d'œuvre dont il a pu lui devoir l'enfantement.

Le plus léger examen des lettres de mademoiselle de Bar démontre le peu de solidité de cette dernière assertion. Bien qu'écrites au courant de la plume et selon l'impression ou la fantaisie du moment, ces lettres portent le cachet d'un goût vif, exercé, non moins que d'une conviction sincère et personnelle. D'ailleurs, en nous disant : « Les beaux esprits que mademoiselle de Bar voyait chez la marquise de Mimeure consultaient souvent son goût sur leurs ouvrages, » Juvigny n'indique-t-il pas suffisamment qu'elle avait une place marquée dans le salon de la marquise ; qu'elle y était *en vue*, entourée, écoutée ; enfin, qu'elle y jouait un rôle aussi honorable pour son caractère que flatteur pour son esprit (1) ?

En résumé, il est péremptoirement prouvé que Piron ne s'est pas marié avec mademoiselle de Bar, par le motif qu'elle se présentait à lui avec quelques pièces d'or dans la main. En cela, comme en toute autre chose, Piron a été honorable et n'a fait aucune transaction honteuse avec sa pauvreté. Depuis longues années il connaissait mademoiselle de Bar ; il avait eu le temps d'ap-

---

Peut-être fait-il allusion à *Dupuis et Desronais* ou à *la Partie de Chasse de Henri IV*. Dans ce cas, nous adresserons nos compliments à madame Collé, car ces deux comédies feront peut-être surnager le nom de son mari au-dessus d'un tas de rapsodies et de parodies baroques et sans nom dont il a inondé ses contemporains. A notre sens, il n'est pas possible de faire descendre plus bas que l'a fait Collé le grotesque prétentieux et rance ; et, sauf les deux productions indiquées plus haut, nous cherchons vainement dans ses ouvrages une page, soit qu'il l'ait écrite à lui tout seul, soit qu'il l'ait faite en collaboration avec madame Collé, où il y ait autant de goût, d'esprit et de saveur que dans la moindre lettre de mademoiselle de Bar.

(1) Juvigny dit ailleurs que madame Piron avait gagné l'estime de madame de Tencin, qui, ajoute-t-il avec raison, se connaissait en mérite.

précier ses qualités ; et s'il lui a offert son nom, c'est qu'il avait autant d'attachement que d'estime pour cette solide amie, dont la mort le plongea dans la *plus grande douleur,* et lui fit verser *des larmes sincères et durables.*

Voici la façon dont M. Arsène Houssaye raconte le mariage de Piron :

« Donc, un soir, avant souper, Piron rêvait à je ne sais quoi dans la boutique de Gallet ; survient une demoiselle qui demande du café et des allumettes (1). Gallet étant sorti, Piron se met à servir la demoiselle. — C'est là tout ce qu'il vous faut ? — Gallet rentrant alors, dit en riant : — Il faudrait à mademoiselle un mari par-dessus le marché. — A merveille, dit Piron ; si la commère veut faire flèche de tout bois, j'en suis. La demoiselle rougit et s'en alla sans mot dire. »

Quoiqu'elle eût rougi, — la demoiselle n'eut rien de plus pressé que d'accourir, dès le lendemain matin, dans la chambre de Piron, *qui se levait à peine,* et cela pour *lui offrir son cœur et sa main, sans oublier deux mille livres de rentes viagères.* Selon M. Arsène Houssaye, Piron fut touché de la chose, et embrass avec effusion la demoiselle, qui lui avoua alors, les larmes aux yeux, qu'elle avait cinquante-trois ans : à quoi notre poète *sourcilla un peu,* — probablement, il lui croyait l'âge d'une pensionnaire à cause de la rougeur de la veille ; — puis, il répondit d'un ton demi-stoïque : « Eh ! bien, nous avons cent ans passés à nous deux... Nous aurions bien dû nous rencontrer plus tôt. »

Bref, ils se marièrent, et Gallet fit leur épithalame.

(1) L'hôtel de la marquise de Mimeure était dans la rue des Saints-Pères, et Gallet habitait la rue de la Truanderie. On conviendra que mademoiselle de Bar allait loin pour faire ses provisions d'allumettes.

Nous avons pu nous procurer, après bien des démarches, l'extrait des actes de naissance, de mariage et de décès de madame Piron. Il résulte de ces documents :

1° Qu'elle se nommait Marie-Thérèse Quenaudon ;

2° Qu'elle était née à Revigny, près de Bar-le-Duc (Meuse), le 3 juin 1688, de Jean Quenaudon, procureur en la prévôté dudit lieu, et de Marie Seroux ;

3° Qu'elle se maria deux fois : la première, le 18 novembre 1717, avec Gatien-Christophe dit Christian, bourgeois de Paris, né à Copenhague en 1685 ; la seconde, avec Piron, le 13 avril 1741 ;

4° Enfin, qu'elle est décédée à Paris, rue Saint-Honoré, le 17 mai 1751.

De tout ce qui précède, on peut hardiment conclure que la femme de Piron était, à l'époque de son second mariage, lectrice, dame de compagnie chez la marquise de Mimeure ; qu'elle se nommait Quenaudon et non de Bar ; que cette dernière appellation était un sobriquet *euphonique* inventé par sa noble maîtresse, accepté par elle, et emprunté au nom de la ville la plus voisine du lieu de sa naissance (Bar-le-Duc).

Quant au titre de *demoiselle* qui lui était donné, on sait que, jusque vers le milieu du XVIII° siècle, on l'appliquait indistinctement aux jeunes filles et aux femmes mariées ou veuves de la classe bourgeoise.

LETTRE

PAR LAQUELLE PIRON ANNONCE SON MARIAGE A SA MÈRE... UN MOIS APRÈS LA CÉLÉBRATION... LE GRAND ENFANT AVAIT OUBLIÉ DE L'EN INFORMER PLUS TÔT (1).

Vous me commandez, ma chère mère, de vous rendre compte de mon mariage, et de vous apprendre le nom, la famille et les facultés de ma femme, etc. Elle s'appelle Quenaudon, elle est pour le moins d'aussi bonne et d'aussi honnête famille que moi, et elle est, Dieu merci, trop sensée pour m'avoir pris, si elle n'eût pas été plus riche que moi. Car je n'ai vaillant au monde qu'elle seule, et elle a eu pourtant la bonté, dans notre contrat de mariage, en y faisant insérer la clause *au dernier vivant les biens,* de laisser croire que j'en pouvais avoir et de donner le nom de don mutuel à un don purement gratuit de sa part. Voilà pour son nom, sa famille et ses biens ; voici quant à sa personne et à son caractère. Elle a 53 ans ; elle a beaucoup d'esprit et est aussi sérieuse que vous. Ce n'est pas s'être mis avec une étourdie. Il y a, de plus, 22 ans que je la connais et qu'elle me fait la grâce de m'admettre en sa compagnie. Ainsi, je l'ai pour

(1) Cette lettre, publiée dans le *Journal de la Côte-d'Or* (10 avril 1856), est entre les mains de M. Charles Saintpère, qui a bien voulu nous la communiquer.

ainsi dire plus pratiquée que vous-même ; et vu la
maturité où j'étais pendant ces 22 années, je puis
ajouter, sans blesser la vérité, que je la connais
beaucoup mieux que vous, et que j'ai infiniment
plus profité de ses avis et de ses bons exemples que
des vôtres ; non que vous ne m'en donnassiez peut-
être d'aussi bons, mais, comme je viens de vous
dire, parce qu'on est plus sage de 30 à 52 ans, que
du berceau jusqu'à 30 ans. C'est à cette liaison
constante que je dois tout le peu que, depuis ce
temps-là, j'ai fait de bon, de beau et de raisonnable.
Sans l'heureuse rencontre de cette personne en arrivant ici, je serais resté dans le malheur que
j'apportais de ma patrie. Je ne m'enrichissais pas :
car avec rien on ne gagne rien ; mais du moins je
me faisais connaître, et par d'assez bons endroits
pour m'être attiré du renom dans le monde, et ce qui
m'est bien plus cher, quelque estime chez les honnêtes gens. A 52 ans, cette demoiselle me voyant
pauvre, et, entre autres infirmités, tout prêt d'être
aveugle, elle a eu pitié de moi, et a eu la générosité,
malgré les répugnances d'un engagement, de joindre sa destinée à la mienne. Elle m'a pris par pitié.
Ainsi de sa part, comme vous voyez, c'est une œuvre
de miséricorde ; de mon côté, c'est une œuvre de
jugement. L'œuvre dont le Décalogue me permet le
désir a donc bien peu de part à ces œuvres-là ; et
de tout cela il résulte quelque chose de si peu gai,

que je ne me croyais pas devoir presser de vous en faire le détail. Je pensais m'être mis suffisamment en règle de vous avoir demandé une permission dont mes cheveux blancs me dispensaient, et je ne vois pas, en effet, que tout ce narré vous ait dû faire grand plaisir. Il n'y a rien en tout ceci que d'assez humiliant pour nous. Je vous remercie tendrement des bénédictions que vous me donnez; Dieu vous les rende et vous bénisse ! Pardonnez-moi mes fautes comme à celui de vos enfants, qui est avec le plus profond respect, votre très-humble et très-obéissant serviteur.

PIRON.

Ce 7 mai 1741.

Ma femme vous fait les mêmes assurances.

A Mademoiselle,
Mademoiselle Piron, veuve de M. Piron, l'apothicaire,
près de la Chappelote,
à Dijon.

PREMIÈRE NOTICE

SUR

MADEMOISELLE QUINAULT

V

MADEMOISELLE QUINAULT

Nous avons maintenant à faire passer sous les yeux du lecteur des lettres non moins curieuses, non moins piquantes que celles de mademoiselle de Bar, et qui ont sur ces dernières l'avantage de mettre en relief un côté voilé jusqu'ici de la vie d'une grande comédienne (1).

Mademoiselle Quinault appartenait à une famille qui a compté presque autant de grands artistes qu'elle a eu de membres. En 1719, on joua, sur le *Théâtre-Français*, *le Faucon*, comédie en un acte et en vers de l'abbé Pellegrin et de mademoiselle Barbier. Cette pièce n'avait que quatre rôles qui furent tous remplis par quatre acteurs du nom de Quinault, frères et sœurs (2).

Il s'agit de l'une de ces dernières, de la plus célèbre, de la fine soubrette (3); en un mot, de Jeanne-Françoise

---

(1) Les lettres de Piron à mademoiselle Quinault nous manquent. On n'a pu en retrouver qu'un seul fragment.

(2) Voyez *Galerie historique des acteurs du Théâtre-Français*, par Lemazurier; 2 vol. in-8°, 1810. Tome 2, page 529.

(3) Elle débuta, en 1716, sous le nom de Quinault-Dufresne, par un rôle tragique, celui de *Phèdre*.

Quinault, l'amie de Voltaire, de D'Alembert, du comte de Caylus, du marquis d'Argenson, de Destouches, de Marivaux, etc., etc., de celle, enfin, qui avait peut-être encore plus d'esprit dans le monde que sur la scène, n'en déplaise aux auteurs qu'elle était chargée d'y interpréter. Au surplus, ses conseils furent souvent très-utiles aux écrivains les plus distingués : elle donna à Voltaire le sujet de *l'Enfant prodigue*, et celui du *Préjugé à la mode* à La Chaussée.

De son côté, Piron nous apprend, par l'une des notules autographes placées en marge de sa Fable de *l'Ours et l'Hermine* (1) (Piron est l'Ours, l'Hermine est mademoiselle Quinault), « que les *avis* et les *bons offices* de cette dernière l'encouragèrent à se hasarder sur la scène de la *Comédie-Française* (2). » Piron s'arrête là ; mais M. Arsène Houssaye va plus loin. Il annonce que *la*

---

(1) Cette fable, dédiée à mademoiselle Quinault, avec laquelle Piron était brouillé depuis quelques mois, — on saura tout à l'heure pourquoi, — se trouve dans les *OEuvres complètes*; mais Juvigny en a retranché la notule précitée, de même que quatre autres, dont deux, notamment, méritent d'être recueillies. Les voici :

« Ma brouillerie avec mademoiselle Quinault vint au sujet de *la Métromanie*. Les comédiens la jouèrent si négligemment les deux premières fois, qu'elle serait tombée sans des remontrances un peu vives que je leur fis au sortir du théâtre, dans les foyers, devant tout le monde. Mademoiselle Quinault, qui, aussi bien que son frère, M. Dufresne, avait joué à miracle et n'avait rien à voir à ma plainte, ne me la pardonnait pas. Cette fable-ci nous réconcilia, et j'en ai reçu depuis les marques de l'amitié la plus essentielle. »

« C'est à l'appui de mademoiselle Quinault que je dois la connaissance de M. le comte de Livry, qui m'a comblé de ses bienfaits. »

(2) La comédie de *l'Ecole des Pères*, jouée le 10 octobre 1728, étant la première pièce que Piron ait donnée à la Comédie-Française, il en résulte que ses relations avec mademoiselle Quinault sont quelque peu antérieures à cette date. Jusque-là, Piron n'avait travaillé que pour le Théâtre de la Foire, avec Lesage, Fuselier, etc.

Métromanie est aussi bien l'œuvre de mademoiselle Quinault que celle de Piron ; en d'autres termes, que celui-ci n'est pas le *seul auteur* de cette comédie.

Si Piron a gardé le silence sur ce fait, c'est que, vraisemblablement, il ne voulait pas priver M. Arsène Houssaye du plaisir de nous l'apprendre (1).

Pour connaitre le cas que Voltaire faisait du caractère et du goût de mademoiselle Quinault, il faut lire les trente-sept lettres qu'il lui a adressées, et qu'a publiées Renouard en 1822. Il la nomme tour à tour : *ingénieuse, charmante, divine, judicieuse Thalie; aimable et sage critique; ma Souveraine,* etc. Il ne lui était pas seulement redevable du sujet de *l'Enfant prodigue;* elle lui avait fourni, en outre, d'utiles indications pour la correction de deux de ses tragédies : *Mahomet* et *Zulime*.

Mademoiselle Quinault rassemblait à sa table, sous le nom de *Société du bout du banc,* tout ce que la cour et la ville renfermaient d'hommes aimables et éclairés. Le plat du milieu de ces soupers célèbres était une *écritoire,* dont les convives se servaient tour à tour pour écrire un impromptu. C'est du sein de ces réunions que sortirent *les Etrennes de la Saint-Jean,* le *Recueil de ces Messieurs,* et autres ouvrages pleins de sel et de gaieté qui parurent depuis dans les Œuvres du comte de Caylus (2).

---

(1) Suivant Girault (*Particularités inédites sur Piron,* etc.), une autre actrice de la Comédie-Française, mademoiselle Gauthier, s'attribuait, en partie, le mérite de cette pièce, parce qu'elle avait donné quelques conseils à Piron. A ce compte-là, qui ne pourrait revendiquer quelque part dans les ouvrages de ses amis?

(2) Lemazurier : *Galerie historique du Théâtre-Français,* 2 vol. in-8º; 1810.

Entrée au théâtre en 1718, mademoiselle Quinault prit sa retraite en 1741; elle mourut en 1783, et, dans sa longue carrière (83 ans), elle conserva toujours les grâces de son esprit et un goût très-prononcé pour la toilette ; de telle sorte qu'un auteur moderne a pu dire, avec vérité, qu'elle mourut comme elle avait vécu : *en causant, et ensevelie dans ses dentelles* (1).

Bachaumont, dans ses *Mémoires secrets*, — janvier 1783, — en annonçant la mort de mademoiselle Quinault, dit qu'elle écrivait beaucoup: « *on ne sait pas sur quelle matière*, ajoute-t-il; mais elle consultait souvent d'Alembert, et il y a apparence qu'il fut le dépositaire de ses manuscrits. »

Nous laisserons, bien entendu, à Bachaumont toute la responsabilité de cette assertion, que Lemazurier cite à peu près textuellement sans en indiquer la source. Pour notre part, nous répugnons personnellement à coiffer la jolie tête de mademoiselle Quinault d'un lourd bonnet de docteur, et à faire de ce léger et élégant esprit une femme savante, à la façon de certaines grandes dames de son temps (2).

(1) M. Jules Janin : *Notice* placée en tête des *Lettres de mademoiselle de Lespinasse*, 1 vol. in-18.

(2) Suivant M. Arsène Houssaye, mademoiselle Quinault fut la Brohan du xviii° siècle : « Je ne veux pas dire, ajoute-t-il, Brohan avant la lettre, parce que sa planche a été trop imprimée. » Nous ne saisissons pas trop le sens de cette phrase, qui signifie peut-être que, dans l'opinion de M. Houssaye, mademoiselle Brohan est supérieure à mademoiselle Quinault. Dans ce cas, il ne faudrait pas perdre de vue que M. Houssaye était directeur de la Comédie-Française lorsqu'il a crayonné sa *Galerie de Portraits*, et qu'un bon capitaine doit encourager ses soldats.

En outre, voulant probablement faire allusion aux goûts littéraires de mademoiselle Quinault, M. Houssaye l'appelle *Françoise les bas bleus*,

A propos du même événement (la mort de mademoiselle Quinault), Bachaumont raconte avec détail un autre fait que nous pouvons accepter cette fois sans nous compromettre, et dont Grimod de la Reynière aurait été l'instigateur et le héros. Ce joyeux auteur du *Journal des Gourmands* était, parait-il, du moins à cette époque, plein d'*humour* et de sauvagerie. Dans une chanson du temps, on l'appelle le *Diogène moderne*,

> *Affichant la folie*
> *Et prêchant la raison.*

Il allait souvent chez mademoiselle Quinault, avec laquelle sa mère était très-liée (1). Mécontent de ce que le *Journal de Paris*, chargé du nécrologe des personnages célèbres, n'eût pas consacré un article à mademoiselle Quinault, il voulut honorer la mémoire de son amie, à sa manière... Il donna un grand souper. Ses cartes d'invitation portaient, entre autres excentricités, — et l'on verra pourquoi tout-à-l'heure : — que *le cochon et l'huile ne manqueraient pas au gala...*

Les convives, au nombre de vingt-deux, parmi les-

— ce qui est un mot entièrement nouveau ; nous ne connaissions jusqu'ici que *François les bas bleus*, espèce d'idiot dont Charles Nodier s'est fait l'historien, et qu'on nommait ainsi à cause de la couleur de ses bas. — N'importe! M. Houssaye applique malicieusement ce mot à mademoiselle Quinault, ce qui ne l'empêche pas de faire remarquer, un peu plus loin, que mademoiselle Brohan a *signé* des proverbes. Bref, M. Houssaye conclut en disant « que mademoiselle Quinault a présidé tout l'esprit du XVIIIe siècle, je veux dire l'esprit *qui courait les ruelles.* » Comment trouvez-vous l'esprit qui courait les ruelles dans la personne des Duclos, des Diderot, des Voltaire, des d'Alembert, des J.-J. Rousseau, etc. ?

(1) Dans une lettre autographe, écrite vers les derniers temps de sa vie et que nous avons eue entre les mains, mademoiselle Quinault appelle Grimod de la Reynière *mon Empereur*, et sa mère *ma Souveraine*.

quels étaient deux femmes habillées en hommes, furent d'abord introduits dans une pièce obscure; mais bientôt, à un signal donné, un rideau se lève, et l'on voit, au fond, la salle du festin éblouissante des feux de mille bougies, et décorée de devises emblématiques et de fleurs... Au milieu de la table, à la place du surtout, est déposé un noir catafalque semé de larmes d'argent...

On se met à table. Le repas est magnifique, digne de Lucullus; mais l'un des neuf services est uniquement composé de porc. « Comment le trouvez-vous? » demande l'amphitryon à ses convives. Ceux-ci de répondre en chorus : « *Excellent, divin!..* »

« Messieurs, reprend la Reynière, cette *cochonaille* est de la façon du charcutier un tel, demeurant à tel endroit, et le *cousin de mon père.* »

A la fin d'un autre service, tout accommodé à l'huile, et après avoir obtenu à la même demande le même concert de louanges de la part des invités : « Messieurs, dit-il, cette huile m'a été fournie par le *cousin de mon père*, l'épicier un tel, demeurant à tel endroit... Je vous le recommande, ainsi que le charcutier. »

On ne saurait faire de *la réclame* d'une façon plus plaisante, plus philosophique surtout, puisque l'alliance d'un épicier y est presque invoquée comme un titre de gloire. A notre époque, ce dernier trait passerait pour de l'héroïsme ; mais probablement alors l'esprit de Gallet avait jeté quelque lustre sur cette intéressante classe de citoyens, si ridiculisée de nos jours, et qui se venge spirituellement de nos persifflages en s'enrichissant très-vite aux dépens des rieurs.

Quoi qu'il en soit, le souper ne dut pas être d'une gaieté folle. L'hôte muet et incommode que chaque convive avait en face de lui, causa, sans doute, plus d'une distraction et fit mettre plus d'une fois les morceaux doubles ou de travers. C'était le cas de dire avec Désaugiers, cet autre épicurien, dans sa délicieuse boutade contre *les dîners d'étiquette* :

> *Enfin, paraît Lolive...*
> *On ne sait s'il dira*
> *Que le potage arrive,*
> *Ou que le mort s'en va...*

N'importe ! Grimod de la Reynière avait vengé son amie... Il faut lui pardonner le moyen en faveur de l'intention (1).

Nous sommes maintenant à notre aise ; nous savons à qui nous avons affaire : nous voilà en plein dans les dîners de mademoiselle Quinault, *ces discussions effrénées*, comme les appelle énergiquement M. Sainte-Beuve, *où il était question, entre la poire et le fromage, de toutes les choses divines et humaines* (2) ; nous sommes enfin en présence de ce monde de philosophes, de grands seigneurs et de comédiennes du XVIII° siècle, pour qui la liberté de l'expression le disputait à l'audace des idées ; société aimable, à la fois sérieuse et frivole, raisonneuse et sceptique, qui paraîtra toujours nouvelle à quiconque

---

(1) Dans son très-spirituel ouvrage *les Oubliés et les Dédaignés* (2 vol. in-12, 1857 ; Poulet-Malassis et De Broise), M. Charles Monselet a crayonné quelques traits de ce dîner étrange, auquel il a ainsi donné le bouquet et le dessert.

(2) *Causeries du Lundi*, t. IX, p. 204, livre qui restera comme le monument de la critique la plus saine et du plus fin bien-dire de ce temps-ci.

saura l'étudier, et dont la grande affaire était le plaisir.

Or, si mademoiselle de Bar, vivant ordinairement de la vie de famille dans l'hôtel de la pieuse marquise de Mimeure, où la corruption du siècle ne pouvait pénétrer que d'une manière furtive et comme par accident, n'a pu se défendre, en écrivant à Piron, de donner à ses paroles cette teinte de philosophisme et de gaillardise que nous connaissons ; si, pour se servir de ses propres expressions, elle a, dans ses lettres, plus d'une fois *jeté son bonnet par-dessus les moulins,* où s'arrêtera mademoiselle Quinault, l'amie des roués et des Encyclopédistes, placée au milieu de ces *inimaginables orgies de conversation* que vous savez (1) ?

Il semble que si la lectrice de la grand'dame est allée jusqu'à la témérité, la comédienne ira jusqu'à la licence.

Nous verrons bien.

(1) *Causeries du Lundi,* t. II, p. 152.

LETTRES
DE
MADEMOISELLE QUINAULT A PIRON

LETTRE I

« Ce samedi matin.

» Si je vous laissais dix ans sans vous donner de mes nouvelles, vous en seriez bien quinze sans en demander. Ce n'est pas pour moi ce que j'en fais : c'est pour vous dire que vous avez été très-bien au souper que nous avons fait ensemble. Je suis fort contente de vous, et vous n'avez pas été immonde.

» J'allai hier à la campagne avec une dame malade ; je passai la journée du monde la plus triste. Je revins chez moi à minuit, et je vous trouvai d'autant plus coupable, que le jour m'avait paru dix fois plus long que de coutume, et que j'imaginais que vous auriez pu m'écrire dix fois. Comment vous portez-vous ? Je veux le savoir. La contrainte de ne dire que ce qu'il faut dire ne vous a-t-elle point rendu malade ? Vous auriez tort de regretter ce que vous n'avez point dit : car on ne peut rien dire d'aussi bien que ce que vous avez dit.

Bonjour. On me râcle un pied ; je crois qu'on me l'a dessolé. Cela me fait mal : criez donc ! Quand viendrez-vous nous voir ? Je me porte mieux qu'une gourmande ne doit se porter. Adieu. J'ai affaire. Écrivez-moi tout ce que vous aurez fait en mon absence. J'ai dessein d'emporter mes oiseaux à Fontainebleau (1). J'ai pris mon papier tout à rebours (2). »

LETTRE II

« Je crois, grand ami, que vous n'avez été modeste qu'en écrivant; je ne puis croire que vous ayez été maussade. C'est souvent bien parler que

(1) Comme d'habitude, elle allait partir, avec la Comédie-Française, pour Fontainebleau, où se rendait la cour. Cette lettre et les six autres qui la suivent immédiatement semblent se rattacher au voyage fait dans les premiers mois de 1730, millésime que nous avons pu restituer à trois de ces lettres (les IVe, V[e] et VIe).

(2) En effet, par inadvertance, elle a commencé sa lettre au verso.

de ne rien dire. Je vous félicite et vous remercie même de votre sagesse. Jugez si je veux perdre le droit de vous conseiller ! Il est vrai que ce sera de bien loin incessamment (1), et je vous permets de déplaire en mon absence; je vous conseille même de vous ennuyer. Mais les personnes qui font leurs volontés ne courent pas ce risque. Ah ! que je voudrais bien faire ce que je voudrais ! Fontainebleau est devenu d'une impiété horrible. Je ne puis entendre prononcer ce mot sans horreur, et dites-moi pourquoi ? J'en ai la migraine. Ce n'est pas la migraine qui tombe sur le cœur : c'est le mal de cœur qui est remonté dans la tête. Que cela ne vous surprenne point (2).

» Je quitte mes chers oiseaux, et j'emporte mes chats (3) : je fais bien des malheureux. J'aurais bien eu besoin de votre présence, hier. J'étais déses-

(1) De Fontainebleau. On croirait qu'il s'agit d'un voyage aux Antipodes. Les amants sont de mauvais géomètres : ils calculent mal les distances qui les séparent.

(2) Sans tirer du sentiment exprimé ici par mademoiselle Quinault une induction favorable à son orthodoxie religieuse, on peut y voir la marque d'une âme sage et honnête. Cependant M. Arsène Houssaye dit que mademoiselle Quinault était spirituelle « comme Voltaire, et quasi athée comme Voltaire. »

(3) « Noms des *chiens*, des *chats* et de l'*ami* de mademoiselle Quinault, rassemblés ici pour prouver qu'on peut faire des vers français sur la mesure des vers latins :

» *Moustache, Yon, Binbin, Carolin, Blacy, Angora, Quinquin.* »
(*Note de la main de Piron, mise au bas d'une pièce de vers.*)

pérée. On me manda que ma cousine (1) avait encore été saignée, et qu'elle ne peut partir que dans huit jours. Je lui ai écrit qu'elle serait à jamais privée de mon amitié si elle se faisait saigner encore. Voyez si vous ne m'avez pas déjà persuadée, et ce que la docilité opère. Je vous devrai peut-être la vie de ma cousine.

» J'espère, mon ami, que votre plan sera fait à mon retour (2). Prenez la peine d'y travailler fortement. Vous verrai-je demain ? Je le désire. Je me chargerai de tous les compliments que vous avez dessein de faire à toute la cour. Je suis assez de l'avis des vers de votre jeunesse ; mais j'aime mieux ceux de votre vieillesse (3). Bonjour. Je n'aurai jamais la force de m'en aller sans ma chanson gauloise (4). »

(1) Mademoiselle Balicourt, également actrice de la Comédie-Française, où elle joua avec distinction dans la tragédie, notamment les rôles de reines. Débuta en 1727, prit sa retraite en 1738, pour raison de santé, et mourut, en 1743, dans un âge peu avancé.
(2) Il s'agit du plan d'une tragédie. Voir, ci-après, la lettre v°.
(3) Mademoiselle Quinault plaisante en parlant de la *vieillesse* de Piron, qui, né en 1689, avait alors 41 ans ; elle en avait 30.
(4) Elle revient, à diverses reprises, sur la demande de cette chanson que Piron devait lui composer.

LETTRE III (1)

« Ce dimanche, vous verrez à quelle heure (2).

» Sans la tourte, vous ne m'eussiez pas écrit. On a bien raison quand on dit qu'on est attaché à ses bienfaits. Les présens que vous me faites vous engageront sûrement à m'aimer, et quand cela sera, je vous en avertirai.

» Jusqu'à ce que j'aie mon oiseau, je ne dirai point holà ! Je veux la femelle ; elle ne chante pas : cela me plaira mieux. Je la mangerai de bon appétit. Elle tarde bien! Je suis comme un ogre, impatiente de voir arriver la chair fraîche. Avouez, grand ami, que je vous fais là un tableau tragique, et que je vous effraie plus que vous ne m'avez effrayée avec le récit

---

(1) Pour l'intelligence de certains passages de cette lettre, il faut se rappeler que mademoiselle Quinault partageait le goût de Piron pour les oiseaux de volière. Elle en nourrissait un assez grand nombre qu'elle avait, comme on sait, laissés à Paris lors de son départ pour Fontainebleau. Or, Piron, qui voyait en toute chose un sujet de plaisanterie, avait sans doute répondu aux doléances de son amie qu'il savait un moyen de ne pas la tenir séparée plus longtemps de ses chers oiseaux : c'était de les tuer, de les saler et de les lui envoyer un à un à Fontainebleau, cuits à point dans une tourte.

(2) Celle de se mettre à table, à en juger par le dernier paragraphe de sa lettre.

de votre roi ivrogne. Il me semble qu'il est un peu tard et que la tourte n'arrive pas. Votre gourmandise et la mienne me font trembler.

» Je n'aime pas trop que vous ayez trouvé ma sœur si jolie (1). Voilà la seule vérité que je vous retranche. Quoique mon éloge soit agréable, je trouve trop de vraisemblance dans l'un et trop d'esprit dans l'autre. Je vous remercie de la folie que vous avez de m'avertir toujours que vous me fuyez, comme si je ne m'en apercevais pas. Il n'y a au monde que cet avertissement qui puisse me faire supporter un aussi lugubre procédé. Mais, toujours avec votre permission, souffrez que je vous crève un œil. Si vous vous croyez Apollon, je vous pardonne d'avoir peur des feuilles. Pour moi, si jamais je deviens Daphné, ce ne sera que pour mieux orner les jambons que je dois vous envoyer.

» Hé bien! que dira notre abbé (2)? Disconviendrez-vous que je ne le puisse couler à fond? Voulez-vous parier avec moi que vous ne viendrez pas me voir aujourd'hui? Si vous perdez, vous paierez à ma discrétion. Je vous réserve un plus beau tour mercredi. C'est assez contre mon gré que vous allez au

---

(1) Marie-Anne Quinault, sa sœur aînée, célèbre par sa beauté. Attachée au Théâtre-Français, de 1714 à 1722, elle mourut centenaire en 1790, et se maria secrètement, dit-on, au duc de Nevers.

(2) L'abbé Legendre, probablement.

souper. Je ne serai point à côté de vous : *la rage reparaîtra sur la fin du repas. Je vous connais :* la Tonton éloignée, le Piron reparaît (1).

» A propos, qui vous a appris mon nom, berger Mopse (2), et surtout un nom que je déteste ? Prenez la peine de m'appeler ma douce amie : car je suis très-aigre. Hé bien ! maudit boulanger de Gonesse (3), vous soupirez près du four. Où est donc cette misérable tourte ? Je ne veux pas me mettre à table qu'elle ne soit arrivée. J'ai donné votre chanson à mon frère (4) : il y fait un air qui, je crois, vous

(1) Les onze mots en italique ont été biffés par mademoiselle Quinault ; mais nous avons pu les rétablir. Quant au sobriquet de *Tonton*, donné par le comte de Livry à mademoiselle Quinault, Piron l'emploie dans des vers qu'il a adressés à cette dernière, de même qu'il y désigne sa cousine, mademoiselle Balicourt, sous le nom de *Bouri*, et sa belle-sœur, mademoiselle Dufresne, sous celui de *Loulou*. Il semble qu'il a voulu caractériser chacune d'elles dans les trois vers suivants, extraits d'une *Épître* adressée au comte de Livry, dont une partie seulement a été publiée par Juvigny, et que nous donnons *in extenso* dans ce recueil :

Vive Tonton l'indocile !
Vive Bouri la tranquille !
Vive Loulou la débile !

et il ajoute pour lui-même :

Vive le barbu *Binbin* !

(2) Nom d'un personnage de *Tyrésias*, opéra comique de Piron.

(3) Gonesse, bourg de Seine-et-Oise, était célèbre par le nombre de ses boulangers qui venaient, les jours de marché, vendre leur pain à Paris.

(4) Jean-Baptiste-Maurice Quinault, l'aîné, bon comique et musicien, a fait la partition des *Amours des Déesses*, ballet en trois actes, par Fuselier, représenté en 1729.

plaira. Mais dussiez-vous sauter, crier, casser votre plat à barbe, il faut que vous m'en fassiez encore une en gaulois, parce qu'il y veut faire un air comme on les faisait du temps de François Ier. Je ne vous presse pas, et je ne sais pourquoi, car j'ai grand désir de vos productions. Bonjour, grande bête, buveur d'eau et petit-maître (1). Je dis hier à ma sœur ce que vous m'aviez écrit d'agréable pour elle, et à M. de C*** (2) vos craintes pour la façon dont vous avez été au souper. Tout le monde a été très-content de vous... Hé bien ! point de tourte ! maudit soit l'enfourneur ! défaites-vous-en. Bonjour, ami bien grand. Dites *Benedicite,* Binbin, je vais manger ma soupe. »

LETTRE IV

« De nos désagréables (3) déserts de Fontainebleau.
Ce mercredi 26 avril (4).

» Ici depuis quatre jours, et point le temps de vous écrire. J'arrive et je me trouve un procès. Un mal-

(1) On conçoit que ce sont là autant de contre-vérités.
(2) Le comte de Caylus.
(3) Cette épithète est malignement employée, sans doute par opposition à l'habitude des rois de France, surtout Henri IV, qui, le cas échéant, dataient leurs lettres ainsi : « *De nos délicieux* déserts de Fontainebleau. »
(4) 1730.

heureux valet à nous, étant ivre, m'a retenu deux logements au lieu d'un, et a fait en mon nom un bail dont je n'ai aucune connaissance, et que je n'ai point signé.

» J'arrive ; je descends dans l'appartement qu'on m'avait indiqué : mes hardes sont dans un autre. Je les envoie chercher, on me fait dire que j'ai loué cet appartement ; que je n'ai qu'à y venir, sans quoi l'on gardera tous mes équipages. Il faut vous dire que je n'avais au monde que ce qui était sur moi, mon frère de même et Léonide aussi (1). Comment aller solliciter en chemise ! Je ne suis pas seule dans ce cas. Personne ne pouvait m'en prêter. Enfin, c'est en bonnet de nuit que j'ai paru devant toute la cour. J'étais bien jolie ! Hier au soir, enfin, j'obtins mes coffres qui font, depuis dimanche, l'ornement des conversations de la cour et le désagrément de ma vie, puisque le seul nom de chemise sale et de procès fait trembler tous mes membres. Cependant j'en ai un, et comme la justice est ici dans un bois, je crois que je serai fort maltraitée.

» Je crois, grand ami, que vous entendez les procès autant que moi. Il ne fallait pas moins que les désagréables soins que je me suis donnés depuis que je suis ici pour me priver du plaisir de vous

(1) Sa femme de chambre, vraisemblablement.

mander de nos nouvelles. Je sais que vous avez de l'amitié pour nous, et quoi qu'en dise votre *fuyarderie* (1), vous nous aimez. Pour moi, depuis que je suis à Fontainebleau, je voudrais être à Paris, et cela en mettant le désagrément de mon procès à part.

» Concevez, grand ami, que je me trouve très-fâchée d'avoir rempli ma lettre d'aussi vilaines choses. Cependant quand on aime les gens, on ne voit rien indifféremment de leur part. Nous vous aurions désiré depuis que nous sommes ici, si nous y eussions été heureux. Allez-vous en Bourgogne ? Je le voudrais ! Vous pourriez nous venir voir. Bonjour. J'ai une joie bien grande à vous écrire et à mettre une chemise blanche. Tout le monde vous fait des compliments charmants. Je n'ai encore écrit qu'à M. de C*** (2), qui m'a donné une lettre

---

(1) Par ce mot de son invention, mademoiselle Quinault fait allusion à ce que lui avait écrit Piron touchant son projet de *fuir* son amie, sans doute pour s'affranchir de l'empire qu'elle avait pris sur lui. Mais non ! Piron ne pouvait avoir sérieusement la pensée de fuir cette adorable femme, dont il devait être fier à tant de titres. Il faisait simplement de la coquetterie, du manége, n'ignorant pas, en profond épicurien qu'il était, la justesse de ce mot de Ninon de l'Enclos, que le caprice est l'assaisonnement le plus piquant de l'amour et le grain de sel qui l'empêche de se corrompre. Du reste, il n'y aurait rien eu d'extraordinaire à ce que le vieux lion regimbât parfois et secouât sa crinière de dépit en voyant ses ongles si fortement endommagés ; mais bientôt il retombait dans son doux esclavage.

(2) Le comte de Caylus.

de recommandation qui me servira dans mon procès. Je suis toute à vous.

» La comtesse DE PIMBÊCHE (1). »

LETTRE V

« Ce 28 avril (2).

» Je suis bien étourdie et vous êtes bien lent! Il est vrai que je ne vous ai point donné mon adresse; mais vous savez mes qualités et le nom de l'endroit où j'habite. Je suis pourtant bien aise de n'avoir à me plaindre que de mon étourderie. Vous aurez mon adresse, et si vous ne m'écrivez pas, vous aurez affaire à moi; je vous ferai souper avec des ducs et des marquis (3). Serez-vous puni? Sans doute autant que vous m'aurez fait peine.

» Mon Dieu, le joli pays!... on ne m'y dit que des choses agréables, et je m'y déplais à mourir. Je

---

(1) Personnage très-processif de la comédie des *Plaideurs*, et dont mademoiselle Quinault prend ici le nom, en forme d'allusion au procès qu'elle a elle-même sur les bras.

(2) 1730.

(3) Cette plaisante menace confirme ce que dit Piron dans sa lettre vi touchant l'embarras que lui causait la compagnie des grands.

suis logée dans la rue la plus tranquille qu'il y ait à Fontainebleau ; mais les jolies choses que j'entends ! La nuit passée, je fus réveillée par un mot allemand ; ce matin c'était un mot grec. Quand me parlera-t-on français ?

» A propos de français, savez-vous qu'à la première visite que j'ai faite ici, on m'a parlé de vous ? Je ne connais point l'homme qui se trouva chez M. le duc de Rochechouart (1), fils de M. le duc de Mortemart. Cet homme dit un bien infini de vous, et je fus priée de chanter vos chansons. Je ne m'en acquittai pas trop mal. Cela fit que le maître de la maison me fit voir une chaconne (2) qu'il a faite et qui est, en vérité, trop bonne pour un homme de son âge et de sa condition (3). L'air est charmant en tout ; elle fut exécutée hier à la comédie. Toute la cour en fut ravie ; et je vous assure que c'est avec grande justice.

« L'homme dont je ne sais pas le nom, dit qu'il fallait que vous y fissiez des paroles. Je répondis que vous en étiez bien capable, et je me suis même chargée de vous y engager. Il faut un canevas : car votre tête harmonieuse ne retiendra jamais un air

---

(1) Louis-Paul de Rochechouart-Mortemart, né en 1711. Il épousa, en mai 1730, Marie-Élisabeth de Beauvau.

(2) Espèce de danse sur un air de symphonie avec refrain.

(3) Cette réflexion, faite en passant et comme sans y songer, serait délicieuse de naïveté, si elle n'avait pas tant de malice.

d'aussi longue haleine. Dieu sait comme vous allez crier et dire que vous êtes occupé. Si vous aviez trouvé le temps aussi long que moi, vous penseriez que votre tragédie est faite et que vous avez le temps de chansonner; et moi je vais prendre celui de dîner. Je vous écrirai mieux demain. Adieu, grand ami; aimez-moi au point de m'amuser. J'ai un procès, j'ai bien de l'étude; mais cela ne diminue pas mon amitié. On vous aime ici, on vous y dit de bien jolies choses, mais on ne sait pas les écrire; et d'ailleurs on n'en aurait pas le temps. Je ne bois qu'à votre santé, et je prétends que les eaux d'ici, qui sont très-mauvaises, ne me feront aucun mal. »

LETTRE VI

« Ce jeudi, 4 mai (1).

» La contradiction, grand ami, demande un peu à être variée, et vous avez trop d'esprit pour n'y pas parvenir. Savez-vous que je commence à m'impatienter d'être toujours refusée. Oh ! le maudit

(1) 1730.

paresseux ! Je n'aurai donc point de factum (1) ! et savez-vous bien, mon ami, que, sans cette bonne plaisanterie, je paierai une seconde fois mes chemises et plus cher qu'elles ne m'ont coûté. Faisons un marché. Dites-moi combien vous voulez de chemises pour faire le factum, et vous les aurez. Vous avez le temps.

» Le *seigneur* avec qui vous allez à la campagne n'est autre que le bon ami Faget (2). Vous m'avez dit mille fois que vous n'en connaissiez pas de plus grand que lui. Votre lettre a fait un plaisir infini à toute la bonne compagnie qui m'entoure. Je crois que vous ne me gronderez pas de l'avoir montrée. On m'a chargée de vous dire que vous aviez bien de l'esprit, que vous êtes fort aimable, et que l'on vous désire ici. J'ai répondu que je n'en ferais rien ; que je n'étais pas contente de vous ; que ce n'était pas de l'esprit que je vous demandais. Les butors n'ont pas compris ce que cela voulait dire. Voyons si vous le devinerez... C'est un factum, n'est-ce pas ? Oui, voilà comme il faut deviner.

» Dites-moi, je vous prie, notre ami, si vous ferez souvent de ces voyages à la campagne. C'est que je me gronderais beaucoup de vous avoir rendu

---

(1) Elle avait chargé Piron de lui rédiger un factum à l'occasion de son procès.

(2) Médecin dont il a été déjà parlé.

docile pour les autres. Où est ma chanson, maudit homme, ma chanson gauloise? Croyez-vous que, malgré mes occupations, je n'ai pas trouvé le moment de m'ennuyer et de chanter douloureusement? Que ferez-vous donc quand je serai à Paris? Voulez-vous bien vous taire pour les autres alors ! Sans le tableau que vous me faites de votre arrivée à Fontainebleau, l'humeur m' aurait un peu gagnée (1). Mais il faut être de bonne foi et vous dire que j'en

(1) On nous saura gré de faire connaître la manière dont Piron passait une partie de son temps à Fontainebleau, quand il y allait voir son amie. Voici ce qu'il écrivait à l'abbé Legendre :

« Les jours se suivent et se ressemblent : tous les jours la chasse; plus de chenils que de maisons ; des aboiements de chiens et des cors ; de la pluie, du vent et de la boue : voilà le pain quotidien. Voici le pain hebdomadaire : le lundi, concert ; le mardi, tragédie; le mercredi, concert; le jeudi, Comédie-Française; le vendredi, salut; le samedi, Comédie-Italienne; le dimanche, grand'messe. . . . .

» Je m'ennuierais beaucoup à la cour sans une encoignure de fenêtre, dans la galerie, où je me poste quelques heures, la lorgnette à la main, et Dieu sait le plaisir que j'ai de voir les allants et les venants ! Ah ! les masques ! Si vous voyiez comme les gens de votre robe ont l'air édifiant ! comme les gens de cour l'ont important ! comme les autres l'ont altéré de crainte et d'espoir ! et surtout comme tous ces airs-là, pour la plupart, sont faux à des yeux clairvoyants ! C'est une merveille. Je n'y vois rien de vrai que la physionomie des Suisses : ce sont les seuls philosophes de la cour. Avec leur hallebarde sur l'épaule, leurs grosses moustaches et leur air tranquille, on dirait qu'ils regardent tous ces affamés de fortune comme des gens qui courent après ce que, eux, pauvres Suisses qu'ils sont, ont attrapé depuis longtemps. J'avais, à cet égard-là, l'air assez suisse, et je regardais encore hier, fort à mon aise, Voltaire roulant comme un petit pois vert à travers les flots de Jean-fesses qui m'amusaient,

ai ri aux larmes, et que j'en rirai encore longtemps. Mais apprenez de moi à monter à cheval : on tient la bride de la main gauche et non de la droite.

» En vérité, vous avez le plus grand tort du monde de me laisser chômer, comme vous faites, de vos nouvelles et de votre esprit. Où voulez-vous aller pour être mieux senti ? J'ai le nez bon ; prenez garde que je n'aie le bras de même quand je serai à Paris ! Je vous en dois ! Comment, je me surprends, dites-vous, à tout moment en dégoût pour la cour ! Je vous conseille vraiment de me communiquer vos haines. Allez vous promener… du côté de Fontainebleau. Voyez comme je suis en colère.

» Mathieu Gareau est absolument décontenancé ; il ne trouve que sa servante contre qui parier. Aussi a-t-il les meilleures conversations du monde avec elle. A tout moment on entend : Voulez-vous parier qu'il n'est pas l'heure que vous dites ? et moi je réponds : Voulez-vous parier que c'est un sot qui parle ? Bon ! voilà que l'on crie après moi pour aller dîner… Maudits soient les gourmands !

quand il m'aperçut : — Ah ! bonjour, mon cher Piron ; que venez-vous faire à la cour ? J'y suis depuis trois semaines ; on y joua l'autre jour ma *Marianne*; on y jouera *Zaïre*. A quand *Gustave* ? Comment vous portez-vous ? Ah ! monsieur le duc, un mot; je vous cherchais. » Tout cela dit l'un sur l'autre, et moi resté planté là pour reverdir. . . . . » (Voy. *Mélanges des Bibliophiles* t. IV.)

Je n'ai pas faim, je veux rester avec vous. Binbin, parlez donc, empêchez que je ne vous quitte ; n'est-ce pas assez d'avoir quitté mon écritoire ? Je l'ai oubliée à Paris sur la cheminée de ma chambre. Elle me dira tout ce que vous faites. Aurai-je sujet d'en être contente ?... Laissez-moi ; la soupe est trop chaude... on m'emporte. »

LETTRE VII

« A huit heures du soir.

» Qu'est-ce que vous dit le cœur ? Quel rêve avez-vous fait ? N'êtes-vous point scandalisé de la commission que je vous ai donnée ? Avez-vous deviné le porteur de ma lettre ? Comment vous portez-vous ? Vous verrai-je toujours jeudi ? J'attends votre réponse.

» Je vous ai déjà écrit aujourd'hui, et je profite d'un exprès pour vous donner encore de mes nouvelles. On est ici dolent comme des amoureux malheureux : car les autres sont gais avant et après, à ce qu'on dit. Je mange prodigieusement ; vous ne m'en trouverez pas plus grasse (1). Je ne sais pourquoi, depuis quelque temps, je me plains plus de ma maigreur. Ah! vous verrez que c'est parce que vous m'avez baisé la main. N'allez pas rayer ce dernier mot. Ils disent tous que cela ferait sottise, et je n'en veux pas dire. Bonsoir. J'attends votre lettre et mes rubans avec grande impatience. Vous m'avez permis de vous donner des commissions ; j'ai bien pensé vous en donner une plus belle.

» Léonide va se baigner. Le luxe annihilerait ses grâces naturelles : la voilà tout à l'heure en

(1) Mademoiselle Aïssé se plaignait aussi d'être maigre, hâlée et noire comme un corbeau. De son côté, mademoiselle Delaunay (madame de Staal), disait d'elle-même qu'elle était maigre, sèche et désagréable. On se tromperait fort si l'on prenait au mot ces deux femmes aimables, qui avaient trop d'esprit pour être laides. Quant à mademoiselle Quinault, il y a lieu de croire que c'est en raison de ses formes rondes et accentuées qu'on lui avait donné le nom de *Tonton*. Toutefois, elle n'avait pas toujours été telle ; car, dans une épître adressée au comte de Livry, pièce tronquée par Juvigny et que nous donnons dans son entier, Piron dit en parlant d'elle :

. . . . . . *Tonton, jadis momie,*
De graisse est un peloton.

Ces deux vers semblent expliquer pourquoi Lancret, ayant à peindre mademoiselle Quinault dans deux de ses rôles, lui donne dans celui de Céliante du *Philosophe marié*, comédie jouée en 1727, des traits légèrement amaigris, tandis que dans le rôle de Lisette du *Glorieux*, pièce jouée cinq ans après, il la représente comme une fraîche et rebondie personne, plus fleurie que le bouquet qu'elle porte à son côté. Constatons, avec un vif regret, qu'il n'existe aucun portrait de mademoiselle Quinault en habit de ville ; tel est, du moins, l'avis de M. Soleirol, juge compétent en pareille matière.

Spartiate. Je ne sais pas comment cela se dit. Il me semble que je donne un nom d'homme aux femmes et un nom de femme aux hommes. Qu'est-ce qui cause cet *embrouillement*? Dites-moi donc de m'en aller. Je ne veux pas finir sans vous demander comment vous m'aimez. Si vous êtes Binbin, vous répondrez : De tout mon cœur. Où est-il votre cœur? il est dans mon côté. Qui l'y a mis? c'est le petit Jésus. Avec toute votre science sur la Bible, vous voyez que je suis obligée de vous apprendre votre catéchisme. »

LETTRE VIII (1).

« Ce jeudi, trois heures après midi.

» Mon goût est faux et je n'en doute plus, puisque de vos deux pièces, la pastorale est celle qui a le moins plu. On m'a même chargée de dire à l'auteur qu'il ferait tort à sa première pièce s'il la faisait jouer (2). C'est à vous à décider. Je sens bien

(1) Cette lettre, qui est isolée, date de l'année 1731. Voir la note suivante.
(2) Hélas! le goût de mademoiselle Quinault n'était pas *faux*, ainsi que l'événement le prouva, mais bien le jugement de ses camarades de théâtre, au nom desquels elle parle. Il s'agit ici de *l'Amant mystérieux*, comédie en trois actes, en vers, et de la

qu'il y a quelque chose de trop tragique dans la fin de la pastorale; mais c'est un rien à corriger; et quoi qu'on en dise, il y a bien du mérite à l'avoir faite. Vous sentez la nécessité qu'il y a que je vous parle, si ce n'est aujourd'hui, que ce soit demain, à midi : car je ne puis vous voir plus tôt. Je vais à la répétition le matin, et je serai chez moi à midi et demi, au plus tard. Bonsoir, Binbin. Votre *anonymité* ne sera pas de durée ; on vous a presque reconnu. Je croyais vous trouver chez moi. Vous n'êtes pas impatient... J'étais si lasse de m'être levée matin, qu'il ne m'a pas été possible de vous écrire plus tôt. »

pastorale des *Courses de Tempé*, que Piron l'avait chargée de présenter aux acteurs sous le voile de l'anonyme. Ces pièces furent jouées le même jour (juillet 1734). *L'Amant mystérieux* tomba lourdement, tandis que la pastorale obtint un succès complet. C'est ce que Piron appelait recevoir « un soufflet sur une joue et un baiser sur l'autre. » Du reste, il convint que sa comédie *fut bien sifflée comme elle le méritait*. Voyez l'*Avertissement* en tête de cette pièce.

LETTRE IX (1).

« Si vous êtes fâché comme vous le paraissez, je vous récompense bien mal du plaisir que m'a fait votre lettre. Je vous répète encore que je ne vous crains point; que j'ai pour vous une amitié qui se trouve scandalisée de votre absence et du plaisir que vous avez à me fuir. Je suis incrédule et sensible : voilà toute la cause du chagrin que je vous ai donné. Si je ne craignais votre étourderie et votre obéissance, l'aveu que je vous fais de mon amitié me ferait tout vous renvoyer tout à l'heure ; mais en vérité votre manque de confiance m'a

---

(1) Jusqu'ici, la tendresse de mademoiselle Quinault a été exempte de sérieuses alarmes. Sauf les ennuis que pouvaient lui causer, d'une part, ses voyages à Fontainebleau, qui l'éloignaient momentanément de Piron; de l'autre, les coquetteries et les semblants d'inconstance de celui-ci, elle n'a encore éprouvé aucun chagrin réel, et sa correspondance a marché à l'unisson de son cœur, c'est-à-dire d'un pas à peu près égal, sans commotions, sans secousses. Mais l'amour ne saurait s'accommoder longtemps d'un pareil régime. Un bonheur uniforme lui fait peur, un ciel toujours pur le fatigue; il lui faut des contrastes. *Bellum pax rursum.* Or, ce petit dieu va être servi à souhait. Un point noir se forme à l'horizon : voici venir la tempête. En d'autres termes, nous allons assister à une brouille. Du reste, cette lettre et les deux suivantes nous semblent appartenir à une autre période que celles qui précèdent.

tourmentée et me tourmentera encore. Je (1) veux bien vous avouer que j'aurais pu vous paraître triste depuis quelque temps si je n'avais craint de vous déplaire. Je n'ai redemandé mes lettres que pour les remplacer par d'autres, et si mon style change, je crois que vous n'y perdrez pas. Je me garderai bien de finir ma lettre par un blasphème aussi abominable que le mot adieu. »

RÉPONSE DE PIRON (2).

« Dites la vérité. Vous êtes inquiète déjà du plaisir que je puis m'imaginer à relire cette lettre de remercîment (3). Vous craignez déjà que de plus petites mains que les miennes ne jouissent de mes noires trahisons. Je n'y ai pas d'abord songé à cette belle crainte. J'y songe, et sur-le-champ je renonce à tout ce qui peut me plaire et vous coûter

---

(1) Au-dessus de ce mot et des cinq suivants, Piron a écrit ceux-ci en interligne : « *Je vous avoue que je n'entends point ces trois lignes.* »

(2) Ce fragment, en forme de minute de réponse, est écrit de la main de Piron au bas du billet précédent. Malheureusement, les autres lettres de Piron à mademoiselle Quinault n'ont pu être retrouvées.

(3) Pour lettre de congé, sans doute.

un moment de tranquillité. Je ne voulais rien répondre dans le premier mouvement pour commencer à vous fuir de toutes façons ; mais... »

(*Le reste de la minute manque.*)

LETTRE X

« Je suis irritée comme je dois l'être. Vous avez fait d'une chose indifférente la chose du monde la plus offensante pour moi. La réflexion vous sert bien mal. Vous ne méritez pas que je vous explique ma lettre puisque vous ne l'avez pas comprise. Je n'ai jamais imaginé que vous désiriez garder mes lettres. C'est en vérité quelque chose de beau. J'ai rougi de ce que j'y dis, et je ne désavouerais point ce que j'y voulais dire. Le cas que vous avez fait de la dernière m'apprend le peu de solidité qu'il y a avec vous. Je pars pour la campagne. Si vous êtes en état de revenir prendre vos lettres, je vous les rendrai. Les femmes qui ne se livrent point ne livrent pas les autres (1). Allez, je suis outrée de

(1) Ce n'est pas dans une lettre de rupture qu'une amante ira se compromettre et avouer sa défaite. Une petite grisette ne s'y laisserait pas prendre : c'est l'A, B, C de l'amour féminin.

vos indignes soupçons. Je n'ai ni le pouvoir ni la volonté de rire à vos dépens. Pleurez la peine que vous m'avez faite. J'allais bien réparer celle que je n'avais pas cru vous faire. »

« Ce mercredi soir. »

LETTRE XI

» Samedi.

» J'enrage. Vous êtes bien peu fâché de me voir partir. Ne devrais-je pas vous le reprocher? Non; je ne suis en colère que contre ceux qui ont pu m'empêcher de vous témoigner assez d'amitié pour occasionner ce regret que je désire vous voir. Adieu, grand ami. J'avais bien raison de dire que ce mot est abominable. Les gens à sentimens ont de cruels pressentimens... Ne me donnez point de certitude; je vous le demande en grâce. Ceci n'est d'honneur pas du monde (1). »

(1) Nous n'avons pu découvrir le motif ni l'époque de la brouille de mademoiselle Quinault et de Piron. Quoi qu'il en soit, cet adage, vieux comme le monde : *Querelle d'amant, renouvellement d'amour*, a encore une fois raison. Voilà les deux nôtres réconciliés, et leurs relations, sans doute, de reprendre de plus belle. Dans tous les cas, l'attachement de mademoiselle Quinault pour Piron a résisté au temps et à l'absence; on le retrouve tout

LETTRE XII (1).

« Mercredi soir.

» Je sais mal parler sur les malheurs : je ne sais que les ressentir, mon cher Binbin. La vie de la personne que vous venez de perdre était un tourment perpétuel, et cependant je ne doute point de votre sensibilité : votre cœur m'est connu. Ne me laissez point ignorer vos peines ; j'y saurai compatir, si je ne puis les soulager. On avait oublié de me dire ce malheureux événement. N'oubliez pas de me faire savoir en quel état vous êtes. Puissiez-vous, vous et votre très-honnête nièce (2), vous

entier dans la lettre suivante, la dernière, écrite à un intervalle de vingt années de l'époque de leur liaison intime, et dix ans après la retraite de mademoiselle Quinault du théâtre. Un tel fait est un éloge à la fois pour Piron comme pour mademoiselle Quinault.

(1) Cette lettre se rattache à la mort de madame Piron, arrivée le 18 mai 1751.

(2) Annette Soisson, dont les soins avaient adouci les derniers moments de la pauvre folle, et qui entoura Piron lui-même d'une sollicitude filiale jusqu'à sa mort. D'après une brochure, deux feuilles in-8°, publiée en 1844 sous le titre de : *Les Piron*, par M. Auguste de *** (petit neveu de Piron), Annette était, non la nièce de ce dernier, mais sa cousine au deuxième degré. « Elle lui avait été envoyée par son frère Jean, l'apothicaire, qui la déterra à la campagne dans un état tel, qu'elle n'eut rien de mieux à faire que de se rendre auprès de Piron, après le refus fait par les deux filles de Jean, d'aller joindre leur oncle

consoler réciproquement d'avoir perdu l'objet de votre tendresse et de vos soins ! »

à Paris, qui en demandait au moins une. » Quoi qu'il en soit, Piron l'appelait *sa nièce* et en fit son héritière, au préjudice de son neveu, Bernard Piron, qui s'en vengea en composant ainsi l'épitaphe de son oncle :

> *Ci-gît le célèbre Piron,*
> *Des poètes la rocambole,*
> *Qui légua, nous faisant faux-bond,*
> *A Juvigny ses t..... c...,*
> *A sa c.... tous ses écus,*
> *A son neveu pas une obole.*

Au dire de M. Auguste de ***, Bernard avait eu une jeunesse très-orageuse, et pendant son séjour à Paris, il donna de sérieux motifs de mécontentement à son oncle, notamment au sujet d'une *impiété fort grave* dont il s'était rendu coupable, et pour laquelle la justice l'avait poursuivi. Pendant ce temps, son oncle le tenait caché dans sa maison. Du reste, poète lui-même, Bernard avait l'esprit très-caustique, ainsi qu'il le reconnaît dans ce distique, composé par lui à l'âge de 92 ans :

> *Malin dans mes écrits comme dans mes propos,*
> *Il me reste une dent, et je la garde aux sots.*

Collé rapporte une satire en vers de la façon de Bernard, faite à l'occasion d'un bouquet présenté au prince de Condé par trois jeunes filles de Dijon, sous le nom des trois Grâces et choisies par le maire. Le neveu de Piron plaisante assez agréablement ces trois Grâces, qui, selon lui, n'avaient pas précisément celle de la vertu. « Il y a malheureusement du talent dans ces vers, dit Collé, et plus encore de malignité. » *Journal de Collé*, t. I, pages 108 et 109.

Bernard Piron composa aussi sa propre épitaphe, que nous donnons plus loin.

VI

SECONDE NOTICE

sur

MADEMOISELLE QUINAULT

Nous croyons devoir communiquer au lecteur le résultat des recherches que nous avons jugé utile de faire, dans le but de savoir jusqu'à quel point mademoiselle Quinault a été *sage* et *difficile* en amour.

Or, nous déclarons n'avoir trouvé nulle part, — et nous avons compulsé bien des volumes relatifs au xviiie siècle, — aucun trait empoisonné, aucune allusion malveillante ou moqueuse dirigée contre elle, sauf dans les *Mémoires* de madame d'Epinay, qui en parle dans des termes que nous rapporterons tout à l'heure.

Il est même surprenant et digne de remarque qu'à une époque où les reines de théâtre avaient chacune au moins un amant *avoué* et se livraient ostensiblement, en outre, à des écarts fréquents de galanterie qui défrayaient les joyeux propos de la ville et de la cour ; à une époque où la sœur aînée de mademoiselle Quinault(1) ne négligeait

(1) Marie-Anne Quinault, dont il a déjà été parlé, et qui se maria secrètement, dit-on, au duc de Nevers. Marais prétend (*Journal*, an-

rien elle-même pour mériter le titre de *duchesse de Nevers*, dont on l'a pompeusement décorée plus tard dans de très-piètres mémoires publiés sous son nom ; il est surprenant, disons-nous, que la malignité se soit tue devant notre charmante soubrette.

Ce silence universel est à lui seul tout un éloge ; il en ressort naturellement ceci que, sous tous les rapports, Piron dut être fier de s'être assuré une telle conquête, et qu'il n'eut point à rougir de l'empire qu'il lui avait laissé prendre sur lui ; or, cet empire était grand si l'on en juge par : *la Tonton éloignée, le Piron reparaît.*

Qu'on se représente mademoiselle Quinault à table, au milieu des beaux esprits, des grands seigneurs que vous savez, et de leurs folles maîtresses brochant sur le tout. Piron est à ses côtés. Les visages sont épanouis ; les coupes s'emplissent et se vident ; les joyeux propos éclatent, se croisent à l'envi. Un éclair jaillit sur le front de Piron ; ses yeux étincellent ; un mot libertin s'aiguise sur ses lèvres... Le trait va partir... Il part... Non ! son attentive amie l'observe ; elle a vu l'éclair, et, d'un geste, d'un regard, conjure la foudre.

Cette situation, saisie et interprétée par un peintre habile, pourrait faire, ce semble, le sujet du plus charmant tableau.

Ajoutons que mademoiselle Quinault était jolie ; car pour imposer à Piron, lui dont la supériorité et la fougue imposaient à tout le monde ; pour dire à cette lave jaillissante et toujours enflammée : *tu n'iras pas plus loin ;*

née 1722, janvier) qu'elle était alors enceinte d'une fille qui ne fut pas reconnue. Elle avait eu pour premier amant, moyennant 50,000 fr., Samuel Bernard, auquel avait succédé le marquis de Nesle, puis le duc de Chartres.

pour commander enfin où chacun obéissait, il fallait à mademoiselle Quinault autre chose encore que les grâces de l'esprit : il lui fallait les séductions du corps.

Madame d'Epinay rendant compte de deux soupers auxquels elle avait assisté chez mademoiselle Quinault, quinze à vingt ans après la retraite de cette dernière, nous la montre sous un jour assez peu favorable. Elle convient que mademoiselle Quinault voyait la meilleure compagnie et avait infiniment d'esprit ; mais elle n'était vraiment recommandable, dit-elle, que sous ce rapport.

« Son âge, ajoute madame d'Epinay, ne rend plus ses mœurs équivoques ; elles n'ont pas toujours été bonnes, dit-on. Au milieu d'un certain apprêté et pédant, il lui échappe des plaisanteries quelquefois un peu fortes. »

Au nombre de ces plaisanteries, madame d'Epinay semble placer les provocations fréquemment adressées par mademoiselle Quinault à ses convives (Saint-Lambert, Duclos, J.-J. Rousseau, etc.), afin de les engager à faire honneur au *vin* et au *fricot ;* — tel est le mot galant que madame d'Epinay met dans la bouche de son amphitryon. — Elle paraît même accuser mademoiselle Quinault de se préoccuper un peu trop, pour son propre compte, du *boire* et du *manger.*

« Il faut bien, continue madame d'Epinay, que les qualités de son cœur soient supérieures à celles de son esprit pour avoir fait oublier généralement son premier état (1). Francueil ne l'appelle que la Ninon du siècle. »

N'est-il pas plaisant, en vérité, de voir madame d'Epinay s'établir juge en matière de tenue et de bonnes mœurs ? Au surplus, va pour *la Ninon du siècle !* L'amant

(1) Son état de comédienne. Ainsi que nous l'avons dit, mademoiselle Quinault était alors, depuis longtemps, retirée du théâtre.

d'alors de madame d'Epinay a octroyé là à notre héroïne un glorieux titre d'honneur que nous acceptons volontiers, et que nous n'eussions peut-être pas osé lui décerner nous-même. Mais il faut être logique et reconnaître, dès lors, que mademoiselle Quinault n'a pu être dans son langage, non plus que dans ses manières, ni *apprêtée* ni *pédante*. Si nous avions un reproche à lui faire, il serait d'une nature toute contraire.

Quant au reproche de gourmandise que semble lui adresser madame d'Epinay, nous avouerons qu'en lisant les lettres de mademoiselle Quinault, une chose frappe l'attention : c'est le retour fréquent de certaines expressions qui sonnent à l'oreille comme la cloche du dîner... Mais, dira-t-on, cela devait être, puisqu'elle écrivait presque toujours à Piron au moment des repas, seul instant de la journée sans doute où ses nombreuses occupations lui laissaient quelque loisir. Quoi qu'il en soit, et tout bien considéré, nous croyons effectivement qu'elle était gourmande. Elle a eu cela de commun avec madame du Deffand (1) et tant d'autres femmes d'esprit de l'époque, qui, malgré leur nature de Sylphides intellectuelles, ne comprenaient pas qu'on pût vivre d'air pur et de rosée.

Relativement aux mœurs de mademoiselle Quinault, en alléguant qu'elles n'avaient pas *toujours été bonnes*, madame d'Epinay ne cite aucun fait à l'appui de cette

---

(1) La Harpe dit quelque part que madame du Deffand était *très-gourmande*. Montesquieu, dans une lettre du 12 septembre 1741, adressée à cette dame, la plaisante sur le même sujet.

On doit croire que la marquise du Châtelet ne dédaignait pas non plus les plaisirs de la table, si l'on prend au pied de la lettre ce qu'elle écrivait à Maupertuis les 3 octobre et 24 décembre 1735 et 11 décembre 1738. Voyez *Lettres inédites de la marquise du Châtelet et supplément à la correspondance de Voltaire*, un vol. in-8°; Lefebvre, 1818.

assertion ; elle n'exprime même pas en cela une opinion personnelle ; elle parle simplement d'après des *on dit*, devant lesquels nous sommes d'autant moins disposé à nous incliner que, nulle autre part, nous le répétons, nous n'avons vu se produire une imputation analogue. Mademoiselle Quinault n'était, ni par son esprit, ni par sa figure, encore moins par son talent, de celles que l'envie oublie ou dédaigne ; et si elle eût réellement donné prise à la critique par l'irrégularité de sa conduite, nul doute qu'en plus d'un endroit, la chronique scandaleuse ne se fût empressée de s'égayer à ses dépens.

Assurément, nous ne prétendons pas soutenir que mademoiselle Quinault ait été une matrone austère et sauvage, ou une petite sainte, — Piron serait là pour nous démentir ; — évidemment, elle a eu d'autres tendres faiblesses, et sa vertu est restée moins intacte que sa gloire (1) ; mais elle avait la dignité qui impose et la modestie qui désarme : et c'est là une consolation suffisante pour ses amis délicats.

(1) Nous avons des raisons de croire que le comte de Livry et le comte de Caylus ont successivement été en faveur auprès d'elle ; mais nous ignorons sur quelle autorité s'appuie M. Paul de Musset quand il dit que, durant les dix ou douze premières années qui suivirent ses débuts à la Comédie-Française, mademoiselle Quinault accueillit les hommages de plusieurs soupirants, hommes de lettres et gentilshommes ; et qu'à partir de 1730, elle eut *une veine de sagesse et de travail qui lui dura environ dix ans sans interruption* : ce qui revient à dire que mademoiselle Quinault aurait été *libre d'engagement* pendant les dix dernières années de sa présence au théâtre. Or, c'est précisément dans cette période (1730-1741) que nous plaçons, pièces en main, ses relations avec Piron, le marquis de Livry et le comte de Caylus. Au surplus, l'ingénieux auteur des *Femmes de la Régence* a brodé, sur la vie *présumée* de mademoiselle Quinault et les naïvetés philosophiques de sa nièce, un très-agréable roman ; mais quand nos *biographes* se borneront-ils à faire purement et simplement de la *biographie* ?

PREMIÈRES AMOURS DE PIRON

PREMIÈRES AMOURS DE PIRON (1)

LETTRE XIV

A LA BELLE AMARYLLIS (2)

Ne vous tairez-vous pas, scrupules importuns,
Qui de tous mes projets ne m'en laissez aucuns ?
Pour me faire mourir toujours prêts à renaître,
Que voulez-vous d'un cœur où l'amour est le maître ?
Comment prétendez-vous, que, soumis à sa loi,
Ce cœur puisse être à vous quand il n'est plus à soi ?
Depuis que mon amour vous prête le silence,
Quel profit tirez-vous de votre violence ?
Qu'avez-vous remporté sur ce cœur malheureux
Dont vous ne voulez pas autoriser les feux ?
L'amour n'en a que mieux assuré sa conquête.
Ses feux, pareils au cours d'un torrent qu'on arrête
Et dont la digue enfin cède aux flots mutinés,
Triomphent d'autant mieux qu'on les a plus gênés.

(1) Piron avait de vingt à vingt-cinq ans quand il écrivit les poésies et lettres qui suivent. Il était encore à Dijon, indécis sur le choix d'un état, n'ayant voulu entrer, contrairement à la volonté de son père, ni dans le clergé ni au barreau.

(2) Sous le pseudonyme d'Amaryllis se cache le nom d'une cousine que Piron paraît avoir tendrement et vainement aimée.

C'est assez respecter votre injuste manie ;
C'est assez me soumettre à votre tyrannie ;
C'est assez m'opposer moi-même à mes desseins :
Je ne vous entends plus, scrupules inhumains.
Qu'Amaryllis me soit étrangère ou parente,
De mon cœur enflammé je veux suivre la pente.
Pour le peu qu'en amour on doive à la vertu,
C'est avoir assez fait que d'avoir combattu.
Livre-toi donc, mon cœur, au penchant qui te charme ;
Sur des scrupules vains ne reprends plus l'alarme ;
Nourris des feux chez toi déjà trop établis ;
Chéris, aime, idolâtre, adore Amaryllis.
Je ne m'oppose plus à l'ascendant suprême
Qui confond ma raison et qui veut que je l'aime.

Je laisse enfin passer des soupirs innocents
Dans mon sein malheureux retenus trop longtemps.
Mais, hélas ! que prétends-je et quelle est ma faiblesse ?
Est-ce tout que d'oser avoir de la tendresse ?
Mon sort, belle cousine, en sera-t-il plus doux ?
Je vous donne mon cœur, mais le recevrez-vous ?
De quel œil voyez-vous les peines que j'endure ?
Et plus mon cœur est tendre et plus votre âme est dure.
De l'amour le plus vif dont Lysis est épris
Un froid inébranlable est le funeste prix.

Que l'on est malheureux quand on ne saurait plaire !
Hélas ! on ferait tout, que tout serait contraire.
Serments, larmes, soupirs, fidélité, respect.
Tout cela ne peut plaire aussitôt qu'on déplaît.
Voilà donc près de vous quelle est ma destinée.
A mépriser mes feux vous êtes obstinée ;

Et le malheur m'accable et m'en veut jusque-là
Que mon amour déplaît moins que celui qui l'a.
Ne m'opposez donc plus une triste naissance
Pour obstacle au bonheur dont je perds l'espérance.
Je connais mieux quel est cet obstacle si grand :
Il est dans votre cœur et non dans votre sang.
Quand vous êtes-vous plainte à l'aveugle nature
D'avoir reçu le jour sous une loi si dure?
Ce sang qui, selon vous, doit briser notre espoir,
Avez-vous souhaité de ne le pas avoir?
Ah! ne le prenez plus désormais pour excuse.
Ce ne sont plus les cieux que mon amour accuse,
Cruelle! votre cœur en rejetant mes vœux
Est moins soumis au ciel que rebelle à mes feux.

Si c'est pourtant ce sang qui m'enlève vos charmes,
Puisse un jour tout ce sang se convertir en larmes,
Et, coulant par mes yeux, reprocher à mon sort
De l'avoir fait servir d'instrument à ma mort!...

» Je vous envoie, ma chère cousine, ces vers où mon amour a plus travaillé que mon esprit; il y a aussi plus d'intérêt : car j'aime mieux paraître ce que je suis que ce que je ne suis pas, c'est-à-dire amoureux que spirituel. Quand serez vous touchée de mes plaintes? Quand les payerez-vous d'un soupir? Chercherai-je encore en vain longtemps dans vos yeux et dans vos discours de quoi soulager un amour que votre beauté allume en moi de plus en plus? Me prônerez-vous toujours le bonheur d'une tranquille indifférence, et direz-vous toujours que vous n'osez m'aimer ? Quelle excuse ! Vous auriez raison de craindre l'amour s'il vous en fallait ressentir comme moi pour une personne insensible ; mais que de douceurs n'en devez-vous pas attendre, quand vous en voudrez bien avoir pour l'amant du monde le plus discret, le plus tendre et le plus fidèle !

» Vous ne m'aimez point et je ne veux pas me dégager ; je vous adore et vous n'osez vous engager. Qui de nous deux devrait parler de l'amour comme d'un tyran ? Adieu, ma chère cousine. Je ne suis point content de mon style ; si je suis naturel, je suis trop faible dans mes expressions ; si je m'étudie, je suis guindé. L'écriture pourtant charme un peu mes ennuis ; sans en rien espérer, je ne laisse pas d'y trouver quelque soulagement. Que serait-ce si je pouvais me flatter qu'on me lût avec plaisir ! et que ne serait-ce pas si vous y répondiez plus tendrement que vous ne faites ! Je baise vos belles mains et les conjure de prendre la plume, quand ce devrait être malgré votre cœur. Tout ce qui me viendra d'elles ne pourra jamais ne m'être pas doux, fût-ce le coup de la mort. »

LETTRE XV

A LA MÊME

—

» Pénétré de douleur en songeant à vos manières désobligeantes, je viens de reporter les yeux sur vos lettres ; quelque peu douces qu'elles soient, j'admire le bonheur que j'avais alors de vous faire mettre la plume à la main, et je ne puis me trop étonner de ce que je méritais plus autrefois ce bonheur qu'aujourd'hui. Qu'ai-je donc fait depuis ce temps-là qui m'en ait rendu indigne ? Pourquoi m'écriviez-vous quand je vous pouvais être suspect, et pourquoi, à présent que je ne puis l'être, ne m'écrivez-vous plus ? Quelle raison me donnerez-vous d'un procédé si extraordinaire ? Ne favorisez-vous que ceux dont vous ne vous croyez guère aimée, et maltraitez-vous un amant aussitôt que vous vous en connaissez adorée ? Ne me défendrez-vous pas encore bientôt de vous écrire ? J'attends tous les jours cet ordre cruel de votre injustice. Comment avez-vous fait pour ne me l'avoir pas encore donné ? Il ne manque plus que cela à l'état douloureux où je me trouve. Je ne vous saurais voir que rarement, et toujours en compagnie. Il faut que je m'étudie attentivement pour ne rien donner à connaître. Si j'ai par hasard, comme hier, quelque instant de tête à tête avec vous, ma tendresse et votre dureté me serrent la bouche et me ferment le cœur. La cherté de ces rares moments confond mon esprit ; toutes vos actions, tous vos regards, toutes vos paroles me désolent ; je voudrais beaucoup dire et je ne dis rien : ma langue échappe à ma pensée, et le moment de nous séparer arrive avant que je me rejoigne.

» Et quelle idée désavantageuse alors n'emportez-vous pas de moi ? Je ne m'étonnerais pas après cela que vous me méprisassiez, si la liberté d'écrire ne me restait pas. Je m'en sers, mais encore à quoi bon ? Qui m'assurera que vous preniez la peine de lire mes lettres, et qui peut m'assurer même que vous aurez bien voulu recevoir celle-ci ? Je commence à m'inquiéter comme je vous la ferai tenir. Voilà donc cette bonté peinte sur votre visage ! Voilà donc le fruit de la plus belle amitié que vous inspirerez jamais et que j'aie jamais ressentie ! Il faut que je m'efforce de vous oublier. Moi, ma chère cousine, vous oublier ! J'aimerais mieux mille fois mourir en vous aimant inutilement que de vivre tranquille sans vous aimer. Opposez-moi tout ce qu'il vous plaira pour excuse ! Que nous ne pouvons être l'un à l'autre... Qu'en savez-vous après tout ? Si ce n'est pas de l'aversion que vous ressentez contre moi, qui vous fait croire notre union impossible? Pourquoi notre parenté est-elle un obstacle insurmontable? Mais combien de fois vous l'ai-je dit : le sang m'approche moins de vous que votre cœur ne vous éloigne de moi. Loin d'avoir de l'amour pour moi, à peine avez-vous de l'amitié; loin de me voir avec plaisir votre amant, vous ne me voyez votre parent qu'avec honte. Voilà ce qu'on s'attire en vous aimant. Il suffit, dites-vous, de vous aimer pour ne plus l'être.

» Je lis cet endroit de votre première lettre avec douleur : car si plus on aime moins on vous paraît aimable, je serai l'homme du monde que vous haïrez le plus. Quel parti prendrai-je? Cesser de vous aimer, ce serait faire l'impossible; ne vous plus voir, ce serait me priver du seul plaisir qui me fait vivre; ne vous plus parler de mon amour, ce serait vouloir en mourir. Il faut donc que je vous voie, que je vous aime et que je vous le dise. Et tout cela cependant ne servira qu'à rendre mes maux plus grands. Vous voir, pour être témoin du mépris que vous faites de moi; vous aimer, pour en devenir plus méprisable; vous le dire, pour être payé d'un silence cruel; tout cela n'est-ce pas plus chercher à déchirer mes plaies qu'à les cicatriser? Cependant si je ne fais pas tout cela, je ne vis plus. Triomphez-vous de voir en quel état vous me réduisez? Mon malheur vous plaît-il? Trouvez-vous que mes larmes donnent un beau lustre à votre gloire? Vous semblerait-il qu'en m'aimant vous en seriez moins vous-même? Mes plaintes ont-elles donc plus d'agrément que n'en auraient mes caresses? O la plus cruelle de toutes les filles ! Ordonnez-moi de ne plus vous écrire ; reprochez-vous de l'avoir trop souffert; enlevez-moi cette seule et triste consolation. Ah ! je vous préviendrai ; je ne veux pas que votre cruauté travaille seule à mes douleurs; je m'en veux devoir quelques-unes à moi-même ; et puisque le plaisir de vous écrire est le seul que vous me laissez, je m'en veux priver de mon propre mouvement, sans me laisser prévenir d'un ordre là-dessus qui me serait plus pénible que le mien.

» Ayez donc la bonté de garder cette dernière lettre-ci que j'achève. Peut-être quand vous connaîtrez mieux l'amour, vous repentirez-vous de n'avoir pas reconnu le mien; gardez-en ces derniers témoignages et donnez-moi après cela tous ceux de votre haine qu'il vous plaira; après le silence où je me condamne, je ne saurais rien trouver de difficile à supporter. Vivez contente, vivez heureuse : je ne troublerai plus votre repos du bruit de mes lamentations; je ne fatiguerai vos beaux yeux que le moins que je pourrai de ma triste présence; je ne vous ennuierai plus de reproches importuns; mais, encore un coup, ma belle cousine, faites-moi la grâce de conserver cette lettre-ci ; quand l'amour vous aura touchée pour quelqu'un plus heureux que moi, vous ne ferez pas peu pour vous de la lui sacrifier : car lorsqu'il y verra avec quelle tendresse je vous ai aimée sans l'avoir jamais été, quelle obligation ne vous aura-t-il pas de votre inclination ? combien ne lui paraîtra-t-elle pas rare et précieuse ? Pour moi, je garderai toute ma vie les billets que j'ai de vous ; quelque peu consolants qu'ils soient, ce seront mes trésors éternels. Que je suis infortuné de m'être abandonné si vite à mon penchant ! Qu'il m'en va coûter de soupirs, de larmes et de mauvais moments ! Heureux s'il pouvait m'en coûter la vie ! A l'instant où je vous écris, les désespoirs de cette nature paraissent aux dames de belles fables ; ces larmes, ces soupirs, ces langueurs paraissent aux cœurs indifférents des lâchetés et des faiblesses indignes de notre sexe. Qu'on en pense, dise et croie tout ce qu'on voudra, ce que je vous dis est vrai ; je le jure aux incrédules et je l'avoue aux railleurs, sans rougir.

Et vous, nymphe discrète, Echo, de qui la voix
Sur tout ce qu'on vous dit n'éclate qu'une fois,
Votre discrétion est ici superflue ;
Dispensez-vous pour moi de cette retenue.
Dites mil et mil fois aux bergers d'alentour
Ce que mon tendre cœur vous confie en ce jour.

Je ne veux point cacher une si belle flamme :
Un amour innocent n'appréhende aucun blâme,
Et mon front, dans ce siècle ou sévère ou moqueur,
Ne peut rougir d'un feu que j'approuve en mon cœur.

» Je vous avoue donc sans peine que le dessein que je suis forcé de former aujourd'hui m'arrache des pleurs. Je vous aime mille fois plus que je n'ai jamais aimé et que je n'aimerai. Je ne puis me former l'idée d'un autre bonheur que celui de vous posséder; il faut que je me résolve à en perdre toujours l'espérance : mon peu de mérite et vos ordres précis d'hier m'y condamnent. Quelle horrible résolution pour un amant passionné ! Adieu, cruelle! Oubliez-moi, j'y consens; mais n'oubliez jamais mon amour, afin d'y comparer tous ceux que vous allumerez; et vous conviendrez un jour que c'est dommage que je ne sois pas assez aimable pour plaire, aimant aussi parfaitement que je fais. Que l'amour dans un homme n'est-il à vos yeux une perfection ? Après en avoir inspiré à bien du monde, vous me regretteriez sans doute; mais par malheur vous êtes fort jeune et je suis l'un des premiers qui vous aient aimée, et je vous connais avant que vous connaissiez l'amour. Adieu; pardonnez-moi la longueur de cette lettre. On se tait bien difficilement quand on parle pour la dernière fois d'une chose qu'on doit toujours ressentir. Je vous embrasse étroitement, en vous jurant de vous aimer

sans vous le dire jusqu'à la fin de mes jours, que je
prie le ciel d'abréger. »

LETTRE XVI

A LA MÊME

Quel Dieu, mal attentif à mon cruel martyre,
Me met la plume en main et me force d'écrire ?
Eh ! bien, ma Muse est prête à servir mon amour ;
Mais que dois-je espérer d'un si faible secour ?
Que ferez-vous, mes vers ? Vous flattez-vous encore
De pouvoir attendrir l'ingrate que j'adore ?
Laissez-là des efforts qui seraient sans effet :
Plairez-vous en partant d'une main qui déplaît ?
Hélas ! de quelques traits dont vous peigniez ma flamme,
Eussiez-vous tout le feu qui me consume l'âme,
Vous ne pourriez jamais rien faire pour un cœur
Dont l'amour et le sort ont juré le malheur.
Inutiles enfants de mon faible génie,
Qui n'avez pu fléchir l'infidèle Sylvie,
Qui ne pouvez toucher l'ingrate Amaryllis,
Dans le néant plutôt restez ensevelis.
Dans un silence obscur laissez couler mes larmes :

Je veux qu'Amaryllis ignore mes alarmes.
D'une plainte où son cœur ne prend nul intérêt,
Epargnons-nous du moins la honte et le regret.
La bergère inhumaine à qui je vous adresse
Admire sa victoire et non pas ma tendresse.
Sa vanité sur vous mesure ses appas ;
Vous l'enorgueillissez et ne la touchez pas.
Méprisez sa rigueur : vous l'avez trop subie.
C'est ainsi qu'autrefois la perfide Lesbie
De son aimable amant ne ménagea le cœur
Que le temps qu'il fallut pour en tirer honneur.

» Si vous saviez, ma chère cousine, ce que je souffre en tâchant de vous oublier, vous voudriez vous souvenir éternellement de moi. Les efforts que je fais pour cet oubli ne viennent point de l'ordre d'une mère qui ne m'a jamais rien témoigné, comme vous croyez, là-dessus. Non, ma chère cousine, cela ne vient point d'elle, mais de vous seule. Ma tendresse n'a rien pu sur votre cœur; quelque amour que vous ayez reconnu en moi, vous n'en avez jamais été touchée. Quand vous me voyez passionné, soumis, assidu, vous me dites nettement qu'il ne faut plus penser à nous voir. Voilà votre douceur, voilà votre reconnaissance. Je viens à vos pieds, je vous témoigne toute l'amitié possible, je vous jure un respect, une tendresse éternelle; tout vous doit parler pour moi : le sang, l'amour, la fidélité; point ! pour conclusion vous me défendez de vous voir. Je vous obéirai :

Pleurs amers que m'arrache un amour inutile,
Coulerez-vous toujours pour l'ingrate Amarylle ?
Ne vous lassez-vous pas de tremper sans espoir
Des yeux que tout condamne à ne plus la revoir ?
Il ne faut plus la voir ! Tout m'en fait la défense.
Tel est l'arrêt des cieux que ma tendresse offense.
Mon cœur infortuné la reçut en naissant,
Et pour changer de sort il faut changer de sang.
Qu'ai-je fait ? J'ai voulu braver la destinée :
Mon âme à son penchant s'est trop abandonnée.
A mon fatal amour, au lieu de mettre un frein,
J'ai nourri le serpent qui me ronge le sein.
J'ai moi-même enfoncé le trait qui me déchire (1).

. . . .

» Il faut me l'arracher, il faut vous oublier; vous le voulez, tout le veut : j'y souscris, je ne vous persécute plus; mais, vous, pourquoi me persécutez-vous ? Si je parais par hasard à vos yeux, si, sans y penser, je me trouve à votre rencontre, vous me voyez seul et dans la posture d'un malheureux qui s'efforce de fuir ce qu'il adore, tandis que moi, je vous vois toujours avec quelqu'un. Quoi ! déjà des rivaux ! Quel objet pour un infortuné qui n'en est encore qu'à ses premiers combats ! Ah ! si je m'étais pu du moins flatter quelque temps que ma perte vous eût touchée; si, dans mon obéissance, j'avais vu en vous fuyant que vous eussiez fui les autres; si

(1) Le second vers féminin manque.

même je pouvais croire que vous n'en voyez d'autres que pour vous dédommager de mon absence; mais non ! ces autres ne vous sont chers aujourd'hui que parce qu'ils vous l'étaient déjà, et je ne vous le suis plus parce que je ne vous l'ai jamais été. J'ai compris l'importunité et le danger que vous causaient mes soins ; vous voyez ceux que je prends à vous en délivrer : prenez-en quelques-uns à me moins affliger. »

LETTRE XVII

A LA MÊME

En lui renvoyant un livre nouveau qu'elle 1 . vait prêté, intitulé: la Robe de Sincérité, conte de madame DUNOYER.

« J'ai lu le conte de *la Robe de Sincérité ;* l'idée en est spirituelle et plaisante : une robe de gaze noire qui paraissait brodée seulement à ceux dont les femmes ou les sœurs étaient chastes, et qui annonçait le contraire à ceux qui la voyaient toute unie. Cette lecture m'a réjoui la nuit dernière et m'a bien dédommagé des quatre ou cinq heures de sommeil que les autres goûtaient pendant ce temps-là. Une robe qui aurait effectivement cette vertu serait d'un terrible usage à Dijon comme ailleurs. Quel almanach, bon Dieu, pour les frères et les époux! Quel embarras pour les femmes et les filles! Après tout, ce ne serait pas moi qui m'en servirais, soit que je fusse trop sûr de la fidélité de ma femme, si vous l'étiez, soit que je ne voulusse point l'être de sa trahison, si vous ne l'étiez pas :

Il faut, en fait de femme, avoir l'âme bien neuve,
  Ou bien aimer à se jaunir le bec,
    Pour faire une pareille épreuve.
Cléarque assurément n'était pas un grand Grec.
  La chasteté des femmes et des filles
Est un fait que jamais il ne faut dévoiler :
    On courrait risque de troubler
    Les plus honorables familles.

Si le charlatan Misandre venait ici faire marché avec les brodeurs de la ville pour travailler sur une robe de gaze d'une pareille vertu, je ferais afficher cet avis au public sous le sien :

Brodeurs, ne vous amusez pas
A broder un tel canevas :
Votre propre honneur vous en prie.
Tout est ici frères, maris,
Et personne, en un tel pays,
Ne verrait votre broderie.

» Un mauvais brodeur ne risquerait pas grand'-chose à l'entreprendre : car il ne trouverait pas beaucoup de connaisseurs. Ce ne serait pas par exemple C**, votre voisin, ni F**, le nouveau marié, qui pourraient y trouver à redire; et puisque vous n'avez qu'un frère et point d'époux, je ne pourrais menacer l'ouvrier que d'un censeur. Adieu, ma cousine. Que n'avez-vous autant de tendresse pour votre amant que vous auriez de fidélité pour un époux ! C'est-à-dire que n'avez-vous autant d'amour que de vertu! Malheureusement, vous les croyez incompatibles. Je ne m'étonnerais plus, si cela était vrai, de passer si fort pour un dévot; mais non, ma belle fille, l'un n'anéantit jamais l'autre :

L'amour et la vertu peuvent s'accommoder :
Quand l'amour veut un jour se joindre à l'hyménée,
La vertu n'a plus à gronder.
Je veux à votre sort unir ma destinée.
Enfin, pour épargner cent discours superflus,
Avant la fin de cette année
Je serai votre époux ou je ne serai plus.
Rien au monde que vous ne me paraît aimable;
Je mets tout sous vos pieds pour être à vos genoux.
Dois-je vous être méprisable
Quand je méprise tout pour vous !..

A MA BELLE IRRITÉE

—

Enfin, mon aimable Baniche,
Vous m'envoyez donc faire fiche ?
Plus d'excuse, plus de pardon !
Que votre amant se pende ou non,
Hé quoi ! votre âme impitoyable
N'en démordra pas pour un diable,
Et je serai dans votre esprit
Toujours plus noir que l'Antechrist !
Enfin, voilà nos demoiselles !
Quand une fois elles sont belles,
Quand elles ont le pied sur nous,
Après qu'on a porté les coups,
Il faut encor payer l'amende !
Telle nous doit qui nous demande.

Ne vous fâchez pas, s'il vous plaît ;
Mais dites-moi : qu'avais-je fait,
Le jour fatal de ma débauche,
Quand, à notre première approche,
Votre bouche à mes compliments
Fit réponse des grosses dents ?
Vous mordez quand on vous chatouille :
On vous flatte et vous chantez pouille.
Dame ! il est vrai, je me fâchai :
Est-ce donc un si grand péché ?

Se fâcher n'est pas si grand'chose.
Du moins ne fût-ce pas sans cause.
Vous vous fâchâtes, vous, pour rien,
Et si je vous pardonne bien...
Je voulais vous fuir, inhumaine.
Je croyais rompre ainsi ma chaîne.

Mais de quoi m'osais-je flatter ?
Je reculais pour mieux sauter.
Mon cœur n'a cure de bien faire :
Je le prêche en vain de se taire,
De m'écouter, de vous haïr.
Las ! il ne veut pas m'obéir.
Votre importune et belle image
Lui fait jour et nuit peste et rage.
La cruelle partout me suit :
Elle vient jusque dans mon lit.
Foin ! dis-je souvent de la flamme,
De l'amoureux et de la dame !
Morbleu ! mon cœur, vivons en paix !
Au diable l'amour et ses traits !
Baniche est bien faite ; elle est belle,
Elle est... eh bien ! tant mieux pour elle !
Tant parfaite qu'il vous plaira,
Qui voudra l'aimer l'aimera.
Ce n'est que rigueur, qu'inconstance ;
Un rien la choque, un rien l'offense :
Et s'agit-il de l'apaiser,
Oh ! c'est le diable à confesser.
Quelle chaîne ! quelle galère !
Je ne retiens plus ma colère.
Cela ne serait-il pas beau

D'aller pleurer comme un grand veau,
Et dire : Hélas! je le confesse,
Oui, j'ai tort, ma chère maîtresse ?..
J'en serais, ma foi, bien plus gras.
Je crois qu'elle en ferait grand cas.
Et quand, contre mon espérance,
Je fléchirais son arrogance,
Peut-être qu'un moment après
Ce serait pire que jamais.
Non, non : perdons-en la pensée!
Crac! allons, ma chaîne est brisée!
Plus un soupir dorénavant
Ne m'échappera par devant.

C'est ainsi que l'amant propose ;
Mais l'amour autrement dispose.
On prend sa résolution :
Le hic est l'exécution.
Vouloir oublier une belle
Pour qui nous en tenons dans l'aile,
C'est vouloir, à ce que je sens,
Prendre la lune avec les dents.
Cette chère et charmante idée,
Dont l'âme est une fois guidée,
Malgré monsieur le raisonneur
S'enfonce plus avant au cœur.
Il n'est raisonnement qui tienne,
Baniche, il faut que j'y revienne.
Ainsi soit-il! M'y revoici :
Je me jette à votre merci.
Que votre main doucette et blanche
Taille, déchire, coupe, tranche :

J'y donne les miennes. Amour!
N'aurai-je pas la sienne, un jour?..

—

ETRENNES A MA COUSINE V***

Puisqu'à la noblesse elle en veut,
Grands Dieux, contentez-la ! Donnez-lui, s'il se peut,
Un époux du beau sang des Bourbons ou d'Autriche !
D'un comte ou d'un marquis qu'elle ait au moins la main!
 En tout cas, qu'un si beau terrain
 Ne reste pas longtemps en friche !
Pour moi, je ne souhaite à cet objet charmant
Qu'un mari complaisant, bien fait, beau, jeune et riche :
 Je lui souhaite, en un mot, son amant,
  Quoique le cruel me déniche.
Mais que du moins, après le sacrement,
 Il ait toujours le même empressement.
  Qu'il ne soit point amant postiche!
. . . .
. . . .
. . . .
Qu'il ait autant d'amour pour ce rare trésor
 Que l'avare en a pour son or,
  La cavale pour sa pouliche,
Que le cerf en septembre en ressent pour sa biche,
Et que pour elle, hélas! j'en ai moi-même encor!
. . . .
. . . .

. . . .
. . . .

    Dieux, à qui j'adresse ces vers
    Pesez-en bien chaque hémistiche ;
Mais du moins n'allez pas deviner de travers.
    Ce n'est ni Catin ni Catiche
    Pour qui je m'intéresse ainsi.

    Je ne vous recommande aussi
Ni Margot, ni Gotton, ni Babet, ni Babiche.
Si le français n'eût eu que sept rimes en iche,
Je n'aurais pas manqué de m'expliquer ici
    Par le moyen d'un acrostiche.
Mais pour savoir l'objet de mes vœux pleins d'ardeur,
Interrogez l'Amour et lisez dans mon cœur ;
    Vous y verrez écrit : Baniche.

ÉTRENNES A MADEMOISELLE P***

Depuis sept mois que j'ai l'honneur de vous connaître
Sans vous avoir encore osé faire paraître
Le chemin qu'en mon cœur votre mérite a fait,
Je crois que c'est assez écouter le respect.
Ce respect voudrait bien que je me tusse encore
Et que, souffrant en paix le feu qui me dévore,
Je n'osasse jamais, jusqu'à mon dernier jour,
Prendre la liberté de vous parler d'amour.

L'honneur et la vertu peints sur votre visage,
Auprès d'un père aimé votre juste esclavage,
La crainte d'offenser ce père autant que vous
Et de ne m'attirer que haine et que courroux,
De vos mépris enfin la triste prévoyance,
Tout cela m'a sept mois fait gémir en silence,
Et, sans oser parler, m'ordonnant de souffrir,
Vous a fait respecter en me faisant mourir.

Mais à ce premier jour de la nouvelle année,
Où mon cœur en faveur de votre destinée
Fait mille vœux tandis que vous n'y songez pas,
Je n'y puis plus tenir et je franchis le pas.
J'ai recours à ma plume, et, perdant toutes craintes,
Je vais vous faire entendre et mes vœux et mes plaintes.

Tout-puissant Créateur qui formas sa beauté,
Fais éclater pour elle à jamais ta bonté !
Accompagne les jours de l'aimable Nanette
D'une prospérité, d'une santé parfaite.
Eternise l'éclat de ses divins attraits ;
Empêche que les ans les ternissent jamais.
Songe que ses beaux yeux, sa gorge, son visage,
De tes savantes mains sont le plus bel ouvrage ;
Et que tous ces appas qui s'y font admirer
Annoncent ta puissance et t'y font adorer.
Quoi ! sa taille élevée avec tant d'avantage
Ressentirait un jour les injures de l'âge !
Et de son teint fleuri la brillante couleur
Serait aussi soumise à la même rigueur !
Non. Quoique ce malheur par la loi naturelle
Soit encor de trente ans au moins éloigné d'elle,

*De son heureuse vie en prolongeant le cours
Conserve sur son front les ris et les amours !
Mais si jamais son cœur s'abandonne et s'engage
Avec l'aveu du père aux nœuds du mariage,
Si bientôt de ce père un choix judicieux
La met entre les bras d'un époux trop heureux,
Que ce soit un époux... Hélas ! que veux-je dire ?
A ce nom d'un époux je me tais, je soupire...
Que cet époux soit, dis-je, époux toujours amant,
Aussi soumis après qu'avant le sacrement ;
Qu'il ait toujours pour elle une tendresse extrême ;
Qu'il soit tel, en un mot, que je serais moi-même !*

A MADEMOISELLE **

En lui envoyant un recueil de chansons tendres

*Fière et douce Divinité
Dont les cruautés sont chéries,
Toi dont les flèches ont porté
Tant de trépas et tant de vies ;
O Dieu dont je suis animé,
Aimable Amour, Amour aimé,
Tyran dont j'aime la victoire,
Jette un favorable coup d'œil
Sur un amant qui, pour ta gloire,
Va travailler à ce recueil !..*

Chloris, bel objet de mes vœux,
Pesez, en lisant cet ouvrage,
Sur ses préceptes amoureux,
Et devenez plus ou moins sage.
Plus sage en vous en souvenant,
Et moins sage en vous oubliant.
Quoique l'honneur vous le défende,
Amour le veut, Amour l'entend :
Ecoutez ce qu'il vous commande,
Et non pas ce qu'on vous défend.

DÉSESPOIR AMOUREUX

Sombre bois dont l'aspect noircit mon désespoir,
Sois témoin des fureurs que tu fais concevoir.
Fais taire tes oiseaux. Leur importun ramage
Ne fait qu'aigrir un cœur qui respire la rage,
Et tous les sentiments que peuvent inspirer
Des feux infortunés qu'on n'ose déclarer.
Rocher, écoute! J'aime... Ah! tais-toi, téméraire!
Oserais-tu nommer cette beauté sévère
Qui, d'un rang et d'un sang trop supérieur au tien,
N'en croit pas même au monde un autre égal au sien?
J'aime, j'adore, Echo ; je souffre le martyre.
Mais c'est là, chère Echo, tout ce que je puis dire.
Cet amour ne saurait finir qu'avec l'amant.
Voici l'amant encore! et c'est là mon tourment.

Rocher trop insensible aux larmes que je verse,
Laisse tomber sur moi les cieux que ma voix perce.
Lance-moi, du dessus de ton affreux coupeau,
Une masse qui soit ma tombe et mon bourreau.
Ciel, es-tu sans fureur? Ne te peux-tu résoudre
A décharger sur moi tes éclairs et la foudre?
Mon corps gémirait moins du poids de tes fléaux
Que mon âme ne fait sous celui de mes maux...
Car je me sens mourir; ma torture redouble,
Mon cœur et mon esprit, tout mon être se trouble;
Un transport infernal m'anime et me ravit;
Je me vois entouré d'une lugubre nuit.
Que ces nouveaux endroits qui s'offrent à ma vue
Sont dignes des fureurs dont mon âme est émue!
Rage, dont mon cœur est le jouet malheureux,
Arrête mon esprit dans ces funèbres lieux!
Peins-moi sous un rocher une sombre caverne
Pareille à celle d'où l'on descend dans l'Averne.
Que l'orfraie à mon gré frappe de temps en temps
Ces muettes horreurs de ses cris éclatants!..
Oui, voilà bien l'enfer! Je suis où je souhaite!
Epanchez-vous, mon âme, et soyez satisfaite!
Lieux, que je ne vois pas, épaisse obscurité,
Qui me cachez du ciel l'odieuse clarté;
Réceptacles affreux d'un amant misérable,
En butte à tous les traits d'un sort inexorable,
Resserrez-vous au bruit de mes emportements,
Ne vous laissez pas fendre à mes gémissements...
Que vois-je? Dorimène!... Ah! fuyons!... Sa présence
Ne ferait qu'augmenter sa gloire et ma souffrance.
Regagnons le chemin que je m'étais ouvert,
Et courons nous cacher au fond de ce désert!..

NOTICES AUTOGRAPHES DE PIRON

CONCERNANT SES RELATIONS

AVEC FRÉRON ET L'ABBÉ DESFONTAINES.

PIRON ET FRÉRON (1)

…..Fréron et moi nous en étions ensemble à ces termes (2), quand il s'avisa de maltraiter dans ses feuilles M. Lebrun, homme de mérite et d'esprit, connu par de très-bons ouvrages en vers. Celui-ci, n'entendant pas raillerie comme moi, s'en vengea par un écrit sanglant, dans lequel, entre autres petites personnalités, il en faisait un voleur ; et, pour appuyer ce qu'il avançait, abusant un peu des circonstances, il disait, dans une note à la marge,

---

(1) Cette *Notice*, complétement inédite et écrite toute entière de la main de Piron, est placée à la fin d'un recueil qui renferme trente-deux épigrammes dirigées contre Fréron. Nous la donnons séparément ici, parce que nous ne publierons pas toutes les épigrammes. On lira certainement avec intérêt cette *Notice*, de même que la suivante, qui est relative à l'abbé Desfontaines. Ces deux pièces contiennent des révélations piquantes, et font connaître au vrai la nature des relations qui se sont établies entre Piron et les deux plus âpres critiques du xviiie siècle.

(2) C'est-à-dire qu'à ce moment, Piron avait fait, en huit jours, trente-deux épigrammes contre Fréron.

que Fréron m'avait comme volé une boîte d'or dans ma poche.

Le fait était que, bien des années auparavant, me trouvant à table chez M. S***, où était aussi Fréron, je tirai de ma poche une fort jolie tabatière. Elle était, à la vérité, montée très-artistement en or ; mais elle ne consistait qu'en deux morceaux de porcelaine de Saxe, dont l'un, façonné en cuvette, faisait le fond, et celui qui formait le dessus était enjolivé en dedans d'une peinture fort agréable. Ce n'était donc, au vrai, qu'une jolie breloque, et bien éloignée de ressembler à ces boîtes presque en lingots qu'une certaine sorte de gens aiment à faire briller dans leurs mains, ou à sentir lourdement ballotter dans la poche de leur justaucorps. On fut curieux de la voir de près, et, de mains en mains, elle parvint à Fréron, qui l'examina longtemps, et la louait si fort outre mesure, que je me crus dans l'obligation de lui dire qu'elle était bien à son service. Il ne fit point le sot, l'accepta très-obligeamment, et la serra, puis parla d'autre chose.

La compagnie ne se trouva pas d'humeur de penser de notre façon. Elle murmura tacitement, jusqu'à ce que M. Melot, bibliothécaire des manuscrits, qui était à côté de Fréron, portant nos procédés impatiemment comme les autres, enleva la boîte de la poche de Fréron, me la rendit, et, secondé de toute la ronde, força ma résistance et me réduisit, pour avoir la paix, à céder au moment, et à la reprendre : ce que pourtant je n'aurais jamais fait si je n'avais réfléchi sur la facilité que j'aurais de la roffrir tôt ou tard à mon aise. En effet, au sortir de chez M. S***, me trouvant seul à seul aux Tuileries avec l'ami Fréron, après m'être plaint vivement de la violence qu'on m'avait faite, je le priai de si bonne grâce de m'en venger en daignant, une seconde fois, accepter cette bagatelle, qu'il n'osa m'éconduire.

A mon retour chez moi, je racontai mon aventure. Ma femme, qui m'avait su attaché à ce joujou à cause de sa gentillesse et de la main dont je le tenais, alla, à mon insu, chez Prault, alors le libraire de Fréron, pour l'engager, moyennant huit louis qu'elle lui remit, à en négocier le rachat, sans me commettre. Prault ne put joindre son homme que trois ou quatre jours après, en bel habit d'écarlate. Il y venait trop tard. Cet habit provenait de la vente que Fréron avait faite de la tabatière au valet de chambre de M. le duc de Valentinois, qui sans doute y gagna quelque chose en la revendant à son maître, extrêmement curieux des moindres raretés. Jusqu'ici il peut bien y avoir quelque légère indécence dans la conduite de Fréron ; ce qui passe un peu l'indécence, c'est que le même jour qu'il eut affaire à Prault, il publiait une feuille contre ma pauvre *Louisiade*, à laquelle, en riant, j'ai répondu quinze ans après sous le titre d'*Anecdote comique et littéraire*, dans le second volume de mes œuvres, qu'a cruellement satirisées ce galant homme, depuis payé des trente-deux épigrammes précédentes.

Nous étions donc ensemble à ces termes, comme j'ai d'abord dit, quand M. Lebrun, offensé, publia sa brochure véritablement un peu trop vive. Fréron n'est point ici un voleur. Il s'en faut de tout. Dans le titre *De acquirendo rerum dominio*, les *Institutes* nous apprennent que rien n'est mieux acquis que les choses données. Que dire donc des choses données et redonnées? Rien ne sent moins son vol. Aussi le donataire à ce double titre, entendant encore moins raillerie que son adversaire, et peut-être entendant encore moins ses intérêts, prit le parti violent de le poursuivre criminellement et en réparation d'honneur.

Dans cette belle et ridicule intention, il prit sur lui, malgré les termes où nous en étions, de venir chez moi accompagné de deux témoins, pour me sommer, le plus poliment qu'il put, d'attester la vérité. Je m'en fis un plaisir; il s'en glorifia devant ses deux assistants, et me pria de faire une lettre ostensive, où je déduirais le fait, et qu'il produirait au public dans sa feuille, et en justice dans le procès. Je la lui promis pour le lendemain. Il me quitta pénétré de ma bonhomie, et dit, les larmes aux

yeux, à ceux qui l'accompagnaient et qui me l'ont
redit, qu'il ne se pardonnerait jamais d'avoir maltraité un tel homme dans ses écrits. Mes épigrammes
avaient peut-être autant de part à son repentir que
ma courtoisie.

Le lendemain, je tins parole. La lettre ostensive
lui parut trop circonstanciée en quelques endroits.
Il me pria d'en faire une plus simple et plus sérieuse. Je le satisfis pleinement, ou du moins de
mon mieux. Cette lettre n'a paru ni dans ses feuilles
ni sur le papier timbré. Des gens charitables le détournèrent apparemment, comme j'avais voulu faire
moi-même, du dessein qu'il avait de conclure judiciairement à des dommages et intérêts. Peut-être
aussi les quinze ou vingt représentations de *l'Écossaise*, qui parut alors, où Voltaire, en le désignant
dans le personnage de Waps, prenait contre lui les
mêmes libertés que Palissot avait prises contre les
philosophes ; peut-être aussi, dis-je, ces nouvelles
hostilités, jointes à mille autres que lui attirait le
besoin de vivre *per fas nefasque*, portèrent-elles
ses attentions ailleurs. Je n'entendis plus parler de
lui qu'à la mort de sa femme, qu'il me favorisa d'un
billet d'enterrement. Cette marque de souvenir, de
la part d'un homme avec qui je n'avais eu nulle
autre sorte de commerce que celui qu'on vient de
voir, me parut une politesse qui en exigeait une
autre. Je lui écrivis la lettre suivante :

« Ce samedi 19 juin 1762.

» Je prends, Monsieur, toute la part possible à la perte que vous venez de faire et dont m'instruit le billet funéraire qu'on a eu l'attention de m'apporter. C'est une tendre épouse que vous perdez, mais, qu'après tout, vous ne perdez qu'à moitié puisqu'elle revivra sous vos yeux dans les enfants qu'elle vous laisse. Ils feront votre consolation, ne fût-ce que celle qui vous a fait partager avec un roi les honneurs de la paternité.

» Quand vous recevrez, pour mon compte, un billet tel que celui qui donne lieu au mien, souvenez-vous de moi comme de quelqu'un qui, à de petites guerres près, aura été toute sa vie, de la meilleure foi du monde, Monsieur, votre très-affectionné serviteur.

» PIRON. »

Il me répondit précisément un mois après, le 19 juillet 1762 :

« Pardonnez à ma douleur, Monsieur, si je n'ai pas répondu plus tôt à la lettre d'amitié que vous m'avez fait l'honneur de m'écrire sur la perte affreuse que j'ai faite. Je suis si accablé que je n'ai ni l'esprit assez présent, ni le cœur assez calme pour répondre comme je le désirerais à tous les témoignages de sensibilité que j'ai reçus en cette triste circonstance. Le vôtre, Monsieur, m'est extrêmement cher, et me pénètre de la plus vive reconnaissance. Je suis, avec l'attachement le plus respectueux, Monsieur, votre, etc...

» FRÉRON.

» Oserai-je vous prier de présenter mes hommages à mademoiselle votre nièce ? »

RÉPONSE, DU MÊME JOUR :

« Les personnes aussi justement affligées que vous, Monsieur, sont dispensées des grimaces de toutes cérémonies. Le mot que je vous écrivis dans le temps n'exigeait aucune réponse. Celle que vous venez de me faire n'est donc que l'effet d'une politesse trop attentive. Elle m'a surpris comme quelque chose d'imprévu de ma part, et comme quelque chose aussi de très-gratuit et de très-surérogatoire de la vôtre. Je vous remercie pourtant de cette occasion de vous renouveler l'assurance des mêmes sentiments que je vous exprimais dans mon billet. Je n'ai qu'une seule et stable façon de penser sur la belle et douce humanité, si vantée, si digne de l'être, et si mal pratiquée. En fait de badineries littéraires, c'est autre chose : je varie selon les circonstances, ainsi que vous. *La Métromanie*, sur laquelle vous vous êtes tant réclamé, ne vous en a pas imposé sur tous mes autres ouvrages, ni ne vous a pas empêché de les réprouver. Gardons nos principes; et croyez, Monsieur, que je suis toujours, comme je vous l'ai dit, de la meilleure foi du monde, votre, etc...

» PIRON. »

Voilà tout ce qu'en ma vie j'ai eu de relations avec ce petit Scudéri de notre petit siècle. Excepté, toutefois, que, longtemps auparavant tout cela, en ...., le pauvre malheureux ayant outragé le pacifique Fontenelle, et madame T***, puissante amie de celui-ci, l'ayant fait menacer d'une lettre de cachet, il me vint implorer avant de s'aller mettre à couvert. Je fis sa paix et lui mandai qu'il pouvait reparaître; sur quoi il m'avait écrit cette lettre que je viens de retrouver, et qui existe...

(*La lettre dont il s'agit n'a pas été transcrite par Piron, qui finit ici sa narration*).

PIRON ET L'ABBÉ DESFONTAINES (1)

L'abbé Desfontaines, apôtre du goût sans autre mission, non plus que Fréron, son disciple, que son besoin de vivre et son penchant à nuire, avait fait main-basse partout et tout déchiré, depuis M. de Lamotte jusqu'à l'abbé Leblanc. Il était aux égards encore pour moi, sans que j'en connusse la raison, quand un jour il vint exprès chez moi pour me dire qu'il allait mourir de faim ; que tout tombait dans l'inaction ; que tous les auteurs se faisaient censeurs royaux ; que les libraires n'étaient tous que des poltrons, des fripons et des ânes ; qu'en un mot, il ne savait plus où tirer un coup de fusil ; conclusion : puisqu'il ne paraissait plus rien de nouveau, il venait, me connaissant moins scabreux que tout autre, me prier, faute de nouveautés, de

(1) Inédite et entièrement de la main de Piron, cette *Notice* est placée, sous le titre d'*Avertissement*, en tête de cinquante-deux épigrammes dirigées contre l'abbé Desfontaines, et dont quelques-unes seulement sont connues. Nous avons extrait des autres celles qui nous ont paru devoir être conservées.

ne pas trouver mauvais qu'il s'égayât sur mes ouvrages connus.

— De tout mon cœur, lui répondis-je ; grand bien vous fasse, Monsieur l'abbé ! Grêlez sur le persil ! tombez sur moi ! Taillez, coupez, tranchez ! on ne refuse pas une permission de chasse à qui ne tire sa poudre qu'aux moineaux.

Il s'arrangea sur cette belle indifférence et me mit en pièces dans ses feuilles. J'y fus traité d'auteur sans goût, sans art, sans style, sans délicatesse, etc. Je l'avais laissé le maître ; il pouvait me tondre jusqu'à la peau, exclusivement, sans que j'eusse envie ni droit de me plaindre. Aussi ne remuai-je pas, et n'eussé-je pas remué sans une vive écorchure qui me pinça jusqu'au vif.

Il parut une nouvelle édition des œuvres du célèbre J.-B. Rousseau. Son métier était d'en parler. Il en rendit compte, et, plus pour mortifier Voltaire, que par aucun amour de la vérité, se répandit fort en louanges sur l'ouvrage. Ensuite, pour enfler commodément sa feuille, il en cita le plus d'endroits et les plus longs qu'il put ; entre autres une lettre de ce poëte à M. Racine fils, écrite de Bruxelles, où j'étais alors. Rousseau y parle de moi en ces termes :

« Je possède ici, depuis quelques jours, un de mes compatriotes au Parnasse, M. Piron, que le ciel semble m'avoir envoyé pour passer le temps agréablement. M. Piron est un excellent préservatif contre l'ennui ; MAIS il s'en va dans huit jours, et je vais retomber dans mes langueurs, etc. »

L'abbé s'arrêta à MAIS, suivi d'un malin etc. J'en aurais ri encore ; mais tant d'honnêtes gens m'en firent sentir le venin, que je pris feu (1). »

(1) Pendant longtemps, Piron décocha chaque matin une épigramme contre l'abbé Desfontaines, auquel il l'apportait lui-même.

LETTRES

DE

PIRON A DIVERS

LETTRE XVIII

A RIGOLEY DE JUVIGNY

» Ce samedi, 30 juin 1753.

» Rien n'est plus ingénieusement tourné, Monsieur, que le compliment que vous me faites sur ma prétendue disgrâce. Esprit, gaîté, bonté, malice, vérité, fiction, tout en est. Le nom de Voltaire est parfaitement à la place de celui que vous n'avez pu déchiffrer. Qu'il y reste jusqu'à ce que je l'en ôte ! Il y a pourtant un article de votre Décalogue qui me devrait faire trembler, c'est quand, en parlant d'Apollon, vous dites :

> *Dans tes écrits l'honoreras,*
> *Pour que tu vives longuement.*

» Supposez un moment que ce Dieu pense comme M. de Mirepoix et me croie l'auteur de l'*Ode à Priape;* et souvenez-vous des quatre premiers vers de cette maudite ode. Ne me voilà-t-il pas bien en cour ! Plus de longue vie pour moi. Mais après tout, à mon âge, on en doit avoir sa suffisance. A la fin de ma carrière, je n'ai de regret qu'à la perte d'un commerce aussi aimable que le vôtre et dont j'ai si peu joui. Je l'envie à ceux que vous en gratifierez. Ils trouveront en vous, Monsieur, tout ce qu'on cherche : jugement, esprit, gentillesse et franchise. Aimez-moi un peu, s'il vous plaît, et conservez-moi l'honneur de votre souvenir dans tous les temps. Vous aimerez un bonhomme et votre admirateur.

» PIRON,

Quarante et unième. »

LETTRE XIX

« Ce mardi matin (1).

» Nous, ma bonne amie, sommes arrivés dimanche à cinq heures précises en parfaite santé. Je m'étais levé trois fois depuis minuit pour être douze heures auparavant tout juste à la porte de la fille chez qui tout ronflait, excepté Roliche à qui les

(1) Dans cette lettre, adressée à mademoiselle de Bar, ainsi que les trois suivantes, Piron rend compte de l'un de ses voyages à Saint-Ouen, chez l'abbé Legendre. Piron a fait une description délicieuse de cette retraite dans sa charmante épître à mademoiselle Chové. Voir ses *Œuvres complètes*. Cette jolie pièce avait été attribuée à Voltaire, qui s'en défendit.

coups de marteau à la porte de la rue faisaient faire un bruit de diable en dedans. On m'ouvrit enfin. Il ne fut plus question que d'envoyer éveiller mademoiselle Aubry, qui fit si bonne diligence, qu'à huit heures sonnantes, nous démarrâmes de la rue du Petit-Lion.

» Pour première aventure, tout en entrant dans la rue Saint-Denis, le strapontin qui gémissait sous les f..... de la bergère et de madame Grou (1), céda à la force, enfonça, et nous vîmes tout à coup nos deux dames la tête sur les genoux et le derrière emboîté dans le fond du banc. Cet accident nous fit faire fouetter chez le loueur de carrosses, où, après deux grandes heures de ferraillements, nous remontâmes pour avoir la même scène au milieu des champs, à quatre lieues de Paris. On y pourvut encore comme on put. Ensuite, on sépara les deux tours (2); la fille (3) et moi nous les précédâmes, et le carrosse, un peu mieux lesté, roula heureusement jusqu'à la bonne *abbaye de Thélème*, où nous voici trois poules et deux coqs en pâte pour quinze jours.

» Mes petites vacances débutent le plus agréablement du monde, et j'en augure bien. Voilà deux

---

(1) Dans une lettre à l'abbé Legendre, du 16 octobre 1730 (voir le IVᵉ volume des *Mélanges des Bibliophiles français*), Piron s'égaie de nouveau sur la rotondité de madame Grou, etc.

(2) Madame Grou et mademoiselle Aubry, sans doute.

(3) La domestique de l'une de ces dames.

jours de suite que j'ai passés très-sagement. J'ai vu les naufrages du port. Le prieur (1) à table est une des plus belles rivières du monde ; et l'eau fait aller comme elle peut la machine de Marly. Je jouis d'une parfaite santé. Je ne pus me retenir de lire hier à mon supérieur ce que j'ai fait de mon conte. Charmé. Continuons. Mais je ne parle que de moi. Comment se porte le moineau que vous devez lâcher dès qu'il sera guéri ? Le petit chat que vous devez donner incessamment ? Lialia ou Kiaia dont je ne me soucie point ? Luc qui ne se soucie pas plus de vous ? Quand vous m'aurez expédié sur ces grandes affaires, vous me direz de vos nouvelles. Je ne dormirai guère jusque-là ; je le sens déjà, malgré la fermeté dont j'étais convenu avec vous en partant. Je porte moi-même ma lettre à Tournan, pour plus d'assurance. Adieu, bonjour et bon vêpre ! Dieu vous garde et notre amie mignonne !

(1) Piron appelle l'abbé Legendre tantôt le Prieur, tantôt mon Supérieur. Nous ignorons, du reste, le sens de cette plaisanterie, où Piron fait intervenir les rivières et la machine de Marly ; mais dans une lettre datée de Rouen, le 7 novembre 1728, et adressée à l'abbé Legendre (la première du IVe vol. des *Mélanges des Bibliophiles*), Piron reproduit les mêmes mots sous une forme différente, mais transparente cette fois : « Qui dit machine de Marly ne dit pas rivière; et les enfants d'Apollon ne sont pas tous des poètes. »

LETTRE XX

« A Saint-Ouen, le jeudi 19 (1).

» Quoique vous m'ayez donné si cruellement du dessous, je ne puis désavouer, ma chère tante, que vous n'ayez excellemment bien jugé. Salomon ne vous va qu'au gras de la jambe, et le grand Pantagruel ne décida pas plus sagement entre messieurs Baisecul et Humevesne (2). Je ne sais s'il y a des Baisecul parmi nous; mais, grâce à Gougou (3) et aux soins de la fille et de la bergère qui l'ont crevé de mangeaille, nous avons tous l'honneur d'être des Humevesne. Vous ne sauriez croire combien cette peste est suave à mon odorat, parce que c'est, à chaque voyage, l'avant-coureur du retour. Ce vent favorable commence le dix ou onzième jour à souffler, et mon cœur vole déjà sur les ailes de ces zéphyrs. Dans quatre ou cinq jours, sans faute, le reste de moi vous embrassera; je vous porterai deux bouteilles de vin joyeux, un gâteau et une bonne âme aussi neuve de sentiment que si elle n'était qu'à son début. Apprêtez-vous à bien recevoir tout cela.

(1) Voir page 94, la lettre à laquelle celle-ci répond.
(2) Personnages du livre de Rabelais.
(3) Le cheval, vraisemblablement.

» Je suis très-content de mon voyage. J'ai été jovial, sobre, laborieux et grand fripon au jeu. On vous fera de grandes plaintes de moi là-dessus. Le brave péré Priou redouble d'amitié tous les jours, et, franchement, il m'en faudra venir à l'aimer autant que vous, par la bonne raison qu'il songe aussi sérieusement à vos intérêts qu'aux miens et qu'aux siens propres. Sa générosité fait tous les jours des plans avec la fille, pour subvenir aux revers que nous pouvons craindre, vous et moi, de l'avenir. Ainsi, ma chère tante, ces petites chimères, jointes aux miennes, vivez en repos et ne songez qu'à rire et boire. J'ai bien des choses curieuses à vous conter à mon retour ; mais d'abord je commencerai par guigner et vous forcer à guigner la copie que j'ai faite. J'en ai même encore commencé une qui sera, je crois, celle de M. de Livry. Je rêve à mon Épître, au bienfaiteur inconnu (1). J'ai ôté Christierne (2) du dénouement, et

(1) Le marquis de Lassay, qui, sous le voile de l'anonyme, avait constitué à Piron une rente viagère de 600 livres. Piron, qui lui a adressé, en forme de remerciement, plusieurs épîtres contenues dans ses *OEuvres complètes*, n'a jamais pu parvenir à connaître son nom, qui fut révélé après sa mort à Rigoley de Juvigny, par la personne à laquelle le marquis de Lassay avait remis les 2,000 écus formant le capital de ladite rente viagère.

(2) Roi de Danemarck et de Suède, personnage de la tragédie de *Gustave Wasa*, pièce à laquelle Piron donnait alors la dernière main, et qui, finie dans les premiers mois de 1731, ne put être représentée que deux ans après, par suite des intrigues de Vol-

je suis très-content de la façon dont j'ai fini. J'en ferai ma cour à M. de Nevers. J'ai conservé l'apostrophe que m'avait conseillé l'abbé Ditalie, et je crois tout cela à merveille.

» Mais laissant là toutes ces bagatelles, je vous dirai que j'ai fait quelque chose de plus important que tout cela. J'ai achevé toutes les découpures que j'avais apportées ; ainsi je me réjouis de m'acharner à celles que vous aurez reçues de Strasbourg et dont vous ne m'avez rien mandé. Après les nouvelles de mes oiseaux, Loulou et vous, c'est ce que j'ai le plus d'impatience d'apprendre. Nous n'avons point eu La Bertauderie, et je n'en suis jà trop fâché. On nous écrit de grandes choses du parlement. Les chenilles continuent de manger nos feuilles et les pique-bois nos troncs. On a mis bas le plus bel arbre du bois pour faire ce qu'on appelle un arbre à notre moulin. On va faire un colombier de notre charbonnier. Nous mangeons des salades toutes vives, des fraises à bauge (1), des levrauts, des écrevisses, des jambons sans pair à tranches épaisses, du pain de cuisson friand. Nous sommes en vins comme vous en café ; on coupe les foins ; Pluche devient telle qu'on n'en peut chevir ; ma montre va comme le soleil ; je porte mes bas de

taire. Voyez la LVe lettre du IVe vol. des *Mélanges des Bibliophiles français*.

(1) *A bauge*, c'est-à-dire en abondance.

soie à reculons pour leur rendre tout leur lustre. Mes cheveux frisent. La semelle de mes souliers s'use. Je rajeunis. Je vous embrasse de tout mon cœur.

—

LETTRE XXI

« Je vous prie, ma chère amie, de me donner incessamment de vos nouvelles. Je suis inquiet de votre santé, aux chaleurs excessives qu'il fait ici. Pour moi, je suis mangé des mouches, et je dois leur paraître un fort bon manger; car je suis cuit bien à point, avec une peau rissolée à faire plaisir. Je m'attends à rester seul tant que cette chaleur durera; je ne conçois pas que les princesses s'exposent au voyage, non plus que le comte (1). J'espère beaucoup de mes petites entreprises. La solitude m'inspire assez bien, et nous goûterons encore de quelques succès. Souvenons-nous, dans le temps, de mieux jouir que nous n'avons fait cette fois-là. Vous serez peut-être lasse d'être malade et de ne vous soucier de rien. Je ne me soucierais moi-même de rien ni de tous les beaux succès du monde si je savais que tout dût aller comme il a été à mon

(1) Mlle Quinault, Mlle Balicourt et le comte de Livry.

dernier triomphe. L'ouvrage prochain ne saurait commencer sous de meilleurs auspices. Je n'ai guère été plus tranquille en ma vie; à votre éloignement près, je jouis d'une parfaite quiétude. Je suis en paradis. On ne fait point de bruit la nuit au-dessus de ma tête. Je ne reçois pas la moindre visite importune le matin; je n'en ai point à faire le reste de la journée. Je m'amuse, je m'occupe, et je trouve la fin de la journée une fois plus tôt qu'à Paris, quand vous étiez à Verderonne. Enfin, je vous souhaiterais quelques jours de vie pareille à celle que je passe. Je vous prie de me combler en m'apprenant que vous vous portez bien. Vous aurez aussi la bonté de me mander comment se porte mademoiselle Cronier, pour qui ces chaleurs-ci arrivent très-mal à propos...

(*La fin de la lettre manque.*)

LETTRE XXII

« Ce samedi matin.

» Je reçois dans le moment le billet et les compliments dont on m'honore. Voilà comme le ciel mélange nos bons et nos mauvais moments! En même temps, on m'apprenait que le souverain tribunal de la comédie me condamnait aujourd'hui à être enterré tout vif, sans m'avoir mis auparavant ni écouté sur la sellette, et sans autre crime que d'avoir été traîné mercredi par les cendres. De sorte que ces messieurs, après avoir inutilement allongé mes travaux d'un quart, auront raccourci ma petite gloire d'un tiers ; et tout cela à titre de bons et loyaux amis qu'il faut que je remercie, sous peine d'ingratitude. Peut-on, sans lisière, être mieux mené en

» BINBIN ! »

LETTRE XXIII (1)

« Ce samedi.

» Le rameau d'olive soit à Livry, aussi bien que le laurier d'Amyclus est dans mon vaisseau ! (Amyclus était un roi de Bithynie, sur le tombeau duquel il vint un laurier de telle vertu qu'il suffisait qu'il y en eût une branche dans un vaisseau pour que tout l'équipage fût en combustion. La querelle durait jusqu'à ce qu'on jetât le laurier dans la mer. Ce

(1) Cette lettre, évidemment adressée au comte de Livry, paraît avoir été écrite par Piron alors qu'il était marié et du vivant de sa femme.

laurier a étrangement poussé : ce monde est perdu à travers ses branches. On ferait une jolie petite pièce intitulée *le laurier d'Amyclus*. La servante de Pilate jouerait le grand rôle. Comme elle se plaisait, dit-on, dans le désordre, elle mettrait du laurier partout ; il n'y aurait pas jusqu'au souffleur et aux violons qui ne prissent bruit avec les acteurs, et le parterre avec les loges ; en sorte que ce serait l'exempt qui dénouerait en faisant balayer les branches de laurier) !

La parenthèse est assez longue. Je dis donc vive la joie à Livry, comme le bruit est dans mon petit ménage, et cela parce que j'ai avoué que, dans ma dernière lettre, j'avais omis de faire mille compliments respectueux dont on m'avait très-expressément chargé. Je commence par faire ceux dont on me charge encore de plus belle, de peur que ma bavarderie ne me mène au bout de mon papier avant que d'avoir obéi. Nous recevons tous les jours des nouvelles de notre plus précieuse santé ; et si la joie guérissait de la rétention, j'en serais déjà le témoin oculaire et je ne parlerais non plus de m'en aller que le chien de M. Deroussy, malgré les mauvais propos que j'ai essuyés sur mon caractère inquiet qui, à ce qu'on croit, mettrait même en paradis des œufs de fourmis sous mes pieds. Mais mon infirmité me séquestre de toutes les joies de ce monde, et pourrait bien aussi me séquestrer des joies de l'autre, à force de me faire jurer quand je songe à ce que je perds. Je me console en apprenant tous les jours que nous approchons de plus en plus d'un *Te Deum*.

A ce propos, je conterai ce qui se débite ici sur le compte du gouverneur du Languedoc (1). On dit qu'il y exige tous les honneurs dont se fût avisé l'ambition du cardinal de son nom. Canons, visites, harangues, *Te Deum* : il ne vit plus que de cela. Un vieux chanoine, à la tête d'un chapitre condamné à le venir haranguer, lui a demandé comment se portait le roi? Le duc, surpris de cette question familière, est resté muet et interdit. Le prêtre recommença : —M. le duc, je vous demande comment se porte le roi ? — Fort bien, a dit brusquement M. de Richelieu. — Le chanoine alors se retournant vers le chapitre : —Vous entendez, Messieurs, les nouvelles que monsieur nous donne de la bonne santé du roi. Allons en rendre grâces à Dieu par un *Te Deum*, où M. le gouverneur nous fera sans doute la grâce d'assister. — Ainsi fit-il, quoiqu'il eût demandé ce *Te Deum* pour lui-même.

Pour la pauvre *Mélanide* (2), elle ne demande

---

(1) Le maréchal duc de Richelieu.
(2) Comédie en cinq actes de La Chaussée, jouée en 1741. Piron, comme on sait, appelait cet auteur, créateur du genre larmoyant au théâtre, le *révérend père La Chaussée, prédicateur du*

plus que des *De profundis*.. On l'enterre aujourd'hui. Il ne s'en faut guère que ce ne soit avec la réputation de l'auteur. Voilà ce qui arrive aux plus pressés. Quelle obligation n'avons-nous pas à ceux dont les bienfaits nous permettent de nous appuyer des forces du temps! Nos poëtes auraient dû asseoir le temps au haut de leur Parnasse, au lieu de leur flasque amant de Daphné, qui ne mériterait d'autres offrandes que les petits couteaux de M. Dudicourt. Il y a un mariage sur le tapis entre M. de Montsoreau et mademoiselle de Gamache. En voilà la première nouvelle pour bien du monde; car cela est tenu extrêmement secret. M. de Montsoreau n'a que des filles et veut avoir de quoi faire aiguiser les petits couteaux de M. Dudicourt. »

saint vallon. Voici le couplet épigrammatique qu'il fit à l'occasion de cette même *Mélanide* :

Air de *Joconde :*

Connaissez-vous sur l'Hélicon
L'une et l'autre Thalie ?
L'une est chaussée et l'autre non ,
Mais c'est la plus jolie.
L'une a le rire de Vénus,
L'autre est froide et pincée.
Salut à la belle aux pieds nus !
Nargue de la chaussée !

LETTRE XXIV

LETTRE DU GRAND MOGOL.

A MADAME DE TENCIN

En lui envoyant pour étrennes une balance en émail où elle était représentée seule du côté qui penchait ; et de l'autre, Junon, Minerve et Vénus, avec leurs attributs.

« A Agra, l'an de l'Hégire 1158.

» Vous, madame, qui savez tout, vous n'ignorez pas sans doute la coutume de mon peuple, qui, tous les ans, à pareil jour que celui-ci, ne manque pas de mettre son roi dans la balance, et de le peser pour en tirer un présage assuré d'une année fertile ou non, selon l'accroissement ou le déchet de sa corpulence. Vos sages de là-bas en rient et n'en sont peut-être pas plus sages pour cela. Chaque nation, comme ses usages, a ses goûts et ses raisonnements particuliers. En fait de rois, l'une les veut grands, l'autre les veut gros ; vous voulez, vous autres, qu'ils aient les bras longs, et nous, qu'ils aient le ventre large. Vous voulez que de dessus leurs trônes ils atteignent de loin ; nous, qu'y étant assis, de leur rotondité ils remplissent bien le dedans. En voici la raison. N'est-il pas vrai que les peuples ne souhaitent rien tant que l'abondance? Or, un bel embonpoint en est un attribut bien visible. Donc, le ventre d'un bon gros roi bien entripaillé est de bon augure pour son peuple. Un roi, par exemple, tel que l'on nous peint celui du Parnasse français, n'annoncerait-il pas la famine à son royaume, et n'alarmerait-il pas un peuple superstitieux et de bon appétit? Mais laissons les raisonnements bons ou mauvais, et venons au fait. Je sors actuellement de la balance, et grâce à Dieu, à son prophète et à mes cuisiniers, je pèse au moins un bon quarteron plus que l'an passé ; en sorte que l'allégresse est ici générale :

Les parfums de l'encens remplissent la mosquée ;
L'air en est embaumé, la rue en est musquée (1).

» Enfin, je pèse environ trois quintaux : c'est-à-dire à peu près la valeur de deux Fontenelle, de deux de vos plus grands hommes. Cela est bien majestueux. Aussi l'orgueil commençait-il à m'enfler de bonne sorte, quand une nouvelle bien humiliante m'a tout à coup rabaissé tout à plat. J'apprends qu'on vient de vous mettre aussi dans la balance, et que pendant que je m'enorgueillissais d'être du poids de deux grands hommes, vous pesiez à vous seule plus que trois grandes divinités.

(1) *Zaïre*, acte III, scène VI. (*Note de Piron.*)

Je ne suis donc plus, au prix de vous, un homme de poids. Me voilà devenu un petit homme, un roitelet, un prince de Liége, qui vous doit le plus humble hommage. Agréez, madame, qu'en vous le rendant, je l'accompagne de cette offrande : c'est une curiosité qui, depuis plusieurs siècles, faisait un des plus rares morceaux de ma fameuse galerie. Elle y fut déposée mystérieusement par un Merlin des Indes, avec cette inscription au bas :

> *Très-digne sœur du sage à qui Lyon* (1)
> *Avec justice érige une statue,*
> *Dans cet émail notre Pygmalion*
> *A prétendu marquer votre value.*
> *Certes, Pallas et Vénus et Junon*
> *Valent beaucoup ; mais, telle que vous êtes,*
> *Vous valez mieux, témoin le choix des bêtes* (2)
> *Fait entre vous. Paon, chouette et pigeon,*
> *Voilà les leurs; point n'en ont voulu d'autres.*
> *Vous cependant, vous avez pour les vôtres*
> *La fine fleur des enfants d'Apollon.*

» Moi ni mes brachmanes n'y entendons quoi que ce soit; mais le monument d'ailleurs est si relatif à la nouvelle du jour, que le Prophète vous le destinait vraisemblablement. Daignez donc, ma-

---

(1) Le cardinal de Tencin, son frère, archevêque de Lyon.
(2) Madame de Tencin appelait les beaux-esprits de son cercle *ses bêtes*, contre-vérité la plus mal imaginée du monde. (*Note de Piron.*)

dame, le recevoir comme une restitution ou comme un tribut de

» Votre très-humble vassal :
» Le Gros et Grand MOGOL. »

LETTRE XXV

COMPLIMENT A LA MÊME

Prononcé par un enfant de son cuisinier, que lui présentait ce dernier pour laquetton (1).

« Madame ,

» Parmi tant de bons et beaux morceaux dont le zèle universel vous régale aujourd'hui, souffrez que votre cuisinier vous présente en ma personne un petit plat de son métier. Petit plat vraiment de sa façon et qu'on ne l'accusera pas d'avoir pillé dans *le Cuisinier français*. Je ne suis pas, à la vérité, de ces grands plats rares et recherchés, encore moins de ces plats exquis et fins dont le prix et la délicatesse font de votre table une des meilleures et des

(1) Diminutif de laquais.

plus célèbres du royaume. Hélas ! je ne suis qu'un misérable petit hors-d'œuvre tout simple, tout naturel et des moins sophistiqués, mais qui ne laisserait pas de faire bientôt fortune s'il avait le bonheur de ne vous pas être indifférent, et de se trouver à votre goût. Car, madame, vous avez le goût si juste, si sûr et si renommé, qu'il suffit que vous trouviez une chose bonne pour qu'elle soit bonne et réputée bonne en tous lieux. Où je pourrais même encore vous mieux convenir que ces plats merveilleux dont je viens de vous parler, c'est que, selon M. Astruc (1), leur usage vous débilite la poitrine, au lieu que, loin d'être nuisible à votre santé, j'y pourrais contribuer, Dieu ayant toujours béni les petits innocents et ceux qui les aiment. »

LETTRE XXVI

A M. LE MARQUIS DE LIVRY
Premier maître-d'hôtel du Roi.

Digne sang de mon souverain (2)*;*
Bijou brillant de la couronne,

(1) Médecin de madame de Tencin.
(2) Piron appelait ainsi le père du marquis de Livry. Ce dernier était marié depuis peu.

*Plaise à Lucine qu'un essaim
De petits bijoux t'environne!*

« Il plut à mon noble souverain, quand il honora mon contrat de mariage de sa signature, d'y assurer à son Binbin une pension de six cents livres payable par moitié, de six mois en six mois. L'intendant s'était chargé, il y a longtemps, de mettre cet article à la tête d'un mémoire qu'il devait présenter au digne héritier de mon bienfaiteur; cependant l'année est plus que révolue sans que j'aie encore rien touché. M'aurait-on oublié, ou deviendrais-je indifférent au marquis dont j'ai toujours été si bien voulu? Cela ne serait pas juste, un des premiers effets de la succession qu'il a recueillie étant le dévouement parfait que j'avais pour celui qu'il représente et que je conserverai toute ma vie à toute sa maison.

*Mais ce n'est pas là tout encore;
Un autre souci me dévore:
J'ai pour dieu pénate Phœbus,
Pour lare le dieu de la treille;
Quand le dieu lare n'en peut plus,
Le pénate a bien sur l'oreille.
Il fut un temps, ô temps divin!
Où j'ignorais le prix du vin.
Ce temps n'est plus; Miret* (1) *s'en moque.
Mais encore un coup et moi non:*

---

(1) Marchand de vin du roi. (*Note de Piron.*)

Car à Bacchus tient Apollon,
Et qui toque l'un l'autre toque.
Secourez donc votre Binbin
D'un peu de pécune et de vin !...
« Monse Binbin, pourrez-vous dire,
Ceci tient un peu du narquois :
Oser tendre tout à la fois
La besace et la tirelire ! »
Royal amphitryon, pourquoi
Cela vous paraît-il étrange ?
Manger n'est rien, si je ne bois,
Boire n'est rien, si je ne mange.

A LA MARQUISE DE LIVRY

en lui adressant le placet précédent.

Binbin, beau faiseur d'épigrammes,
A celle qui, d'entre nos dames,
Le mieux vaudra, vaut et valut,
Volupté, gésine et salut !
Pour enjoliver ma requête,
Mon esprit chez Phœbus alla ;
L'ayant arrangée à sa tête,
L'immortel ainsi me parla :
« Si tu veux réussir, fais-la
Présenter par la main des Grâces. »
Marquise, en vos mains la voilà ;
Je mets les choses à leurs places.

LETTRE XXVII

AU MÊME

« 1747.

» Le maître m'adresse à l'intendant, et celui-ci me renvoie au maître. Il fait bien : c'est me renvoyer du bon côté. Au diable les saints qui ne guérissent de rien, et vive Dieu ! J'étais dans le néant, le père (1) m'en tira; j'y retombe, que le fils me rachète ! et le saint-esprit veuille, en récompense, un beau jour de Pentecôte, éclipser saint Louis sur ce fils ! Qu'il dise la vérité ; il n'en serait pas fâché, tant il est vrai qu'il vaut mieux avoir affaire à Dieu qu'à ses saints.

» Or donc, je prie la Providence de vouloir bien faire pleuvoir sur la terre sèche. Je ne demande pas des averses; je ne veux que cinq ou six cents gouttes d'eau. Que coûterait une rosée à qui a une clef des cascades ? En un mot, mon pauvre champ n'est plus qu'un désert aride : il n'y croît épi, raisin, chou ni rave. Hélas ! où est le temps qu'avec la rosée il y pleuvait des bouteilles et des pâtés ! Ne portons plus nos vœux si haut :

A de moindres faveurs les malheureux prétendent;
Et ce n'est que du pain que mes cris vous demandent (2).

(1) Le marquis de Livry, père.
(2) Je fus payé le lendemain de ma pension, et l'on m'envoya cent bouteilles de vin. (*Note de Piron.*)

LETTRE XXVIII

AUX COMÉDIENS FRANÇAIS

en leur envoyant un exemplaire de mes œuvres.

—

« Ce 11 mars 1758.

» Je ne sais trop, messieurs, à quel titre j'ose me donner les airs de vous offrir un exemplaire de mes œuvres. N'est-ce pas là pour vous une belle rareté de cabinet ? Comme si cinq ou six pièces, dont au plus deux accueillies, et par vous encore très-élaguées, vous pouvaient être d'une grande ressource dans vos temps de stérilité. Ajoutons que je ne suis plus qu'un vétéran hors de combat, et qui, de plus, eut toujours le tort de vous faire assez mal sa cour. Je n'aurais donc lieu ni de m'étonner, ni de me plaindre, quand vous rejetteriez une pareille offrande, et je le dois appréhender. Mais on me fait entendre qu'elle est d'usage et que je me donnerais un nouveau tort devant vous si j'y manquais. Je me conforme donc à cet usage, messieurs, et d'autant plus volontiers qu'il me procure la seule occasion que, selon toute apparence, j'aurai d'ici à ma fin de vous remercier d'avoir fait, depuis vingt ans, si glorieusement vivre et revivre *Gustave* et *la Métromanie*. Vous ne m'empêcherez pas, je crois, de penser et de publier que vos talents y ont plus contribué que les miens. J'en suis si fort persuadé, messieurs, que, quelque faibles que soient mes autres pièces, je leur garantirais un pareil succès, si vous l'aviez bien entrepris.

» Je ne saurais pousser plus loin votre éloge ; et n'allez pas, s'il vous plaît, le prendre pour un compliment qui tende à vous engager aux moindres efforts en ma faveur. A Dieu ne plaise que j'en aie la pensée ! Mes fonds étant si fort baissés, j'ai bien assez d'une dette sans en vouloir contracter tant d'autres. Je ne veux plus rien avoir d'ailleurs à démêler avec Nos Seigneurs du parterre. Tout mon peu d'ambition se borne à m'acquérir quelque lecteur bénévole, rien au delà. Ce n'est donc qu'à ce titre que vous me feriez plaisir de vouloir bien accepter cet exemplaire. Je vous serais très-obligé si vous joigniez à cette grâce celle d'être bien persuadés que jamais auteur ne fut, avec une plus vive et plus juste reconnaissance que moi, messieurs, votre, etc. »

LETTRE XXIX (1)

AU MARÉCHAL DE SAXE

après la bataille de Rocoux (2).

—

« Monseigneur,

» Un jour, au foyer de la Comédie, au moment qu'on levait la toile une première fois pour mon compte, je me trouvai devant vous ; vous me souhaitâtes bonne chance ; je me recommandai à votre suffrage ; il vous plut de me le promettre et de me dire : Hélas ! de quoi vous peut servir le suffrage d'un étranger ? Je pris la liberté de vous répondre que les fils de rois n'étaient étrangers nulle part. Eh bien ! monseigneur, avais-je raison ? Etes-vous encore étranger parmi nous, et notre monarque triomphant a-t-il un meilleur français que vous dans toute son armée ? et dans quel coin du monde seriez-vous étranger, à cette heure surtout qu'il est rempli de votre nom ? Vous voyez comme, au bruit de ce nom illustre, un prince cu-

(1) Cette lettre est tout entière de la main de mademoiselle Quinault, à laquelle Piron l'avait probablement dictée.
(2) Gagnée, le 11 octobre 1746, par le maréchal de Saxe sur le prince Charles de Lorraine.

rieux est venu des pays lointains avec une suite de près de trente mille hommes pour vous rendre une visite, vous voir et prendre une leçon de son métier. Il n'est bruit que de la bonne réception que vous lui avez faite. Vous l'avez, dit-on, régalé à votre façon, c'est-à-dire que rien n'y a manqué : on vante surtout la politesse française avec laquelle vous venez de reconduire Son Altesse. Rien de plus courtois, en effet.

» On raconte que vous l'avez débarrassé d'une grande partie de sa suite, qui aurait affamé sa route, d'une grosse batterie qui aurait appesanti sa marche, et je ne sais de combien d'enseignes et de drapeaux qui lui coûtaient plus à porter qu'à traîner ; aussi Dieu sait les beaux vers qui se chantent à votre louange ; mais ces vers ne vaudront jamais la saillie d'un nouveau débarqué des bords de la Garonne qui, voyant passer l'autre jour je ne sais combien d'étendards qu'on portait à Notre-Dame, s'écria, dans toute la force et l'accent de son pays : Cadédis ! ce maréchal nous scandalise ; il veut, Dieu me damne ! faire de cette église le garde-meuble de la reine de Hongrie. N'en déplaise pourtant au Gascon, je vous tiens pour le maréchal de France le plus édifiant que nous ayons, quoique nous en ayons de très-pieux. Oui, monseigneur, vous êtes un ange venu du ciel pour notre salut spirituel et temporel. Vous nous conduisez en paradis dans votre char de triomphe. Depuis que vous nous remplissez la bouche des louanges de Dieu, les *Te Deum* ne finissent pas. J'y vois courir des gens que je ne vois jamais à nos grand'messes, et que je ne connais que pour leur assiduité à l'Opéra; sans vous parler des beaux mandements pleins d'onction que vous nous valez par là, et que vos exploits font couler sans cesse de la plume de nos prélats.

» Recevez, monseigneur, ce petit tribut de la mienne, en attendant que le burin héroïque de notre célèbre historiographe ait achevé de parer dignement votre portrait, et que ce noble sacristain du temple de la gloire l'ait placé à côté de Trajan, comme on a mis celui du grand Turenne à côté de ceux de nos rois. »

LETTRE XXX

A M. JEHANIN (1).

« Monsieur, le jeune Michel, l'air altéré, les yeux vagabonds et les deux mains galopant de poche en

(1) Ce personnage est l'ami qui, sans intention, avait provoqué la fameuse ode.

poche, sans se donner le temps de me dire bonjour, vient de m'aborder pour me donner des nouvelles de monsieur son frère, à qui je ne songeais guère, et m'en montrer une lettre pleine de plaisanteries sur ce que je ne suis pas encore au barreau (1), où il n'est plus :

Je ne sais pas d'où vient cet aigre procédé ;
Mais je sais que, tandis qu'il s'étonne là-bas
    De ce que je ne plaide pas,
Chacun s'étonne ici de ce qu'il a plaidé.

» Il me croit bien fou de ne me croire pas sage à ses dépens. Voici deux petites pièces qui joignaient sa lettre. J'ai l'honneur de vous en faire part :

CHANSON

Sur l'air : *Ton humeur, ô Cathereine.*

Je respecte la Régence ;
Mais dans mon petit cerveau
Je me figure la France
Sous l'emblème d'un tonneau :
A cette pauvre futaille
Le Régent tire sans fin,
Tandis qu'en secret Noaille
Escamote un pot-de-vin.

(1) Piron avait été reçu avocat. Il était assez fort en droit, et, longtemps après avoir abandonné le barreau, il aidait ses amis de ses conseils désintéressés. Il existe à la bibliothèque de Dijon plusieurs volumes in-folio de jurisprudence écrits de sa main. (*Bulletin de l'Alliance des Arts*, 10 octobre 1847.)

ÉPITAPHE D'UN CHAT.

Ci-gît qu'une mort inhumaine
Se hâta d'enlever à la fleur de ses ans,
Rouget, un des plus beaux présens
Que le Gange ait fait à la Seine.
Toi qui vois son tombeau, n'en sois point attristé :
Chéri de la belle Climène,
Il vécut trop heureux pour être regretté.

» Il est l'auteur de l'épitaphe. Ne valait-elle pas bien la peine de faire dix lieues de chemin ! *Il vécut trop heureux pour être regretté.* » Outre que voilà une pointe d'épigramme bien émoussée, on ne peut dire qu'avoir vécu heureux soit une raison pour n'être pas regretté : le bonheur ou le malheur des gens ne les rend pas plus ou moins dignes de l'estime d'où naît uniquement le regret que leur mort nous laisse. Bonheur ou malheur peuvent avoir quelque rapport aux regrets dans ce sens-ci (1) :

Ci-gît l'esprit du sieur Melchi (2)
Qui, vanté par je ne sais qui,
Faisait cent châteaux en Espagne.

(1) Sur le dos des bancs des avocats du parlement de Dijon. (*Note de Piron.*)
(2) Anagramme du nom de Michel.

Il vint, on courut, on l'ouït ;
On vit enfanter la montagne,
Et cet esprit s'évanouit.
Il ne put revenir de cette défaillance.
Passant, n'en sois pas attristé :
Dans son chef-d'œuvre d'éloquence,
Il fut trop malheureux pour être regretté.

» Ayez la bonté de rire un peu de cette parodie ; vous me ferez bien de l'honneur. J'ouvre ainsi de temps en temps une petite parenthèse au sérieux des lois. *Interpono meis interdum gaudia curis.*

DERNIÈRES LETTRES
DE
PIRON A DIVERS

VII

DERNIÈRES LETTRES
DE
PIRON A DIVERS.

Nous complétons la correspondance de Piron par quatorze lettres qui semblent clore sa carrière littéraire. Dix de ces lettres ont été copiées par madame Capron, nièce de Piron, qui en a écrit lui-même de sa main les premières lignes; de telle sorte que chaque lettre porte avec elle son certificat d'origine et d'authenticité.

Les recherches que nous avons faites nous permettent de croire que ces dix lettres sont inédites. Telle est aussi l'opinion de M. Foisset, conseiller à la Cour impériale de Dijon, qui, consulté à ce sujet, a répondu à notre appel avec autant d'empressement que d'autorité.

Les quatre autres lettres adressées au docteur Maret, secrétaire perpétuel de l'académie de Dijon (1), et qui portent les numéros 38, 40, 43 et 44, ont récemment

(1) Le docteur Maret était père du duc de Bassano, ministre secrétaire d'État sous l'Empire, et aïeul par conséquent de M. le duc de Bassano, aujourd'hui chambellan de l'Empereur. L'aïeule maternelle de M. le baron Dupont-Delporte était sœur de feu le duc de Bassano.

paru dans la *Revue des Alpes*, publiée à Grenoble sous l'intelligente direction de M. Maisonville, auquel M. le baron Dupont-Delporte, qui en possède les originaux, les avait communiquées. M. le baron Dupont-Delporte a bien voulu nous autoriser à reproduire ces lettres. Qu'il en accepte ici nos sincères remerciments.

Ecrites par Piron à l'âge de 76, 78 et 80 ans, les quatorze lettres en question nous initient aux dernières confidences de notre poète, qui, à cette époque de sa vie, avait comme entrepris une levée de boucliers contre les ridicules et les abus, et particulièrement contre Voltaire. Sous ce dernier rapport, MM. de Goncourt n'étaient pas suffisamment renseignés lorsqu'ils ont dit, sur la foi d'une lettre dépourvue *de date et d'adresse*, que, sur la fin de ses jours, la haine de Piron *s'endormit de lassitude*, et qu'il se réconcilia avec Voltaire.

Les lettres suivantes, datées des cinq dernières années de la vie de Piron, prouvent, au contraire, que cette haine, — la seule qu'il ait eue peut-être, — est restée jusqu'à la fin vivace et profonde.

Evidemment, la lettre citée par MM. de Goncourt n'était pas adressée à Voltaire ; et l'ingénieux éditeur des *Philippiques* de La Grange Chancel (1), M. de Lescure, a fait preuve de sa sagacité habituelle lorsqu'il a exprimé des réserves touchant ce qu'il appelle les *traits hasardés* de MM. de Goncourt, dans leur étude sur Piron. — Voir *Gazette de France*, 8 juin 1858.

(1) Un vol. in-12. Poulet-Malassis et de Broise. — 1858.

LETTRE XXXI

A M. LEGOUX-GERLAND (1).

« Monsieur, je me suis toujours piqué de la plus grande exactitude à répondre aux lettres, de quelque part qu'elles vinssent. Jugez si j'aurais manqué à la première dont un homme de votre considération m'aurait honoré ; mon silence témoignait bien que je ne l'avais pas reçue. Je la regrette, et l'honneur de la seconde ne me saurait tout à fait consoler de cette perte : l'avarice et l'avidité sont bien permises pour les choses précieuses qui font également de l'honneur et du plaisir. Le prix que j'y mets ne tient qu'à celui d'une estime aussi désirable que la vôtre, nullement à la gloire de l'installation de mon buste dans votre Temple du Goût. Ce que je ne

(1) Réponse à une lettre adressée à Piron, le 23 septembre 1766, par M. Legoux-Gerland, qui lui demandait son buste pour être placé dans l'une des salles de l'académie de Dijon, dont M. Legoux-Gerland était l'un des membres les plus distingués. Son père, Pierre Legoux, conseiller au Parlement de Dijon, a laissé un curieux recueil d'anecdotes dont M. F. Barrière a tiré parti dans *la Cour et la Ville*.

mérite pas ne m'a jamais intéressé; c'est ce qui, de ma naissance à ma mort, a dû naturellement borner, comme il l'a fait, mes facultés et mon avancement.

» Je n'aurais pas l'honneur d'être de votre illustre académie, si on n'avait pas eu la bonté de m'y amener pieds et poings liés. Sentant mon indignité, j'y suis sur les épines. Je n'ai rien fait qui mérite *l'honoraire*, et ce n'est pas à mon âge qu'on s'avise de devenir utile ni agréable. Quelle figure faire ? Celle d'un buste ? J'en ai écrit mon sentiment à M. Maret (1). L'honorable pendant que celui de l'abbé Le Blanc (2) ! Vous avez beau dire, messieurs, qu'il n'y sera pas : toutes les nuits, pour peu que je dorme, je le revois en rêve vis-à-vis de moi qui me fait la morgue (3). Je m'éveille en sursaut et tout en sueur; et, comme faisaient les anciens superstitieux, je vais vite, en plein soleil, raconter ce mauvais rêve au premier venu, pour en écarter l'augure. Toute votre politesse et les insinuations de

---

(1) Maret (Hugues), médecin, secrétaire perpétuel de l'académie de Dijon, où il est né en 1726; mort en 1785. A publié plusieurs ouvrages. Ses lettres à Piron, ainsi que celles de Legoux-Gerland au même, sont charmantes. Nous les publierons peut-être plus tard.

(2) Le Blanc (l'abbé Jean-Bernard), historiographe des bâtiments du roi, membre honoraire de l'académie de Dijon, où il est né en 1707; mort en 1781. Auteur de poésies oubliées et d'*Aben-Saïd*, tragédie.

(3) *Braver quelqu'un*, le défier.

votre éloquent secrétaire ne me rassureront pas. Le Blanc n'a guère moins de mérite académique que bien d'autres et les surpasse tous, excepté Voltaire, en manége et en bonne opinion. Rien n'est si tenace, si audacieux, ni si rampant.

» Voyez comme, annulant la promesse que m'avait daigné faire M. le président de Brosses (1), et bravant les justes indispositions où il avait laissé M. de Ruffey (2) à son égard, après avoir essuyé le refus de nos académies, il a su enfin trouver moyen d'introduire chez vous sa personne. Il y introduira son buste, vous dis-je, et en marbre et taillé à Rome, et le placera à son gré avec une inscription de sa façon qui nous humiliera tous. Il parvient à tout ce qu'il veut. Du fond de la grande prison, il vola dans Paris la grande ville; des rebuffades de vos *Bourgillons* (3), il passa aux accueils du beau monde oisif et badaud; sa mine assurée et ses courbettes élevèrent sa bonne fortune jusqu'à la tolérance d'un de nos princes du sang (4). On ne le voyait plus aux premières loges des spectacles que

---

(1) Brosses (Charles de), membre de l'académie de Dijon, premier président du parlement de Bourgogne. Né à Dijon en 1709, mort en 1777, auteur de lettres célèbres, écrites d'Italie en 1739 et 1740.

(2) Ruffey (Gilles-Germain-Richard de), vice-chancelier de l'académie de Dijon, où il naquit en 1706.

(3) Pour Bourguignons. Le père de l'abbé Le Blanc était concierge d'une prison.

(4) Le duc de Condé.

le visage sur l'épaule de son altesse. Il parvint à plaire à feu madame la marquise (1), au point d'être donné au jeune marquis de Marigny pour son mentor, à son voyage à Rome. Il eut beau faire et dire autant de sottises que de pas et de paroles, son astre natal et brillant l'emporta. Il vint, il vit, il vainquit. Il se fit recevoir à l'académie des Arcades : que pouvait l'Arcadie refuser à son rossignol ? Il vint, le front couronné d'un chardon de coyon (2), présenter sa deux-cent-cinquantième requête à la grande académie de l'Europe; on mit : *néant*. Il insista, soutenu d'une lettre de la dame (3), à qui il avait fait accroire que leur suffrage n'attendait que le sien. Ces messieurs, intrigués à la vue de cette lettre, députèrent à la puissance pour lui faire d'humbles représentations qui ne sentaient rien moins que l'envie d'avoir un tel confrère. Elle vit qu'on avait surpris sa religion ; elle restitua l'académie dans le droit que le roi lui accorde d'être libre dans ses élections. Elle y rentra et nomma je ne sais qui, mais, à coup sûr, quelqu'un qui, sans valoir grand'chose, valait mieux que lui.

» Tel est votre nouvel *honoraire*, et l'ayant pu devenir, son buste ne se planterait pas dans votre

---

(1) La marquise de Pompadour.
(2) *Coyon*, lâche, poltron, servile.
(3) La marquise de Pompadour.

salle ! et vous m'y planteriez comme lui !... Oui, messieurs, il y sera ; il l'a résolu (1). J'ai résolu, moi, en homme indigne d'un tel honneur, de n'y pas être, et je n'y serai point. C'est trop remplir d'inutilités une lettre qui ne devait contenir que

(1) Il suffit de parcourir la *Correspondance inédite de l'abbé Le Blanc avec le président Bouhier* (Bibliothèque impériale, vol. IV) pour se convaincre que Piron ne s'est pas montré trop sévère envers ce personnage, qui était bouffi d'outrecuidance. Ce côté très-marqué de son caractère a échappé à MM. de Goncourt dans l'esquisse qu'ils ont donnée de l'abbé Le Blanc, d'après la correspondance en question.

Recueilli dans l'hôtel du comte de Nocé, l'abbé Le Blanc se hâte de déclarer qu'il n'a *aucune qualité* chez son bienfaiteur. C'est uniquement *par affection* pour lui que le comte lui a offert le vivre et le couvert, et lui, *par reconnaissance, a bien voulu* les accepter. Plus loin, rougissant de la profession de son père, qui est concierge d'une prison, et craignant que cette *honteuse* profession ne nuise à son avancement dans le monde, il supplie le président Bouhier de répondre aux personnes qui l'interrogeront sur sa famille, qu'il est *fils d'un commis-greffier au Parlement.* « Ma pièce (*Aben-Saïd*, tragédie), dit-il ailleurs, a été jouée hier et applaudie à tout rompre. Il n'y a encore guère eu au théâtre d'applaudissements plus fréquents et plus unanimes. » L'acteur Dufresne ayant refusé son rôle, il avait fallu à l'abbé Le Blanc un ordre du roi pour le lui faire accepter. « Baron fit autrefois la même chose, ajoute-t-il, et il fallut à Racine un ordre pour faire jouer *Britannicus.* » Il termine ainsi une autre lettre datée de Montbard, du 26 août 1734 : « M. de Buffon vous assure de ses très-humbles respects. Il bâtit, il fait des expériences. Je fume, je fais des vers. Nous sommes de plaisants philosophes. »

Au surplus, en raison de son état de profonde détresse, — car il était pauvre comme Job avant d'être orgueilleux comme Diogène, — l'abbé Le Blanc inspire quelque intérêt. Il résume assez bien les vicissitudes de cette classe d'écrivains du troisième ordre, dont la race est loin d'être éteinte, qui vivent au jour le jour, luttent sans relâche contre le sort, et entassent projets sur prod'humbles remercîments. Je les réitère. Le papier et la vue me manquent. J'achèverai de vous faire rire sur le compte du grand Voltaire, si je puis recouvrer assez d'yeux pour écrire à l'aimable et spirituel M. Maret. Vous ne pouvez trop vous louer d'un pareil secrétaire perpétuel. Je voudrais être aussi disert que lui pour vous témoigner avec combien d'estime, de reconnaissance et de respect je suis, monsieur, etc. »

—

LETTRE XXXII

A M. MARET

« Vous avez des malades qui vous surchargent par le besoin qu'ils ont de vous ; et moi, tout inutile que je suis au monde, je ne laisse pas aussi d'avoir nombre d'importuns qui m'accablent, sans qu'ils aient plus besoin de moi que j'en ai d'eux,

jets, sans arriver à rien. Sa vie est toute une odyssée. On le trouve partout presque en même temps, à Paris, en Angleterre, en Bourgogne, au mont Saint-Michel, et toujours à l'affût de quelque emploi. Sera-t-il censeur, précepteur du prince de Condé, académicien, etc. ? En fin de compte, il attrape une nomination d'historiographe des bâtiments du roi.

mais à qui je ne dois pas une attention moins ponctuelle que vous à qui vous appelle, malgré le *contra vim mortis non est,* etc. Conclusion : une brochure que je viens de publier m'a procuré des visites à recevoir et des réponses à faire, sous peine de passer pour un je ne sais qui devant des je ne sais quoi. En tel cas, on va malgré soi au plus pressé, c'est-à-dire aux indifférents ; et ceux à qui seuls on brûlerait d'aller sont les derniers servis parce que l'on compte sur leur indulgence, et qu'il n'y a point de quartier avec l'amour-propre des autres. Voilà les excuses de mon retardement. Voici ma désolation : je ne vois goutte, l'écriture me tue, et je ne saurais dicter.

» J'avais du moins une consolation dans le premier de ces deux obstacles : c'était de me faire lire de temps en temps votre lettre où brillent également la modestie, l'esprit, la politesse et la sagesse. De la modestie, je ne vous en tiens pas grand compte : elle coûte peu au vrai mérite; l'esprit vous est aussi trop naturel, et vous en avez trop à votre aise pour vous soucier qu'on vous en parle ; on l'admire et l'on vous l'envie : voilà tout. La politesse mériterait ici plus d'éloges de se trouver si bien acquise dans un pays qui ne passe pas pour son pays natal. Quant à la sagesse, elle essuiera, s'il lui plaît, les compliments qui lui sont dus à bon titre; son burin appuie sur Voltaire avec une force, glisse avec une légèreté et s'en tire avec une justesse à ne laisser rien à dire aux deux partis. Il y a un bel art à tout cela : *Omne tulisti punctum*. Ainsi l'exigent la délicatesse et la gravité de l'office épineux dont vous vous acquittez en maître.

» Pour moi, Scythe et grossier Anacharsis, resté tel depuis cinquante ans au milieu de l'urbanité corrompue; littérateur isolé, libre de toutes entraves, du sein de l'indépendance je prononce et pense haut et net, et je m'écrie : Monsieur le dix-huitième siècle, vous ne tenez rien ; votre Voltaire n'est que le faible écho de vos antécédents; qu'un médiocre versificateur grimpé sur l'antithèse et l'épithète ; qu'un mauvais poète sans génie et sans invention ; un large moraliste ajusté à votre dissolution ; un annaliste infidèle, amusant et frivole; un philosophe avorté ; un théologien de balle ; c'est enfin le roi des Quinze-Vingts et le scandale des nations.

» Je n'aurai contre moi que les ignorants et les méchants. L'anagramme de son nom factice vient de se présenter à moi de deux façons : l'une relative à son esprit, l'autre à son âme; Voltaire, *volitare* : voltiger, raser la terre, de-çà, de-là ; voilà pour son esprit superficiel. Voici pour sa belle âme : Voltaire, *Até-livor*. *Até*, comme vous le savez mieux que moi, était une maudite déesse attentive à faire du mal aux hommes; et *livor* veut dire noire envie. Et qu'on me dise après cela que, dans les anagrammes, la vérité n'est pas quelquefois de moitié avec le hasard ! Sa noire envie va avoir un bel os à ronger quand il apprendra qu'on vient ici d'ériger dans Saint-Roch un beau mausolée à Maupertuis, son mortel ennemi. C'est un monument de l'active et prévoyante ambition de M. La Condamine. Ces deux derniers grands hommes ont fait bourse commune de renommée en parcourant de concert un quart de cercle du grand horizon, pour donner un coup de pouce à notre globe. Le prédécédé en fut quitte pour six ou sept cents lieues de cavalcade vers le Nord ; le survivant a vaillamment traversé deux mille lieues de mer du côté de l'ouest, et y a laissé ses oreilles (1). Il dresse un mausolée à son compagnon, en quête les frais chez les amateurs pécunieux, en presse l'exécution, et pour sa quote-part y fait la dépense d'une longue inscription en lettres d'or sur un marbre in-folio. Mais qu'il se garde bien de confier le soin de cette inscription à Voltaire, qui en veut aux morts même encore plus qu'aux vivants. Voyez comme il a accommodé Corneille, pillé Racine, voulu écraser Bossuet,

(1) La Condamine ayant publié une épigramme au sujet de sa réception à l'Académie française, Piron trouva cette épigramme un peu lente dans son tour, et la refit ainsi :

La Condamine est aujourd'hui
Reçu dans la troupe immortelle :
Il est bien sourd ; tant mieux pour lui !
Mais non muet ; tant pis pour elle !

tympaniser Pascal, déshonorer Crébillon ! Ce n'est rien encore : il ne saurait souffrir Moïse. Jaloux enfin de Bayle, qui a mal parlé de la Vierge, et du docteur Launoy (1), qui a chassé tant de saints du paradis, il en veut chasser le fils de la maison, n'y laisser que les quatre murailles et réduire saint Pierre à mettre les clefs sous la porte.

» Jugez après cela, s'il était chargé de l'inscription du mausolée de La Condamine, les beaux vers qu'il ferait à la louange de celui qui prétend immortaliser un Maupertuis, un charlatan qui, entre autres tours de gibecière, a eu l'adresse de le supplanter à Berlin, lui, qui, peut-être, a l'ambition de supplanter Erostrate. Il aura beau faire ; il aura fait pis et n'en sera pas mieux. On aura parlé longtemps avant lui de l'incendiaire d'Ephèse ; on en parlera longtemps après qu'on ne saura plus si le nôtre aura seulement vécu, non plus que moi dont M. Legoux-Gerland m'écrit qu'il veut le buste sous peine d'une *expédition ottomane*. Cela est bien turc et bien galant, mais ne me séduit ni ne m'intimide. Ma répugnance est incurable. Ne parlons plus de la crainte de me voir le pendant de l'abbé Le Blanc : cela est bon pour rire. Parlons sérieusement : M. Legoux, par bonheur, me dit qu'il veut que, vif ou mort, je lui envoie mon buste. J'accepte

(1) Launoy (J. de), célèbre docteur en Sorbonne, théologien, surnommé *le Dénicheur de saints*, né en 1603, mort en 1678.

l'alternative. Foi d'honnête mortel, j'obéirai immédiatement après mon dernier soupir, c'est-à-dire au premier moment où, cessant d'être, cesseront en moi les sentiments d'estime particulière et de parfaite considération avec lesquels je suis, etc.

LETTRE XXXIII

A M. LEGOUX-GERLAND.

« Du 25 octobre 1766.

» J'aurais juré, il y a quinze à vingt jours, que je venais d'écrire pour la dernière fois de ma vie. Mon luminaire s'éclipsa totalement comme je cachetais une lettre à notre aimable et très-digne secrétaire perpétuel. En ce moment, je reçus la seconde dont il vous a plu de m'honorer. Jugez, monsieur, après me l'être fait lire, si l'impossibilité d'y répondre plus tôt a fait souffrir mon amour pour l'exactitude. Je saisis à la hâte le petit lumignon qui, peut-être, ne reparaît que pour un instant, et je fais binet (1). Ce n'est pas que j'aie des

---

(1) *Binet*, petit instrument armé de pointes qu'on fixe dans la chandelle pour la brûler jusqu'au bout. Figurément : *Faire binet*, économiser beaucoup.

choses bien pressées et bien intéressantes à vous dire, n'ayant que des compliments à vous faire, dont vous ne vous souciez guère, sur votre enjouement et vos politesses obligeantes.

» Je suis bien aise, monsieur, que vous ayez pris pour du sérieux mon rêve et ma peur de me trouver face à face en buste avec l'abbé Kalmouck (1). Cela vous a donné lieu de faire deux fort plaisantes épigrammes : l'une en vers, et l'autre en prose. Vous ne dites que trop vrai dans celle-ci, que si tous nos rossignols arcades de deçà et de delà s'avisaient jamais de faire un chorus, on n'entendrait pas Dieu tonner. Veuille-t-il préserver nos oreilles de cette mélodie! Je suis bien aise aussi que vous désapprouviez l'ingratitude des gens d'esprit envers les sots; le reproche est juste : sans ceux-ci on ne distinguerait pas ceux-là. Mais ce beau et bon raisonnement ne me concerne point. Je ne compte pas avoir plus d'esprit que l'homme à *face carrée*, à canne lourdement appuyée, à chapeau clabaud (2), au ton pédantesque, etc. Mes bornes ne passent de guère les siennes sur cet article; mais ce qui me console et me flatte infiniment, c'est que vous sembliez faire quelque différence entre nos caractères.

(1) L'abbé Le Blanc.
(2) Chapeau à bords pendants que l'abbé Le Blanc portait d'habitude.

» Vous aimez mieux, dites-vous, la nature (même un peu vicieuse) que l'affectation. Dès lors, j'ai gagné, et je sens avec plaisir les droits que j'ai plus que lui sur votre bienveillance. Bonhomie est et fut toujours ma devise, pendant que peut-être on se relaie, à Dijon, à dire : *Il est malin*. J'ai quelquefois plaisanté, il est vrai, mais qui ? Le Blanc, Fréron, Desfontaines, Voltaire, la vergogne et les fléaux de la littérature, agresseurs insolents, corrupteurs du goût, malfaisants, malveillants, etc. Et comment les ai-je encore plaisantés ? sans fiel, en riant, et sans leur avoir jamais voulu nuire autrement. Ne se nuisent-ils pas assez eux seuls à eux-mêmes ?

» Qui priait, par exemple, notre Scudéri volumineux, notre Zoïle, notre Capanée, de changer son nom paternel en celui de Voltaire pour s'attirer les deux anagrammes de *volitare* et d'*Até-livor*? aussi justes et aussi malheureuses pour lui que pour vous est heureuse et juste celle de votre nom, *ego lux*? Un de mes aînés (ce n'était pas l'apothicaire), la composa au collége il y a quelque soixante-quinze ou quatre-vingts ans pour un enfant de votre illustre famille. C'est un héritage de famille qui vous appartient à toutes sortes de titres. Vous répandez généreusement un grand jour sur notre académie, et par vos dons, et par vos lumières. Vous me reprochez le *Monsieur* en vedette et le *respect* à la queue.

Vous vous expliquez là-dessus à la romaine, et moi je m'explique à la franquette en vous assurant du fond de mon cœur que je suis, avec l'attachement le plus respectueux, monsieur, etc. »

—

LETTRE XXXIV

A M. MARET.

« Ayez la justice, monsieur, et la charité, si tardives que soient mes réponses, de ne me jamais accuser de négligence. C'est une pitié que de me voir écrire ou lire une lettre ; il faut m'y reprendre à cent et cent fois, pour ne pas dire à mille et mille, quelque lisiblement qu'on écrive et quelque uniment que je réponde. N'étant secouru de personne dans les deux cas, j'avance en aveugle sans bâton, et c'est ne pouvoir voyager qu'à bien petites journées, encore est-ce pour tomber de fatigue après n'avoir trotté que de guingois. Quelle position pour un homme vif qui, d'un coup de langue, bien que mal pendue, en dirait à l'aise plus que sa malheureuse plume à grand'peine n'en peut dire en quatre pages ! Fût-ce là tout ! mais à la quatrième page, une goutte d'encre ou de tabac n'a qu'à choir, ou une fausse construction à échapper : autant de temps perdu. L'ordre et la politesse disent : recommençons ; et ce qu'il y a de plus pitoyable, c'est que plus les gens me sont chers et recommandables, plus ces sortes d'accidents m'arrivent, ou du moins semblent prendre plaisir à m'arriver ; apparemment parce qu'un peu plus d'application, ralentissant ma plume, fixe et fatigue davantage mes misérables yeux, me rend doublement aveugle, et par là m'expose à mille incongruités de toute espèce.

» Qu'attendre de suivi, de sensé et d'agréable d'un si triste écrivain ? et quelle excuse ne méritent pas ses retardements ? Pouvais-je, monsieur, avoir rien de plus à cœur et de plus pressé que de répondre à la lettre obligeante et spirituelle que, du milieu des affaires les plus sérieuses et les plus importantes, vous avez pris la peine de m'écrire, au sujet de mon dernier ouvrage (1) ? C'est le plus doux fruit que j'en ai recueilli. J'ai beau savoir ce qu'il faut rabattre des éloges dont on se divertit à flatter la sotte vanité des fous de mon métier ; riez-en si vous voulez, j'aime à me faire illusion, quand l'encensoir est à la main d'un ami aussi habile, et qui me paraît aussi franc que vous. Alors je me laisse aller au plaisir du parfum, mais sans m'en

(1) Il est question de l'*Épître de feu monseigneur le Dauphin à la nation* (Louis de France, fils aîné de Louis XV, né en 1729, mort en 1765.)

entêter au point d'en être plus vain. Ne regrettez donc pas votre encens un peu gobé à la volée, puisqu'il ne me séduit qu'autant qu'il faut pour m'encourager à produire, tout vieux que je suis, quelque chose qui puisse mieux le mériter.

» Pour peu que les deux jeunes poètes dont vous me parlez (1), et qui ont concouru au prix de l'Académie française, auront été dignes de votre suffrage, ils auront assurément mieux fait que le *couronné* et son *accessit*. Il n'y a non plus de verve dans l'ouvrage de ces derniers que d'érudition dans des œuvres de capucins. Je le crois bien : ce sont deux miliciens à la suite du régiment de Voltaire. Ce grand homme-ci dont, comme le public, je parle plus souvent qu'il ne mérite, faute de verve, s'est retranché sur le beau verbiage, les personnalités piquantes, les petits faits brillants, un faux air d'âme à sentiments triviaux et des déclamations prétendues philosophiques. Rien de tout cela n'est au-dessus des nouveaux sortis de rhétorique. Ce n'est pas là le *mens divinior et os magna sonaturam*, qu'exige l'auteur de *l'Art poétique ;* mais c'est le Molinisme de cet art. Du sentier étroit de la vraie gloire, il fait un grand chemin des vaches et des

---

(1) Maret ne nomme pas ces deux jeunes poètes de la Bourgogne, qui avaient concouru, sans succès, pour le prix de l'Académie française, et dont les compositions, récemment imprimées, valaient mieux, dit-il, que celles qui avaient obtenu l'accessit.

veaux, et ce sera désormais à qui y marchera : et l'on fait bien. Vivent les triomphes aisés ! *Frustra fit per plura quod potest fieri per pauciora.*

» En bon compatriote, je ne vois pas sans chagrin que la contagion a gagné l'enceinte des murs où sont nés les Bossuet, les Lamonnoye, les Lantin, les Fevret, les Jehannin, les Dumai, les Bouhier, les Buffon, les Saumaise et les Crébillon. Notre nouvelle génération oublie la panacée et court à l'orviétan. Tout presque est voltairien chez vous ; vous donnez dans l'éclat de la Toison-d'Or... vous ! vous ! par votre fierté franche et gauloise, faits pour échapper seuls à la corruption générale et pour représenter la Toison de Gédéon au milieu d'Israël. O cher et zélé docteur ! je remets cette cure entre vos mains.

» Vous revenez à la charge pour me tâter le pouls sur mes dégoûts des vanités de ce monde, et sur le refus où je m'obstine. Vous menacez ma prétendue modestie d'être regardée comme un raffinement d'orgueil. Il ne me reste plus qu'à traiter le gros orgueil de l'abbé Le Blanc (qui offre deux bustes de marbre à l'académie, qui les voudra), de modestie raffinée. La malignité aura aussi bien pensé d'une façon que de l'autre : il n'y a non plus d'orgueil à mon refus que de modestie à son offre. *Non calco fastum alio fastu...* M. Legoux peut bien être justement comparé à Platon, qui, dit un auteur illustre, fut surnommé le divin parce qu'il était magnifique ; mais je ne me crois pas également comparable à Diogène. Il était d'une impudence effrénée, et on ne peut me reprocher que l'excessive simplicité d'un bon homme de la vieille roche. Je n'ai de lui exactement que le mépris des richesses, à ma tasse près, que je n'ai pas le courage de casser par respect pour votre santé, à laquelle je bois quelquefois *in petto,* comme étant celle de l'homme du monde que j'aime, estime, admire et considère le plus. »

—

LETTRE XXXV

A M. LE PRÉSIDENT DE RUFFEY.

« 23 février 1767.

» Je vous remercie d'abord, monsieur, du souvenir dont vous m'honorez, ensuite de l'envoi du brillant tableau de notre académie triomphante. Elle a eu le bonheur de savoir attacher à son corps un peu de tous les membres de l'Etat, ainsi que la sagesse et la bénignité de l'Eglise et de la Justice, en ne faisant exception de personne. Il y a de tout : altesse, haut militaire, évêque, premiers magistrats, écrivains illustres, depuis Voltaire jusqu'à

M. Poinsinet; enfin Michault, Le Blanc et un nommé Piron se trouvent sur la liste. Sur ce point déjà votre académie va de pair avec celle de la capitale, où il y a des princes, des prélats, des maréchaux de France, des savants, des poètes, des Duclos, etc., jusqu'à des Marmontel.

» Une chose unique et remarquable chez vous et qui à jamais signalera l'intégrité de votre tribunal, c'est qu'étant une académie des sciences, des arts et des belles-lettres, non-seulement elle ait franchement proposé pour sujet d'un prix la solution de ce problème, savoir : *Si les sciences et les arts ont nui ou servi aux mœurs,* mais qu'elle ait même noblement couronné l'orateur (1) qui soutient que ces sciences et ces arts sont bien pis qu'inutiles, puisqu'ils sont encore pernicieux à la société... Que notre cher et digne président, qui me croit malin et qui me l'ose dire en face, quand il l'est peut-être cent fois plus que moi, dise encore, après ce juste tribut d'éloges que je vous rends ici, que je vous boude toujours pour avoir fait partager à mon fier compatriote (2) l'honneur que vous m'avez fait. Il est vrai qu'à sa première rencontre, je n'oserai lever les yeux devant lui, tant les siens auront redoublé d'audace ; mais loin de vous tracasser davantage, je ne puis que vous applaudir d'avoir cédé

(1) J.-J. Rousseau.
(2) L'abbé Le Blanc.

à la magnifique sollicitation de M. du Terrail (1) et à ce que vous appelez l'ingénieuse malice de monsieur votre commandant (2).

» A propos de monsieur votre commandant, à quelle intention, monsieur, me chargez-vous de l'aller voir de votre part (3) ? Je m'imagine que c'était quelque commission que vous m'alliez donner auprès de ce seigneur, et qui est restée au bout de la plume. Je suis à vos ordres ; mais vous aurez la bonté de les mesurer aux infirmités de mon grand âge qui ne font de moi rien moins qu'un basque et un merveilleux commissionnaire ; et le cas échéant, si la démarche est au delà de mes forces, monsieur son beau-frère, qui m'affectionne, me suppléera et daignera seconder l'envie que j'aurais de vous être bon à quelque chose ; et c'est parce que je ne suis ni ne fus jamais bon à rien que je m'obstine à ne pas désanoblir de mon buste votre salle d'assemblée. Le prince est apparemment tout en haut (4) ; fort bien, c'est sa place : à tout seigneur

(1) Terrail (Ducrey, marquis du), membre de l'académie de Dijon.
(2) Tour du Pin-Gouvernet (Philippe-Antoine-Gabriel-Victor, marquis de la), membre de l'académie de Dijon ; mourut sur l'échafaud le 28 avril 1794.
(3) Dans sa lettre, le président de Ruffey avait engagé Piron à aller voir le marquis de La Tour du Pin, qui habitait Paris, dans l'unique but de faire la connaissance de ce personnage. Piron fait ici la sourde oreille.
(4) Le prince de Condé, protecteur de l'académie de Dijon.

tout honneur. Mais que veulent dire Crébillon, Rameau, Voltaire, etc., déjà placés, avant que le soient Fevret, Bossuet, Vauban, Lamonnoye, Saint-Bernard, Saint-Jean-de-Dieu, les Languet, curé et archevêque, etc.? Répondez, sages donneurs de prix ; où est donc la justice distributive? Attendrez-vous pour mettre ces grands hommes immédiatement sous S. A. S., que Michault, Le Blanc et moi soyons exposés au préalable à la risée publique, sous les bustes de ces trois illustres modernes, dont le dernier encore a cherché à vous outrager en tâchant d'anéantir, le premier, votre compatriote ? Ne fût-ce au fond qu'une ostentation patriotique, plutôt qu'un pur hommage adressé au vrai mérite, la date et le degré devraient du moins, ce me semble ici, régler un peu mieux le zèle et les rangs.

» Pour moi, monsieur, jusqu'à ce que cela soit, qu'on traite tant qu'on voudra mon juste refus de modestie fausse ou déplacée, personne n'étant plus capable de savoir ce qu'il en est que moi, et intimement persuadé de mon indignité, on me permettra de me cacher. Ce n'est pas comme si, par proportion, en me montrant chez vous parmi vos illustres, j'avais, dans mon espèce, les mêmes droits que, dans la sienne, aura M. de Boufflers en se mêlant parmi les nobles Génois. Il apporte le plus au milieu du moins. Je crois qu'il sera bien aise de voir à Gênes la statue en bronze du doyen de l'Académie française. Voilà des bustes en place, et non celui d'un pauvre rimeur, qui n'a pour tout mérite que son respect et son admiration pour le vôtre, etc. »

LETTRE XXXVI

AU MÊME

« Paris, 13 mars 1767.

» Eh! que nous nous entendions bien l'un et l'autre, Monsieur! et que nous sentions bien, sans nous le dire, que nous étions plus d'accord que vous ne le dites! Vous sentiez, et de reste, que je riais plus que je ne me plaignais. Je suis honteux d'avoir trop prolongé mes mauvaises plaisanteries, et confus de la peine que vous prenez en me disant de m'ôter tout prétexte de les continuer. De bonne foi, Monsieur, pensâtes-vous un moment que je doutais du goût, de la sagesse et des lumières de ces messieurs, non plus que des vôtres? Il est vrai qu'en recevant ma personne parmi vous et me demandant mon buste, il était de ma connaissance de moi-même de ne savoir trop d'abord qu'en penser, n'eût été le respect et la reconnaissance dus à la politesse et à vos préventions favorables. J'ai donc toujours bien conçu qu'on n'avait pas surpris, mais qu'on avait violenté votre religion. Qu'on fasse attention au ton dont j'ai parlé, on verra que je visais plus à vous venger d'une espèce de tyrannie qu'à vous imputer de mauvais choix.

» Laissons donc là cette matière et le *pléonasme* de M. du Terrail, qui, sur votre patente, a rempli ingénieusement le nom *en blanc* du nom de l'abbé *Le Blanc* (1). Puisqu'à la vérité le soleil a ses taches et les garde, que votre académie garde les siennes, comme une belle dame en conserve aussi par de petites mouches éparses par-ci par-là sur son visage blanc et vermeil. Des contrastes si légers ne gâtent rien, au contraire. Ainsi notre pauvre lycée, si glorieusement régénéré par vos soins courageux, est et reste en état de donner le pas à la Bourgogne sur toutes les autres provinces du royaume, et, pour dire plus, pour donner peut-être à Dijon la primauté sur Paris. On ne peut donc qu'applaudir au projet d'exposer les bustes de nos illustres compatriotes et de les borner à douze. Les trois modernes déjà placés, en y comprenant Lamonnoye,

(1) Pour justifier l'académie de Dijon de la réception de l'abbé Le Blanc, le président de Ruffey écrivait à Piron que, sur l'instance d'un protecteur de l'abbé, l'académie avait envoyé au marquis du Terrail une *patente en blanc,* avec pouvoir de la remplir du nom qu'il voudrait. « Il pouvait y mettre le nom de son valet de chambre, » ajoute le président de Ruffey, avec malice.

prouveront que ce siècle seul a suffi pour donner à Dijon une supériorité marquée sur Paris.

» Notre ville a, depuis 1700, tiré de son sein trois ou quatre enfants célèbres : Lamonnoye, Crébillon, Buffon et Rameau, pendant que Paris, qui, proportionnellement, est auprès de Dijon la montagne de Tatant auprès d'un de nos bastions, n'a accouché, dans le même cours de temps, pour son académie, que de deux enfants légitimes : Lamotte et Voltaire. Il y a, et de reste, parmi les prédécesseurs de nos trois ou quatre modernes, de quoi aller jusqu'à la neuvaine. Le temps achèvera bientôt votre compte et secondera les louables efforts du réformateur et des bienfaiteurs. Espérons aussi que le protecteur ne bornera pas sa bienfaisance au présent qu'il vous a fait de Poinsinet, et que ses bontés pour votre académie contribueront à couronner la gloire de sa protégée (1).

» Quant à l'inscription dont vous me voulez flatter, il ne me convient pas plus d'y consentir qu'à l'envoi de mon buste, puisque c'en serait tout au moins l'équivalent. Tout mon orgueil poétique est plus que satisfait de la demande qu'il vous a plu me faire de l'un, et de la proposition qu'il vous plaît me faire de l'autre. C'est trop pour moi. On ne vous demandera jamais pourquoi vous m'avez

(1) D'après le président de Ruffey, le prince de Condé avait imposé Poinsinet à l'académie.

oublié, et je ne m'ôterai jamais de l'esprit, si vous faisiez ce que vous dites, qu'on vous demanderait plutôt pourquoi vous vous seriez souvenu d'un aussi mince personnage qu'avec raison je me le crois, et que je le suis en effet. Ai-je en rien valu les fameux Languet que vous supprimez (1) ? Vous parlez de mérite académique, le peut-on refuser à l'archevêque de Sens, puisqu'il a été ici un de nos quarante (2) ? Je voudrais qu'on eût ouï l'éloge que je faisais de son éloquence, quand il passa par l'esprit à ce corps de me faire son successeur, et de me prescrire mon *remercîment*. Je l'approchais de Bossuet, et j'observais des vraisemblances, encore que, pour faire taire les gens mal prévenus, je n'eusse point hésité à mettre en jeu sa *Marie Alacoque*. L'évêque de Mirepoix me fit priver de ma succession et priva le public de mon *remercîment*. Le public et moi avons bien perdu. Pour son frère, qu'on lise mon *ode sur le Temple de Saint-*

(1) On ignore s'il est question ici de Languet (Hubert), écrivain politique, 1518-1581, ou de Languet de Gergy, curé de Saint-Sulpice, qui se rendit célèbre par sa charité. (1675-1750). On lui doit l'achèvement de l'église Saint-Sulpice.

(2) Languet (J.-Joseph), membre de l'Académie française, frère du précédent, 1677-1753. Défenseur ardent de la *Constitution Unigenitus*; composa plusieurs écrits, entre autres la *Vie de Marie Alacoque*. Cet ouvrage, publié après la mort de l'abbé Tournely, fut attribué à ce dernier, ce qui fit dire que Tournely avait emporté l'esprit de l'évêque Languet, et ne lui avait laissé que *la coque*.

Sulpice ; on verra, malgré mon épigramme sur ses mains, si l'on peut en penser autrement que comme d'un rare homme (1).

» Je n'ai point connu Saint-Jean-de-Dieu dans la *Légende*, que je n'ai pas lue plus que vous, Monsieur. Je sais seulement qu'il était de Dijon (2); qu'il a fondé le plus bel hôpital de Paris, celui de la Charité; que cela vaut bien un ouvrage d'esprit et une église, et qu'un jour, importunant un ministre pour le bien de l'affaire, et celui-ci lui ayant donné un soufflet, il se jeta à genoux et lui dit, en tendant l'autre joue : — Encore un, Monseigneur ! pourvu que vous m'accordiez ce que je vous demande. — Et vous, Monsieur, adressez-moi, s'il vous plaît, directement par la poste, sans vous embarrasser du port. Vous ressemblez au roi, qui me prend tous les ans une vétille pour ma capitation, et me donne cent pistoles de sa poche (3).

---

(1) Ce curé, qui était malin, dit un jour à Piron : « Est-ce que vous êtes le fils de M. Piron, l'apothicaire, qui avait les bras si longs, si longs?... — Ah! Monsieur, répondit Piron, que vos mains n'étaient-elles au bout! nous aurions fait une bonne maison. »

(2) Saint-Jean de Dieu n'était pas de Dijon, mais originaire du Portugal, 1495 - 1559. Il institua l'ordre religieux de la *Charité*, ce qui, probablement, fait dire à Piron, par une extension un peu forcée, que ce saint *fonda l'hôpital de la Charité*, à Paris. Du reste, tout porte à croire qu'il y a ici une erreur de copiste.

(3) A la sollicitation de Montesquieu, la marquise de Pompadour était intervenue en faveur de Piron auprès du roi, qui, pour

C'est vous dire assez avec quels sentiments respectueux je suis, Monsieur, votre humble et petit serviteur. »

—

LETTRE XXXVII

A M. LEGOUX-GERLAND (1).

« Monsieur, la vive, belle et féconde imagination fit de tout temps les vrais poètes, et peut seule surtout faire le poète français, vu notre versification rimée et monotone, qui, moyennant de l'huile et de la patience, met l'esprit le plus médiocre à portée de s'en mêler, *invitâ Minervâ*. D'après ce principe, qui, je crois, aura votre aveu, vous êtes poète, monsieur, et plus poète que moi. Pardonnez-moi donc si, descendant de dessus Pégase, j'ose, comme le plus ancien des chevaliers du Parnasse moderne, vous donner l'accolade, vous faire ceindre l'épée

---

le dédommager de son échec académique, lui avait accordé, sur sa cassette, une pension annuelle de mille livres. En annonçant cette nouvelle à son frère, le 17 août 1753, Piron lui disait :

La crosse m'a mis bas, le sceptre me relève.

(1) Réponse à une lettre du 22 décembre 1767, reçue le dernier février 1768. (*Note de Piron*).

et chausser l'éperon par les neuf pucelles, vous tenir l'étrier et vous mettre en selle à ma place.

» Tous mes vers ne vaudront jamais la prose agréable où vous fulminez contre les lèvres froncées et rétrécies des prudes qui minaudent; où vous placez les tours de l'antique Bérécynthe sur le haut des têtes écervelées de nos belles, en leur conseillant d'en cacher les mamelles pendantes à triple étage sous leur corset mignon; où vous trouvez enfin de quoi mettre en jeu les pies et Newton, à propos des phénomènes capillaires qui se hérissent contre cieux, vents et marées. Sauf respect, Monsieur, vous avez oublié leurs mantelets noirs qui, nous dérobant les tailles épaisses, élégantes ou bossues, n'offrent, à qui les voit par derrière, que des bustes de capucins d'ébène. Que le beau sexe ne fût-il ainsi bâti dans mes jeunes ans! Il ne m'eût ni tenté, ni attendri, et m'eût épargné bien des vers élégiaques, des pas et des folies.

» Je pourrais fournir à votre tableau un pendant qui ne gâterait rien à la décoration : ce serait celui de nos muguets, tant de haut que de petit parage, car qui voit ceux-ci, voit ceux-là; Versailles et la rue Saint-Honoré ne font qu'une enfilade. Vous verriez, monsieur, qu'en fait de coiffure, de vêtements et de manières, les deux sexes, pour le ridicule, ne s'en doivent guère l'un à l'autre. La galanterie est, comme on peut croire, sur un aussi bon pied que les modes. Il y a trois sortes de coiffures : 1° en *catogan* ; 2° *à la grecque* ; 3° *à la débâcle*.

» Du *primo*, je n'en sais que dire, faute de le comprendre. *Catogan* ! quel diable de nouveau mot est-ce là ? Mais *à la grecque* et *à la débâcle,* bon pour cela. Autant que j'y puis entendre, ces deux termes sont, je crois, analogues aux amours de ce temps. Regardez-y un peu de près, s'il vous plaît, et songez comme l'amour se traite. Personne n'en a de part ni d'autre. Les mâles, dès l'âge de vingt ans, sont hors de combat ; les femelles, froides comme glace, n'ont de tendresse que pour elles-mêmes, et d'ardeur que pour l'argent.

» Adieu (1) bientôt le genre humain ! Vous et moi, monsieur, en fissions-nous l'épitaphe ! Elle donne beau jeu à l'épigramme. Passant de ces irrégularités, on voit de belles choses ! J'en at-

(1) Ici Piron a pris la plume de la main de sa nièce et a copié lui-même le paragraphe suivant, d'une écriture tremblante et *grossoyée*. Sa nièce était mariée alors au musicien Capron, attaché à l'Opéra. Ce mariage avait été fait à l'insu de Piron ; du moins Annette, par un sentiment de délicatesse toute féminine, avait voulu en dérober la connaissance au vieillard, dont elle eût craint d'inquiéter la jalouse tendresse. Mais le malin bonhomme, quoique aveugle, y voyait assez clair pour deviner le secret de la petite comédie qu'on jouait autour de lui, et, de temps en temps, il disait : « *Je rirai bien quand je serai mort.* » Par ces mots, il faisait allusion à son testament, qui, ouvert après son décès, portait en tête cette ligne, en majestueuses majuscules : « Je lègue à Nanette, ma nièce, *femme de* CAPRON, etc... »

Telle était la *vengeance* dont l'excellent vieillard s'était égayé par anticipation.

teste vos bons yeux et les événements du jour. Les filles de théâtre vident le carquois de l'amour et la bourse du prince, du duc et du financier. Il n'y a plus de quoi payer dots ni douaires. Vertu et pudicité sont sans ressources. Toutes les richesses s'abîment dans le gouffre des mauvais lieux. N'était que les grands, par-ci par-là, trouvent à vendre leurs filles légitimes, naturelles ou entretenues, à des fermiers généraux et à se vendre eux-mêmes aux filles de ces honnêtes cartouchiens, ils iraient presque tous à pied ; et il n'y aurait ici en carrosse que les demoiselles qu'on devrait voir aller à la Salpêtrière en charrette. Les belles générations que cela promet ! et qui ne s'annoncent déjà que trop. Tous nos seigneurs d'épée, d'église et de robe ressemblent à des troupes de *Brioché*. Aussi ont-ils tous, pour premier meuble dans leurs petites maisons, de petits théâtres de marionnettes où, pour la gloire et le bien de l'Etat, ils s'exercent à jouer des opéras comiques. Je ne sais comment en temps de guerre nos armes s'en trouveront ; mais c'est merveille de voir comment s'en trouve la littérature dans cette capitale, et surtout la pauvre poésie. On ne se soucie plus de Racine ; on ne veut plus entendre parler de Molière ; le grand Corneille est pour jamais *à remotis ;* Despréaux, La Bruyère, Bossuet, même, sont renvoyés à la bibliothèque bleue. Voltaire remplace tout cela. Ce n'est plus que tragédies bouffonnes et comédies jérémisant le sentiment. Tout le reste du feu poétique s'évapore en cantatilles, ariettes et pièces fugitives, qui décorent les premières pages de nos divins *Mercures*.

» Voilà dans quel siècle débute votre jeune académicien, sur lequel vous me demandez mon sentiment (1). Sa jeunesse et son talent le rendent sans doute digne d'éloges. Il pourra faire des merveilles à en juger par ce qu'on en a déjà vu, pourvu qu'il ne se laisse pas aller au mauvais exemple. Je ne parle pas des mœurs : à Dieu ne plaise, quand j'oserais trancher du moraliste, que je doutasse un moment qu'il les aura constamment excellentes ! Sa douceur, sa modestie et sa physionomie en répondent ; ce qu'on lui connaît d'esprit fera le reste. Je ne parle que des opérations de cet esprit. Qu'il fuie l'esprit régnant ! Faible, irrégulier, imitateur, copiste, plagiaire, il ne mourrait que soldat du capitaine Voltaire, capitaine réformé à la suite de feu le *Régiment de la calotte* (2), en pied encore dans

---

(1) Nous ignorons quel est le jeune académicien dont il est question. Peut-être est-ce l'un des deux poètes bourguignons dont Maret lui avait parlé.

(2) Ce régiment imaginaire de *la calotte*, c'est-à-dire de la *Folie*, eut pour fondateurs Aimon, porte-manteau de Louis XIV, et Torsac, exempt des gardes-du-corps ; il dura depuis les dernières années du règne de ce prince, jusque sous le ministère du cardinal de Fleury. — *Donner la calotte* ou un *brevet de calotte* : c'est-à-dire déclarer un homme extravagant, l'enrôler dans le régiment de la Folie.

l'armée des badauds ; mais qui, si par hasard il allait à des siècles à venir, ferait la honte du nôtre, au cas qu'on sût le cas précoce qu'on en a fait.

» Que notre jeune académicien soit donc en garde contre ce qui fait la réputation littéraire d'aujourd'hui ; je ne sais pas de plus sûrs moyens de n'en jamais avoir. Qu'il pense d'après lui-même ; qu'il sente, qu'il imagine, qu'il crée, et puis qu'il écrive à sa fantaisie, il écrira bien. *Cui lecta potenter erit res, nec facundia deseret hunc, nec lucidus ordo* (1), les deux choses qui manquent dans tous nos écrits, depuis *OEdipe* jusqu'aux *Scythes* (2), les derniers morts; ce sont ces deux choses-là, dont il n'en faut qu'une de manque pour se fermer la porte et le guichet même de l'immortalité ; et peut-être est-ce à cause de cela que l'auteur des deux pièces que je dis, désespérant de se faire ouvrir ces portes, les veut fermer à l'âme, et tâche à se persuader et à nous prouver follement le matérialisme. Flattons-nous qu'un jour notre jeune académicien méritera part à votre munificence, et que vous lui ferez, avec plus de justice qu'à moi, l'honneur de vouloir avoir sa tête vive ou morte. Ce ne seront pas du moins M. Le

---

(1) Horace, *Art poétique*, 40-41.
(2) Tragédies de Voltaire. Celle des *Scythes* venait d'être jouée sans succès. Voltaire s'étant vanté de n'avoir mis que douze jours à la composer, on lui répondit qu'il aurait dû mettre douze mois pour la corriger.

Blanc et Poinsinet, nos deux confrères honoraires, qui lui barreront le chemin. Il peut encore une fois compter sur votre bienveillance honorable, après celle que vous m'avez témoignée et dont je vous réitère ici mes humbles et derniers remercîments .

» J'ai bien mis du temps à répondre à votre lettre ; une fois moins pourtant qu'elle n'en a mis à venir, car elle est datée du dernier janvier, et je ne l'ai reçue que le 1er mars. D'ailleurs, pour un aveugle, écrire c'est faire l'impossible, sans quoi je vous renouvellerais mille fois pour une l'assurance de mon très-profond respect.

LETTRE XXXVIII

A M. MARET

« 18 mars 1768.

. » J'écris sans voir si j'écris, Monsieur. J'ouvre inutilement deux grands yeux qui pour cela même achèvent de se crever. Ma nièce est là seulement pour m'avertir quand il n'y a plus d'encre à ma plume, et me remettre au courant; sans quoi, j'irais toujours mon chemin croyant encore écrire. Cela semble incroyable ; cela est pourtant vrai à la lettre. L'habitude prend la place de la nature ; mais c'est ici pour la dernière fois, et vous seul au monde en pouviez opérer le miracle ; et j'en profite comme un voyageur de nuit de la lueur d'un éclair, pour vous témoigner la part sensible que je prends à la perte que vous venez de faire (1). J'en ai fait une pareille en ma vie ; et vous sentant une belle et noble façon de penser, je vois clair dans le fond de votre cœur et je juge que vous ne pouvez avoir de consolation que le temps et la raison. Rien n'est invincible devant ces deux forces. Les diversions consomment l'œuvre. Il est déjà beau que, du milieu de vos chagrins, vous ayez eu le courage d'en faire une en ma faveur, dont je vous tiens grand compte.

» Vous m'écrivîtes, le 7 décembre dernier, une lettre de cinq grandes pages, la plus agréable et la plus spirituelle. Je mourais de dépit d'être en reste ; mais mon cher docteur, qui le sait mieux que vous ? c'est la saison fatale aux hommes qui ont le malheureux avantage d'avoir atteint mon âge, et pendant laquelle un aveugle l'est plus qu'en tout autre temps.

» A la fin de janvier, j'ai reçu une lettre de M. Legoux. La violente impulsion de la bonne nature délia la langue du petit Crésus. Tant d'ho-

---

(1) La mort de madame Maret.

norables souvenirs, si peu mérités, ont fait le même prodige. Je venais de mettre à la poste ma réponse à perte de vue, quand votre lettre du 7 de ce mois m'est arrivée. Je me suis jeté, plein de ferveur, aux pieds du fils de David, qui a mis encore un peu de sa salive sur la visière du pauvre *Quinze-Vingt ;* et je profite aussi vite que je puis du topique avant qu'il se sèche. Où sont défunts mes yeux? cette missive aurait cent pages. Votre dernière lettre et la précédente mériteraient cela de remercîments, de louanges et d'agréables nouvelles, équivalentes aux vôtres.

» S'il n'y a pas trop à rire ici, il y a du moins fort à plaisanter. L'Encyclopédie et ses suppôts, tant auteurs que souscripteurs, forcent nos procureurs-généraux, notre saint archevêque et la grave Sorbonne, tout aigles que Dieu les fit, à chasser aux mouches. On ne voit que référés, mandements, censures, brochures impies, diatribes et pasquinades. Le général Voltaire, à la tête des rebelles, fait de loin le diable à quatre pour venger le pauvre auteur de *Bélisaire,* son aide-de-camp, qui joue ici le rôle du diable boiteux, et va la tête baissée sous les coups de verges et les sifflets : car le Parnasse est pour le moins aussi scandalisé de sa besogne que la Cour et l'Eglise. Par bonheur pour la gloire de nos XL, il est le seul d'entre eux assez malavisé pour oser écrire. La Harpe, au sortir des écoles de

Ferney, à la tête de ses petits camarades de collége, fait la futaine (1), et comme un pandour, va faire la petite guerre et se distinguer à la picorée. L'illustre madame Denis, en valeureuse Bradamante, galope en vain après Brunel. Elle m'a bien la mine de repasser sur les bords de Suzon sans le portefeuille que le fripon d'écolier dérobe à son maître, supposé toutefois que ce ne soit pas un tour du vieux jeu de celui-ci, auquel se serait prêté ce nouveau Zopire, lui en dût-il coûter le nez et les oreilles, ou qui pis est, l'honneur. C'est selon le marché fait entre eux. Assurément, la promesse d'une place à l'Académie serait une clause de cet admirable marché. Il ne reviendra pas grand'gloire à la nôtre de l'opéra que vient de nous donner notre cher confrère Poinsinet. Ces sortes d'élus préparent des peines de damnés aux orateurs qui seront chargés de leurs éloges quand la mort les aura rayés du tableau. Pour moi, si j'étais jamais dans le cas d'en mériter un, je déclare que je le voudrais borné à dire que j'ai eu quelque part dans votre estime et

---

(1) *Futaine* (*courir la*), jeu auquel se livraient, le jour de la Saint-Jean, à Marcilly-sur-Seine, des jeunes gens légèrement vêtus. « Celui qui arrivait le premier à l'endroit marqué avait pour prix une aune et demie de futaine ; d'où ce jeu s'appelait *courir la futaine*, et de là on a dit qu'à Pâques on donne la roulée aux enfants sages et non à ceux qui ont fait *la futaine*, pour dire ceux qui ont été vagabonds, coureurs et joueurs. » Dictionnaire de Trévoux.

dans votre amitié, et que personne n'a mieux senti que moi combien vous méritiez de louanges à mille égards. »

LETTRE XXXIX

A M. LEGOUX-GERLAND

« Ce 30 mai 1768.

Courage, faible prunelle;
Encore un clin, si tu peux :
Et qu'une nuit éternelle
Te couvre après, si tu veux.

» Monsieur, permettez-moi de plaisanter sur mes deux têtes, dont l'une, grâce à vos prétentions trop favorables, a la gloire d'être dans votre salon sur une gaîne (1), et dont l'autre, grâce au ciel, a le bonheur d'être encore ici sur mes épaules. Est-il bien sûr que les deux fassent la paire? Si peu que vaille celle-ci, je gage qu'elle est la meilleure, et qu'à la comparaison, elle gagnera de quelques points. Celle de là-bas, façonnée à l'antique, aura l'âge d'un Démocrite mort à cent ans, et il s'en faut de

(1) Piron avait fini par envoyer son buste à M. Legoux, qui lui annonçait l'avoir placé dans son salon sur un scabellon.

quelques jours que j'en aie quatre-vingts. Pesez, monsieur, ce que vingt ans de plus font perdre aux charmes d'une jeune beauté de quinze ans. Tirons déjà cela à moi, et suivons. Le crâne de mon buste est chauve : autre avantage de mon côté ; car, ne vous en déplaise, monseigneur et très-respectable cadet, non plus qu'à votre *Posthume, Posthume, labuntur anni* (1), j'ai ma tête encore honorée de toute sa chevelure, et qui mieux est (à la barbe du sot proverbe, qu'il ait dit faux ou vrai), de sa chevelure noire.

Troisième désagrément de ma tête dijonnaise : vous dites, monsieur, qu'elle a des rides. Je m'inscris en faux : ce n'est plus moi. J'en suis à la première. Moi, des rides ! où en aurais-je contracté, moi, qui n'ai fait que rire toute ma vie, qui l'ai passée à dérider le front de mes pauvres diables de frères les humains, bonnes gens à mon gré trop sérieux sur de sots intérêts qui ne valent pas la millième partie d'une minute au milieu de l'éternité des temps? On vient nu : on vit pauvre et l'on meurt comme on est né ; ou tout au mieux, on naît tout chaussé et tout vêtu, on vit tout vêtu et tout chaussé, et on s'en va déchaussé et dévêtu. Nous voilà tous bien avancés ! et je n'aurais pas ri ! Eh ! si, de par Dieu ! ç'a été autant de gagné sur le maudit temps,

(1) Horace, ode xi.

père et fils de l'oubli. Voilà pour les rides ; allons au teint des deux visages. Chez vous, monsieur, je suis pâle sans doute comme le Commandeur du *Festin de Pierre. Abrenuncio!* J'ai la face du roi de Cocagne, vive, fleurie et rubiconde. Ce vilain coloris irait comme de cire sur le portrait de Voltaire, qui ne se nourrit et ne s'abreuve de haut en bas que d'électuaires, d'eaux minérales et de décoctions. Pour moi, voici mon régime : un pain et deux bouteilles de vin pur de son pays, le meilleur que puisse déterrer et payer un pauvre poëte Bourguignon (1) :

Aveugle, libre de tout soin,
D'esprit, de cœur et de mémoire,
Sans plumes, ni livres, Grégoire
Solitaire et seul en un coin,
Doit, s'il veut le pousser loin,
Peu manger et beaucoup boire ;
Ayant assez bu, dire : Holà !
Puis, sabler une ou deux rasades
De vin grec ou d'eau des Barbades ;

(1) « Il y a tant de sel dans ce que je compose, dans ce que j'écris, dans ce que je dis, que par toutes ces pensées salées qui traversent les organes où vous dites que se font les filtrations d'où vient l'esprit sublime, mon corps est resté altéré dans toutes ses parties, de façon que je me sens de la soif aux talons, comme à la gorge. » Lettre de Piron à l'abbé Legendre ; la XXXIIe des *Mélanges des bibliophiles,* tome IV. Pour terminer cette plaisanterie de Piron, nous dirons de lui ce que le prince de Ligne disait de Duclos : « Qu'il avait le sel de mer, le sel amer plutôt que le sel attique. »

Et, dans les règles jusque-là,
De Seine, de Valtz et de Spa
Narguant la Naïade et la Nymphe,
Pour se désépaissir la lymphe,
Avaler chauveau de Moka ;
Et pour en tempérer la force,
Crainte qu'elle n'agisse trop,
Sucrer, sucrer la tasse à force
Et le transformer en sirop.

» Ce régime ne vaut-il pas bien la pipe du fier Crébillon et la seringue de votre grand apôtre et seigneur de Ferney ? Ah ! le joli bulletin qui nous vient de là ! Voilà, voilà, Messieurs les encyclopédistes, qui vous apprend à vous ranger à vos devoirs et aux pratiques de piété (1). Après cela, quand je publierai mes tendres et jolis psaumes pénitentiaux, qu'on me vienne rire au nez, comme au nez d'un cafard ! Je renverrai bien les rieurs et les libertins aux pâques de leur patriarche, qui, comme Fontenelle, n'a pas attendu quatre-vingt-dix-neuf ans pour les faire une première fois, encore fallut-il que les prières de sa pieuse et bonne amie, madame Geoffrin, s'en mêlassent, comme ici peut-être celles de saint d'Argental s'en sont mêlées.

» Revenons, Monsieur, à mes deux têtes, dont

---

(1) Voltaire avait communié vers cette époque ; ce qui faisait dire à Piron que Voltaire était sans caractère ; qu'il craignait la grillade comme un... dindon.

celle qui avait tout-à-l'heure ma prédilection, s'en va et est sur le point de ne pas valoir celle de l'académicien des Arcades qui a coûté 10,000 francs à un richard qui n'en savait que faire et qui a payé cette somme à notre Lycée pour qu'il prît la peine de s'en embarrasser. Ma pauvre tête, dis-je, est en tel état que si on la creusait ainsi que celle qui est sur gaîne, on ne trouverait guère plus de cervelle dans l'une que dans l'autre. Elles ne sont non plus guère plus claivoyantes l'une que l'autre. Voilà où les ressemblances se rapprochent. Tout ce badinage laisse en entier les humbles et justes remercîments que je dois à un honneur si peu mérité ; encore plus les sentiments d'admiration dus à la munificence du plus aimable et du plus respecté seigneur de notre Dijon. »

—

LETTRE XL

A M. MARET

« Ce 3 juin 1768.

» J'ai été, Monsieur, d'autant plus ravi de la visite dont m'a honoré monsieur votre oncle, qu'au plaisir d'entendre en lui quelqu'un d'excellent qui vous aime et voit dans tout ce que vous valez l'honneur que vous aurez fait à votre famille et à la patrie, était joint le régal que je me faisais de me mettre de vive voix à l'unisson. M. Legoux venait de m'honorer de ces nouvelles, et de celles de l'arrivée de ma tête dans son salon. Sans vouloir rien rabattre d'une juste et décente reconnaissance, je ne puis me guérir de ma peur. Tout cela m'a bien l'air d'une maligne galanterie. Je sais de vous, Monsieur, le mauvais motif qu'on supposait à ma sincère et sage répugnance. Ne pourrait-ce pas être ici le divin Platon, dont la munificence indignée *calcat* le prétendu *calcantem fastum ?* J'ai peine à démêler en moi-même si je suis honteux ou glorieux. *Amicus Plato, sed magis amica veritas.* Et rien n'est plus vrai que, dans ma conscience, je n'ai jamais ni cru mériter, ni dû ambitionner par conséquent ces sortes d'honneurs. Ne voulant pourtant faire ici ni le fat qui s'applaudit, ni le bon capucin qui s'humilie à l'excès, j'ai pris le parti et la liberté d'oser me mettre là-dessus en belle humeur et de plaisanter sur mes deux têtes. L'obligeante esquisse que vous me faites de la factice mériterait bien peut-être que je vous remerciasse sur le même ton. Qui m'empêcherait, si je le voulais, de prendre des cajoleries si flatteuses pour de belles et bonnes ironies et des pilules finement dorées ? J'aime mieux les avaler de bonne grâce que de contester pour faire dire encore que je me baisse comme la cruche, afin de mieux m'emplir et que ma modestie est une modestie à crochet.

» Qu'on en pense ce qu'on voudra : défaut ou raffinement d'amour-propre, — amour que l'élégant Fontenelle a dit être le Mathusalem des amours ; — soit, tout le monde en a donc. Dès lors, j'ai le mien. Il est en ce cas chez son hôte bien *incognito*, et il a bien compté sans lui s'il compte y être à son aise ; car toute mon attention est de lui faire faire mauvaise chère ; et plus je l'entendrai gronder, plus je le ferai jeûner et me divertirai à le macérer et à le mortifier comme un coquin de domestique qui s'est installé chez moi sans mon aveu, s'y est impatronisé et ne cherche qu'à tout gâter dans mon petit ménage. Reprochez-moi donc, vous dis-je, monsieur, à votre gré, sotte défiance de moi-même ou plus sotte confiance à de simples et séduisantes politesses. Je vous remercie bien des vôtres, ne fût-ce que de la peine que vous prenez et de la bonté que vous avez de me les témoigner avec profusion.

» La plus touchante, dans l'envie que vous auriez de revoir Paris, est de m'en mettre pour quelque chose. Vous n'êtes pas de nous deux celui qui perd le plus aux difficultés qui s'opposent à ce désir. Du reste, n'ayez regret ni demi à ces privations. Mon article est d'abord un zéro qui ne vaut pas la peine d'en parler ; je suis encore moins que le peu que je pus être : cela approche bien du rien. Quant à Paris, ville de boue et de fumée, eussiez-vous la bourse et le chapeau de *Fortunatus;* le cheval *Bayard, Bride-d'Or, Rabican,* l'*hippogriffe* vous tendissent-ils la croupe à la *porte Guillaume* (1), je vous conseillerais de tout renvoyer à l'écurie, d'aller faire un tour au jeu de l'arquebuse, mon cher et premier Parnasse, et de retourner chez vous boire un coup. Cela vaudrait mieux que de n'avoir vu qu'un étang, et quel étang! Un étang bourbeux, un Lac Asphaltite qui renferme en soi pire que Babylone et Sodome ensemble; gouffre dont la pestilente exhalaison ayant flatté l'odorat des vilains et des vilaines de province, ont fait de la capitale la sentine du royaume. Eh bien! vous n'aurez pas vu tout cela. La belle perte! Vous n'aurez pas vu l'Opéra, dont Despréaux a frondé les airs et les paroles de son temps, où travailla Quinault, et où vient de travailler, à sa honte et à la vôtre, notre illustre confrère M. Poinsinet; vous n'avez pas vu la belle tragédie de *Béverlei* (2), où l'on se tue en se tuant à la détester, et que l'auteur ne se pardonnerait pas, tout académicien français qu'il est, s'il n'avait pour excuse qu'il n'est qu'un traducteur des Anglais, et que ce qu'il en a fait n'a été que pour relever sa patrie en montrant la supériorité de nos talents au prix des

(1) Porte de Dijon, du côté de Paris.
(2) *Béverlei*, tragédie bourgeoise en cinq actes et en vers libres, imitée de l'anglais, par Saurin, jouée en 1768.

leurs. Vous n'aurez pas, dis-je, vu tout cela. Mirez-vous, et, sans avoir bougé, vous aurez vu mieux que nos habitants, nos théâtres et nos trois académies. Vous aurez vu l'homme de bien, l'homme d'esprit, l'homme qu'en vain cherche et voudrait voir votre admirateur,

» PIRON. »

« *P. S.* J'ai oublié de vous dire qu'en écrivant à notre illustre bienfaiteur, qui ne veut pas mettre de mon vivant ma tête entre des têtes de morts, je lui ai mandé mon régime de vivre. Il est tel, qu'il soulagera, je crois, son impatience. L'affaire est de votre compétence. Si ce seigneur vous consulte là-dessus, vous verrez si je m'y suis bien ou mal pris pour reculer ou pour avancer mon apothéose. De la façon dont je m'en trouve,— gardez-vous bien d'éventer mon spécifique,— il n'y aurait presque plus de malades que la Faculté, dont le bien-être consiste dans nos indispositions. Je parle à un vrai docteur, qui s'est plaint à moi que les confitures avaient pris, au dessert, la place du fromage, et qu'on ne finissait pas une bouteille entre huit ou dix convives de vingt à trente ans. Hélas ! mon Dieu, voilà ce qu'il vous faut. C'est chez les buveurs d'eau que les verseurs de médecine font leurs foins.

» J'oubliais aussi de féliciter ceux qu'a régalés le

docte Michault (1). *Aliquid monstri alit.* Ce repas-là ne manquera pas d'avoir de graves conséquences, dont la presse et quelques lecteurs gémiront. Je suis payé pour savoir d'avance à quoi m'en tenir. J'ai lu sa profonde dissertation sur le véritable auteur de l'ode du malheureux Lisandre, chantée par les garçons savetiers aux guinguettes ; j'ai vu dans nos divins Mercures, les curieuses recherches que ce savant communiqua à son célèbre confrère Marcus Albus Putridus, sur l'origine intéressante du mot *aben*, à propos de l'immortelle tragédie d'*Aben-Saïd* (2) ; enfin, j'ai lu le fier morceau d'éloquence qu'il adressa au tribunal souverain de nos quarante infaillibles, pour lui reprocher son indifférence sur l'honneur que lui faisaient notre Ovide et notre Voiture ; après cela, adieu au seigneur Amphitryon ! J'ai dîné et m'en vais aussi soûl et aussi ennuyé que les soixante Bernardins sont sortis de Cîteaux. »

(1) Michaud (Jean-Bernard), membre de l'académie de Dijon, a publié de nombreux ouvrages. Né en 1707, mort en 1770.

(2) *Aben-Saïd, empereur du Mogol,* tragédie, par l'abbé Le Blanc, jouée en 1735.

LETTRE XLI

A M. SAURIN

« 23 juin 1768.

» Vous ne pouvez, monsieur, faire part de vos productions à une personne qui prenne plus d'intérêt que moi à leur glorieux succès. Je vous remercie de l'honneur que vous m'avez fait de m'envoyer votre pièce, autant que du plaisir que m'en a fait la lecture. J'envie ceux qui vous auront loué dignement ; l'art leur aura fourni des expressions que la nature ici refuse à un sentiment aussi vif pour le moins que le leur. Je n'y vois de mal, sinon le dommage qu'une main qui présente les plus belles fleurs de si bonne grâce, au lieu de les cueillir sur la terre natale, ait fait l'honneur aux Anglais de les aller chercher sur leur mauvais terroir (1). Netteté, précision, élégance, énergie, belle versification ; quel dommage qu'une si belle jonchée de fleurs flatte l'orgueil d'une nation qui ne vous a fourni que la caisse grossière et la terre noire ! Les matériaux bruts de la carrière insulteront aux miracles de l'atelier, et les sonneurs

---

(1) Il s'agit de la tragédie de *Béverleï*.

du sermon au mérite de l'orateur. Ces honnêtes voisins n'aspirent qu'à nous avilir, et c'est de nous à qui tendra les deux joues aux soufflets, et Dieu sait si ces messieurs nous en font faute en se voyant la proie de nos poètes, de nos romanciers, de nos *philosophets* d'aujourd'hui ! Je les entends se dire : « Ces pauvres français sont drôles et gens de belle ressource. Nous leur avons escamoté, à beaux deniers comptants, leurs possessions d'Amérique et d'Asie, et, par représailles, pour venger leurs malheureux guerriers, au lieu d'épée, ils ont mis la plume à la main, et se dédommagent en pillant nos beaux-esprits. Vivent les hostilités à pareilles conditions ! à nous le profit et l'honneur ! Voguent nos galères, et grand bien leur fasse tout le reste !... »

» O turpitude ! Je le pardonne aux *Warwich*, aux *Eugénie*, etc., etc. *Sed, tu quoque, fili !!* Vous, monsieur, illustre fils d'un père célèbre que la patrie a pour ainsi dire deux fois embrassé et serré sur son sein, vous qui, par conséquent, devez plus que personne être jaloux de notre ancienne prééminence, et qui pouvez mieux que tout autre contribuer à notre gloire théâtrale, doué, comme on vous connaît, de la force comique et pathétique... Je ne vous crois pas devoir demander pardon de cette saillie d'un métromane échauffé des vraies beautés répandues dans votre dernier ouvrage. D'ailleurs, ne parlé-je pas à un esprit sage, éclairé, modéré, qui n'est pas pour confondre la franchise amicale avec aucune sorte de mauvaise hardiesse, et surtout quand elle ne tend qu'à vous prouver le cas tout particulier que je fais de vos rares talents dans plus d'un genre, et la confiance que j'ai en votre caractère indulgent. Ce ne serait pas la première fois que j'aurais eu à m'en louer.

» En voilà trop de dit sur ce qui s'en allait sans dire sur mon compte. J'en veux aux Anglais. Ce sont des sots orgueilleux qui nous méprisent, et nous de plus sots agréables qui leur faisons la cour. On ne voit que petits *anglophilètes* parlant lettres et politique, les élever aux nues pendant qu'ils en rient. Tous ces *bavardeaux* croient jouer le rôle héroïque de gens qui ont la justice de révérer le vrai mérite dans leur ennemi même ; on ne s'y trompe pas. Ils ne sont, ou que des fats insolents qui veulent se faire un honneur d'humilier l'auditoire, ou que des chiens couchants qui lèchent les pieds du maître brutal qui les bat. Vous, vos pareils et les miens n'en sommes les dupes. Si vous et vos pareils nous aidez à ne pas dégénérer, ils seront dans tous les temps à notre école, et de très-mauvais écoliers. Courage donc, messieurs les quarante ! Pas tant d'éloges et plus de quoi s'en attirer ! La belle affaire que de louer, en comparaison d'être louable ! Par exemple, suis-je bien avancé de vous trouver tel, et d'en être encore à mériter de m'oser dire votre admirateur. »

LETTRE XLII

A M. LEGOUX-GERLAND (1).

« Monsieur, hors d'état de pouvoir écrire autant que je voudrais, j'attendais l'arrivée de votre agréable pacotille pour n'en faire qu'à une fois. J'apprends à la douane que la voiture tardera peut-être encore deux ou trois semaines; et, comme mon luminaire pourrait alors être entièrement sous l'éteignoir, et que, d'ailleurs, je trépigne de vous remercier, quand même tous les sylphes auraient bu votre vin en route et qu'une seule goutte ne m'en parviendrait pas. Eût-ce été du nectar, le présent n'aura jamais valu l'offre; elle répond bien à votre réputation : car il n'est bruit que de vos bienfaisances particulières et municipales. J'en aurai été l'objet de toute façon, et voilà mon compte.

» Il me reste à dire, Monsieur, qu'il fait bon oser rire et prendre la liberté de plaisanter avec vous.

(1) Réponse à une lettre du 5 juillet 1768.

Le joli tour qu'à la faveur d'un mauvais rêve, vous donnez à la peinture burlesque que je vous ai faite du régime de vie d'un pauvre poète bourguignon(1), en comparaison avec la pipe de l'un et la seringue de l'autre! Vous êtes parti de là en bon prince et en faux prophète. Vous avez dit : Il a soif, versez à boire. Ainsi, j'ai bien opéré sans penser à malice, J'ai semé la zizanie entre votre maître d'hôtel et celui de vos chevaux; l'un, zélé pour votre vin; l'autre pour son foin (2). Je les vois se tenant tête l'un à l'autre, et le juge de paix à la fenêtre leur ordonnant d'aller boire ensemble et de se réconcilier devant la *dive* bouteille, avec défense d'y faire une libation avant l'emballage loyal et complet. Ô madame Bassenet! n'égarez pas un si bel *ex voto!* J'y ai encore quelque foi. L'envoi viendra; le vin en sera d'un mois plus vieux et plus analogue à mes quatre-vingts ans. Il faut une bien pure générosité pour obliger des gens d'un âge qui ne leur peut laisser le temps d'une longue reconnaissance!

» Mon buste, qu'avec raison j'avais refusé cons-

(1) Voyez, dans la lettre XXXIX, les vers de Piron, vers auxquels M. Legoux-Gerland crut devoir répondre par un envoi de vin de Bourgogne,
(2) M. Legoux-Gerland lui mandait dans sa lettre qu'une querelle plaisante s'était élevée entre son cocher et son maître d'hôtel, à l'occasion de l'envoi du vin. Le cocher refusait de donner du foin pour l'emballage du liquide; mais M. Legoux, paraissant à la fenêtre, mit le holà entre eux en les autorisant à en boire une bouteille.

tamment, n'a-t-il pas aussi bien opéré de son côté (1)? Il a planté là mon nom pour s'appeler *Priape*, le plus diffamé des coquins de dieux de l'Olympe. Encore m'en félicitez-vous et voulez-vous que je m'en glorifie !... Nenni, de par Dieu ! Qui pis est, sous ce nom vous m'avez guindé comme une caryatide.... Et pis que tout cela, votre imagination vive et riante n'aura pas manqué, dans les attributs et la légende, de confondre ses faits et ceux du poète....

(*La suite de la lettre manque.*)

---

(1) M. Legoux lui disait qu'une dame à petite bouche et à grand chignon, étant venue le voir et ayant jeté les yeux, en entrant, sur le buste de Piron, s'était écriée : « Ah ! fi donc, Legoux ! vous avez fait mettre un Priape dans votre salon !

LETTRE XLIII

A M. MARET

« Ce 7 août 1766 (1).

» Monsieur, et la lettre et l'envoi dont vous m'avez favorisé mériteraient bien une missive aussi prolixe au moins que celle dont j'ai fatigué les yeux de M. de Ruffey; mais les miens, d'heure en heure, me refusent de plus en plus le service. Vous y gagnez pour l'emploi du temps ce que j'y perds pour l'expression d'une juste et vraie reconnaissance. Je trancherai court, bien à regret, sur tout le bien que je pense et qu'on a dû dire de l'excellent éloge du grand et pauvre Rameau. M. Chabanon (2) a écrit en grand amateur de la musique, en musicien même plus attentif à l'étalage de son érudition en cette partie qu'à la gloire de celui dont il parlait. Sans faire parade de cette érudition qui brille çà et là et à propos dans votre beau discours (3), vous n'y êtes occupé que de ce qui va directement à l'éloge de

(1) En raison de sa date, cette lettre, qui nous est parvenue trop tard, devrait être classée la XXXIe.
(2) Chabanon (M. P.-G. de), de l'Académie. 1730-1792. Il avait composé, en 1764, l'éloge de Rameau.
(3) Le docteur Maret fit aussi un éloge de Rameau, éloge qui parut en 1766, et que l'auteur avait envoyé à Piron.

l'illustre défunt. Notre grand orateur en ce genre (M. Thomas), ne ferait pas mal de prendre là-dessus un peu de vos leçons, comme celui que vous devinez, sur la sobriété avec laquelle on doit user de l'antithèse. En un mot, votre panégyrique est, à mes yeux, la base fondamentale de cette musique funèbre. Le Pline et le Trajan marchent ensemble à l'immortalité. Vos propos ont le ton de force de la musique de Rameau, et vous arrivez tous deux à la gloire sur une même voiture.

» Entre autres beaux traits, un qui doit le plus affecter les esprits bons et justes, c'est ce que vous dites sur la malignité artificieuse des rivaux et de leur séquelle, race de vipères qui, de ma connaissance, a étouffé dans le berceau plus d'un talent dont nous avons faute aujourd'hui, tandis qu'ils épaulaient la médiocrité qui triomphe et qui nous inonde de toutes parts. Notre compatriote, sous son pied d'Hercule dijonnais, quoique sur le retour quand il se mit sur les rang, écrasa la race (1); l'harmonie couvrit bientôt le sifflement des serpents. L'immortel Rousseau et notre Crébillon, dans leur art, malgré leur supériorité, n'ont pas eu

---

(9) Rameau, sur la fin de sa vie, avait vu commencer la popularité des virtuoses italiens, « ce qui, nous apprend Diderot, le rendait sombre, triste, hargneux. » En outre, il eut des démêlés avec d'Alembert, au sujet des articles sur la musique publiés par J.-J. Rousseau dans l'*Encyclopédie*.

tout à fait le même bonheur ou le même courage.
Ils étaient sur leur retour aussi quand le serpent
Arouet étala sa première peau brillante au soleil,
et éblouit nos badauds. Ils carguèrent leurs voiles, et
furent pour ainsi dire se cacher dans une anse,
attendant que l'ouragan fût passé. Ils n'étaient pas
faits pour pouvoir croire que cette bouffée pût tant
durer. Ils connurent mal à qui ils avaient affaire.
Il ne s'agissait pas ici du plus ou du moins de
génie. Il s'agissait de brouillerie, d'impudence, de
lucre et de manège. Voltaire leva son régiment et
se rendit maître de la campagne. M. le colonel eut
d'emblée, pour officiers subalternes, princes, ducs,
marquis, etc. D'Argental (1), son fidèle Achates, se
fit porte-enseigne, et sur le taffetas était écrit : *Nul
n'aura de l'esprit hors nous et nos amis* (2). Thiriot (3)
fut fait tambour. Ce fut du petit clergé calottin à
qui serait l'aumônier du régiment ; les caillettes de
tout parage du Marais et de Versailles formèrent
le corps des vivandières ; et les racoleurs enrôlèrent
sans peine tout le badaudois. Ce régiment, aussi

(1) Argental (Ch.-Augustin Ferriol, comte d'), né en 1700, mort en 1788.

(2) Vers de Molière dans *Les Femmes savantes*. « A Paris, quand on dit : Cet homme est un fripon, cela ne signifie, la plupart du temps, autre chose que cet homme n'est pas de mon parti ou de ma cabale. » Grimm, tome VI, page 198.

(3) Thiriot, né en 1669, mort en 1772. Il fut, pendant toute sa vie, l'agent d'affaires de Voltaire.

nombreux que celui de *la calotte*, s'étant donc, comme j'ai dit, rendu maître de la campagne, après avoir pillé tout le plat pays, mit le siége devant le Temple du Goût. Une escalade en fit l'affaire. Il fut emporté, profané, ravagé, mis sens dessus dessous, à ras de terre, et ne fut plus qu'un emplacement où le conquérant fit ériger sa statue.

» Les suites de ce bel exploit se trouvent répandues dans ma gigantesque lettre à M. de Ruffey. Ce sont, Monsieur, de petits mémoires pour servir à l'éloge du papa grand homme, si, par hasard, vous avez à le faire. J'en ai assez fourni, pour un cas pareil, sur le compte de l'abbé Le Blanc, votre nouvel honoraire. Il y est parvenu, dit-on, à la faveur d'un présent de 10,000 livres, que M. Du Terrail consacre à vos prix :

Quiconque a l'or à tas a tout pouvoir en main ;
Mauvais ou bon, tout droit devant lui devient nul.
  Ainsi, jadis un empereur romain
  Par passe-temps fit son cheval consul.

» M. de Ruffey me mande que ce vénérable abbé ne pouvait digérer de me voir un de vos honoraires, sans le devenir. Ma petite vanité se serait bien passée de cet argument *à fortiori* qu'on lui prête et qui humilierait le dernier des capucins. Laissons-là les deux mérites respectifs; parlons des deux caractères antipathiques. Quand M. le président De Brosses me fit l'honneur de m'ouvrir la porte de votre lycée, sans que j'eusse pris la liberté d'y frapper non plus qu'à toute autre, j'acceptai l'honneur d'entrer, pourvu que Le Blanc n'y fût pas. On me rassura sur ma crainte. La foi du contrat conditionnel est violée. Je ne suis pas homme à prendre des lettres de rescision ; mais je vous prierais volontiers d'une chose, c'est de nous faire à tous deux jeter le dé sur le bureau ou sur le cul d'un tambour à qui sortirait de lui ou de moi. C'est risquer le plus beau fleuron de ma couronne ; jugez, par ce trait d'humeur, de la part que je prends à votre bel acquêt. Je vous félicite bien, Messieurs, de la splendeur de votre séance, dont M. de Ruffey a bien voulu me faire une brillante relation : je lui fais mon compliment particulier sur celui qu'il a mérité du prince. Il aura la bonté de m'excuser si, cette fois-ci, je me dispense de lui écrire directement. Quartier au pauvre aveugle ! Seulement, je vous préviens sur une légère espèce d'affront que vous me faites, pour la plupart, en acquittant vos lettres ou en cherchant des mains tierces pour me les faire tenir. C'est me supposer une grande indigence ou la plus honteuse lésine. M. de Ruffey dit spirituellement qu'en attendant que votre nouvel honoraire vous honore, ce sera beaucoup s'il ne vous méprise pas. Il est vrai que, ainsi que les grands, il est né très-méprisant ; mais la Providence y a mis ordre par l'association de M. Poinsinet, qui, du côté du mépris réciproque, lui tiendra tête et saura bien vous venger. Ils sont bons l'un pour l'autre ; et je sais bien pour qui je gage. On me parle aussi de mon buste, pour être mis en votre salle. C'est bien assez d'enrager vif de voir Le Blanc mon confrère, sans que j'enrage mort de voir à côté de mon buste un des siens qu'il a fait faire à Rome, aux dépens de M. de Marigny, et dont personne ne veut, excepté un pelletier qui, le prenant pour enseigne et lui mettant sur la tête un bonnet fourré, veut écrire au bas : « Au roi des Kalmoucks. »

» Je vous écrirai une autre fois sur l'article du très-célèbre Dubois, sculpteur, qui, comme vous dites, était mon parent ; car c'était le père de ma mère qui a mis au monde Alexis Piron, qui vous aime, vous estime, vous remercie et vous admire.

» Mon adresse est : rue des Moulins, première porte-cochère à droite, entrant par la rue Saint-Roch. »

LETTRE XLIV ET DERNIÈRE

A M. MARET

« Ce vendredi 22 juin 1770.

» Monsieur,

» M. Thaurcy (1), qui m'a rendu votre lettre, est un des gentils Dijonnais que j'ai ici vus depuis cinquante ans. Il m'a paru franc, vif, enjoué : signe de bon cœur. Il a fait des vers : cela sent le bel-esprit; comme l'attache dont vous les honorez, quoique injurieux à la faculté, sent la belle âme. Modération que notre cher président, quand on a jugé à propos de mettre votre histoire à la place de la sienne, n'aurait pas mal fait d'imiter (2). J'aurais dit, en cas pareil, ce que dit le Lacédémonien après l'élection des trois cents sénateurs, et qui ne se vit point sur la liste : « Je rends grâces aux dieux qu'il se soit trouvé trois cents citoyens préférables à

---

(1) M. Thaurcy était un Dijonnais qui avait fait des vers contre la médecine. Ces vers ne paraissent pas avoir été publiés. On ne trouve le nom de Thaurcy dans aucun recueil biographique ou bibliographique.

(2) Le président Richard de Ruffey et le docteur Maret avaient composé tous deux une *Histoire de l'académie de Dijon* : celle de Maret fut préférée pour être placée en tête des *Mémoires* de la Compagnie.

moi. » Convenons que M. Richard a fait ses preuves de bon patriote. L'ancien édifice menaçait ruine (1): il l'a étayé; les terres académiques avaient l'air d'un bien en décret : il les a marnées en zélé cultivateur. En ayant écrit l'histoire, il était naturel qu'il aspirât à la publier. D'ailleurs, si peu qu'on daigne être auteur, on ne l'est pas impunément ; témoin le marquis du sonnet dans *le Misanthrope*. Vites-vous jamais, à la distribution de nos prix, le plus modeste accessit approuver le couronnement de son concurrent? Le vôtre a donc pu être sensible à plus d'un égard au petit désagrément qu'il a essuyé. Où il serait moins excusable, c'est s'il parlait, pour si peu de chose, de nous abandonner. Mais quand il en aurait juré, il reviendrait bientôt sur ses pas. Car l'Opéra a dit :

> *Que c'est aimer plus qu'on ne pense*
> *De dire que l'on n'aime plus.*

» Et Ovide :

> *Amantum*
> *Juppiter ex alto perjuria ridet.*

---

(1) L'académie de Dijon, fondée en 1725 par le testament d'Hector Bernard Pouffier, doyen du Parlement, eut un moment de grande renommée après avoir couronné Jean-Jacques, puis tomba tout à fait en décadence. Mais en 1759, la Société particulière que le président Richard de Ruffey réunissait dans sa bibliothèque depuis le 19 avril 1752, s'étant fondue avec les débris de la compagnie instituée par Pouffier, l'académie reprit, par cette combinaison, une nouvelle vie.

» Ne pleurons pas ; il y reviendra pour amour de sa gloire. Et où en serait celle de son glorieux Voltaire (1), s'il n'eût pas bravé cent dégoûts mieux mérités? Depuis plus d'un demi-siècle qu'il escalade la cime du Parnasse, on l'a fait cent fois retomber dans le bourbier, où peut-être à la fin il aura le sort de la cruche qui va trop à l'eau. Il a constamment replanté cent fois l'échelle jusqu'à ce qu'enfin la lie de la populace littéraire, les comédiens, parlassent de lui ériger une statue par souscription. Je n'ai point souscrit ; mais je promets d'inscrire et mon inscription est faite. Je suis moins embarrassé que ne l'est Saint-Lambert, nouvel académicien, successeur du pauvre abbé Trublet, chargé de faire à sa réception l'éloge de son devancier, pur et sans le secours des finesses du tour et de l'ironie (2); et dans quel embarras doit être le successeur de l'autre académicien qui vient de mourir (3)? Il aura bien gagné son jeton s'il s'en

(1) Le président de Ruffey était en correspondance avec Voltaire. Il s'était rencontré, en 1754, à Plombières avec lui. *Lettre de Voltaire à Damilaville*, du 26 juillet 1754. Le *Recueil* publié par Girault contient plusieurs lettres de Voltaire au président de Ruffey.

(2) Piron se trompait. Saint-Lambert n'essaya ni de supprimer ni de raccourcir le panégyrique de son prédécesseur. « Si l'abbé Trublet, disait Grimm, pouvait lire tout le bien que M. de Saint-Lambert dit de lui comme littérateur, il arriverait exprès de Saint-Malo, par les coquetiers, pour remercier son généreux successeur. »

(3) C'était le comte de Clermont (Louis de Bourbon-Conti),

tire bien. Quelle galère pour les ambitieux d'une fausse immortalité d'avoir à encenser les cendres d'un mortel qu'ils ont méprisé toute leur vie! Je ne me pardonnerais pas ces petites licences contre des compagnies titrées et si courues, si l'envie de rire avec raison n'en était pas toute seule. Crébillon, avant d'en être, et La Monnoye, quarante à cinquante ans avant qu'il en fût, ne firent autre chose que d'en rire et de m'inspirer cette envie plus constante et apparemment plus sincère que la leur. Songeons à faire l'éloge des vivants qui le méritent, et laissons les pauvres morts qui sont sourds en paix. Leurs œuvres font assez leur éloge, ou souvent ne les démentent que trop. Louons le citoyen actif et libéral qui brûle du zèle de la patrie, et qui prêche continuellement d'exemple, malgré la plate envie de ceux qui seraient bien fiers d'en avoir fait autant, mais qui s'en seraient bien gardés, quand ils auraient eu de quoi plus faire. Vous voyez bien de qui je parle. Les beaux phénomènes sont trop rares pour qu'on s'y trompe. *Vivat in æternum!...*

» J'en allais bien plus dire, quand M. Thaurcy, porteur d'une première lettre, est entré, suivi de

---

mort le 15 juin 1770. Son éloge était, en effet, difficile à faire : car sa nomination à l'Académie, en 1754, avait attiré sur le corps une grêle d'épigrammes et de sarcasmes. Il perdit, en 1758, la bataille de Crevelt.

M. Jacquinot (1), porteur d'une deuxième, autre aimable compatriote. Je me suis senti tout Dijonnais à l'aspect de vous trois, et me suis remis à l'âge que j'avais il y a cinquante ans. Amour, gaieté, bavardage, patois, tout en était quand l'ouverture de la deuxième lettre a fermé la porte à la joie. Vous m'y demandez ce que je me refuse à moi-même. Mes barbouillages seront le jouet de mon curé ou de ma pauvre héritière (2). Je ne les aurai conservés que comme Ésope, à la cour de Crésus, conservait ses guenilles d'esclave, ou Agathocle sa vaisselle de terre. M. Jacquinot à bien voulu se charger, par charité pour le malheureux aveugle, de vous répondre. Je lui ai bien recommandé surtout d'appuyer sur les tendres sentiments d'amitié, d'estime et d'admiration qu'emporte pour vous, dans l'autre monde, votre humble ami. »

(1) Avocat éminent du barreau de Dijon, professeur de droit, auteur d'un ouvrage intitulé *Comes juridicus*. Il fut le père de M. Jacquinot de Pampelune, qui joua un rôle important sous la Restauration.

(2) Sa nièce. D'après Girault (*Recueil de lettres inédites*, p. 65), Piron avait promis à MM. Legoux Gerland, Richard de Ruffey et à Maret lui-même, de rendre l'académie de Dijon dépositaire de ses manuscrits. Si cela est, il se ravisa, car, comme il a été dit, il les légua, en totalité, à Rigoley, de même qu'il laissa tout son bien à sa nièce. Voir page 158, l'épitaphe que Bernard Piron fit pour son oncle, à ce sujet, dans un moment de dépit.

TESTAMENT LITTÉRAIRE

DE

PIRON

TESTAMENT LITTÉRAIRE

DE

PIRON

LETTRE

A L'ACADÉMIE FRANÇAISE,

à l'occasion de ce qui suit (1).

L'Académie, sensible à tout ce qui m'était arrivé au sujet de mon élection, joignit à l'honneur gratuit qu'elle avait bien voulu me faire, celui de m'envoyer quatre (2) députés d'entre eux pour me complimenter sur ces divers événements. Ces Messieurs eurent lieu de s'en retourner contents de ma recon-

---

(1) Cette lettre, qui contient le *Testament littéraire* de Piron, a été tronquée par Juvigny, qui n'en a donné qu'une sèche analyse. Pour la première fois, nous publions dans son intégrité ce curieux monument dont nous avons l'original.

(2) MM. Mairan, Mirabeau, du Resnel et Duclos. (*Note de Piron.*)

naissance et très-surpris de ma sérénité à tous égards. Elle n'était pas bien héroïque, le tout se terminant à une faveur royale que je n'avais pas plus sollicitée ni espérée que ma nomination, et que j'avais encore moins méritée que ma disgrâce. Je travaillais alors à l'édition de mes œuvres de théâtre; et quand elle fut publiée, des gens graves dont je respectais les avis me firent un devoir d'en offrir un exemplaire à MM. de l'Académie. Je m'en fis un plaisir. Peu de jours après, comme j'étais à table, on frappa à ma porte; mon domestique ouvrit et trouva un homme qui rangeait des bouteilles sur mon carré. Il m'appelle. Je cours. Je vois. J'interroge. Une voix crie du premier : — Ce sont quarante bouteilles du meilleur vin d'Espagne qu'il y ait en France. Porteur, achève et descends vite ! Je t'attends. — Mais, monsieur, de quelle part? — Motus. Je m'adresse alors au porteur qui me dit qu'un monsieur, à la descente d'un fiacre, l'a pris au coin d'une rue; puis, il reprend sa hotte et court encore.

Accoutumé, comme on le sait, à des présents anonymes de bien autre espèce (1), et dans l'habitude de soutenir stoïquement de pareils guet-à-pens, je me baisse, prends une bouteille, ordonne qu'on

---

(1) Allusion à la rente de 600 livres que le marquis de Lassay avait faite à Piron, sans se faire connaître.

la décoiffe, envoie le reste à la cave et vais me rasseoir. Me voilà à rêver sur cette heureuse aventure. Qui est-ce? celui-ci? celle-là? celle-ci? celui-là? Les oui, les non, les peut-être, tout se présentait et s'effaçait successivement. Quarante bouteilles! On en donne douze, vingt-quatre, cinquante; mais ce nombre de quarante n'est pas ordinaire ni sans mystère.

J'achevais mon vin de Bourgogne dans cette consultation mentale, quand, enfin, je me crus éclairé d'un coup de lumière. Ah! j'y suis! C'est elle! c'est l'Académie! C'est une galanterie visible des Quarante. Je m'appuie sur cette illusion avec complaisance. Je ne me serais pas donné pour Montaigne honoré de ses lettres de citoyen romain, non pas même pour l'auteur du *Siége de Calais,* admis au rang des habitants de cette ville (1).

Entre autres conjectures qui concouraient à m'affermir dans cette idée, la plus victorieuse, à mon avis, c'est qu'il y avait une seule de ces bouteilles endommagée. Il lui manquait un goulot, si nettement cassé qu'elle n'avait pas perdu presque une goutte; et comme alors j'étais, au su du public, un peu plus qu'en fraîcheur avec leur confrère Pierre Maupertuis, président de l'académie naissante de Berlin, et que, dans ma perplexité, mon imagination se forgeait des conséquences dans les

(1) Du Belloy.

plus petites choses, je crus fermement que ce quarantième vase ébréché désignait la quote-part de ce membre absent, et que tout le reste n'était plus douteux. Partant de là, et observant que ce jour en était un d'assemblée, je ne perdis pas un moment, et la serviette encore à la boutonnière, j'écrivis à ces Messieurs, et je commençai par ces vers du Paysan du Danube dans La Fontaine :

Romains, et vous Sénat assis pour m'écouter,
Je supplie, avant tout, les Dieux de m'assister.
Veuillent les immortels, conducteurs de ma langue,
Que je ne dise rien qui doive être repris !
Sans leur aide il ne peut entrer dans les esprits
 Rien qui ne gâte une harangue.

« Messieurs,

» Depuis que, de votre propre mouvement, vous daignâtes m'honorer de vos suffrages et que, sur vos officieuses représentations, il plut au Roi, qu'on avait indisposé contre moi, de substituer à l'honneur peu mérité que vous m'aviez fait des bontés encore moins méritées, je vous dois des remercîments qui devraient durer autant que ma reconnaissance, c'est-à-dire ne finir qu'à mon dernier soupir. Je les médite, et les laissant là pour un autre temps, j'en viens à cette heure à ce qui me fait prendre la liberté de vous écrire.

» Je reçois en ce moment quarante bouteilles de vin d'Espagne, sans avoir pu me procurer la satisfaction de savoir à qui je dois un cadeau si galant et si fort de mon goût. Je suis, comme on sait, dans la singulière habitude de cette espèce de torture. En bon philosophe, je tâche de m'y faire et je m'y fais. Mais ici, un peu fondé sur les circonstances et sur les bontés que vous m'avez témoignées, je m'avise et je me fais un plaisir de croire que c'est vous, Messieurs, qui vous êtes divertis à faire cette galanterie espagnole à une muse bourguignonne. Une modestie en place me laisse pourtant en quelque incertitude. D'un autre côté, les présents de bouche, quand ils sont anonymes, sont dans le malheureux cas de devoir être un peu suspects ; et comme mon remercîment est hasardé, de même bien des friands de l'avidité la plus déterminée iraient ici bride en main. Je suis plus courageux : j'y vais aller à bride avalée. Et en conséquence, permettez-moi, Messieurs, que je boive une rasade de cette bouteille décoiffée à votre santé, au hasard de la mienne. La voilà versée. Patience ; avant de la boire, je fais mon testament, et j'ai l'honneur de vous l'adresser. Le voici :

» Je laisse mes œuvres en proie à tous nos pauvres journalistes, depuis l'encyclopédiste Pierre Rousseau, jusqu'au petit ex-jésuite Catherine Fréron, sauf l'hypothèque des plagiaires, collecteurs, compilateurs, critiques et satiriques. Le grand Corneille ne leur ayant pas échappé, il y aurait de l'indécence et du ridicule à moi de ne pas me laisser fouiller et saisir par ces baragers.

» Je lègue aux jeunes insensés qui auraient la démangeaison de se signaler en écrits licencieux, je leur laisse, dis-je, mon exemple, ma punition et mon repentir sincère et public. Je laisse enfin mon cœur à l'immortelle Académie Française, et la supplie de vouloir bien recevoir en gré ce petit diamant assez précieux par sa rareté, n'y ayant chez le Mogol même aucun joyau qui vaille un cœur vraiment reconnaissant.

» Voilà, Dieu merci, mes grandes affaires faites. Buvons à cette heure à tout événement. En cas de malheur, j'aurai du moins eu le plaisir de finir aussi délicieusement que ce drôle de milord qui, ayant le choix du genre de sa mort, aima mieux se noyer dans une tonne de Malvoisie que de se faire couper les veines comme fit Sénèque. J'aurai de plus eu le bonheur de finir en vous assurant qu'on ne saurait être, avec un plus profond respect que je le suis, Messieurs,

» Votre très-humble serviteur et admirateur,

» PIRON. »

P. S. Je sus de ces Messieurs que je m'étais trompé. Après quoi, tout ce que je pus entrevoir, c'est que ce mauvais tour-là venait de M. le comte de M*** (1), à qui j'ai dédié. Est-ce lui? ne l'est-ce pas? Je souhaite que ce soit ce seigneur plutôt qu'un autre. Enfin, las d'aller vainement à la découverte, je me conformai à l'intention du donateur. Je ne fis plus de recherches ; je bus et jetai mes grâces en l'air.

(1) Le comte de Maurepas, auquel Piron avait dédié *la Métromanie*, pièce que les comédiens refusèrent et que le comte de Maurepas fit jouer d'autorité. Voyez *les Queues, vision de Binbin*, page 103, tome ix, note. *OEuvres complètes.*

NOTICE

SUR LES DERNIERS ÉCRITS

DE

PIRON

VIII

DERNIERS ÉCRITS DE PIRON

—

Une question intéressante, et qui nous a été adressée, est celle de savoir si Piron a *composé des poésies grivoises jusqu'à la fin de sa carrière, c'est-à-dire s'il a fini ainsi qu'il a commencé.*

Nous possédons un certain nombre de poésies égrillardes de la main de Piron, — contes, — épigrammes. — Ces pièces sont inédites et doivent le rester.

Quelques-unes portent un millésime, — 1716, 1740, 1760; — les autres sont dépourvues de date, mais elles ont été visiblement transcrites par Piron dans les cinq dernières années de sa vie, — de 1768 à 1773 (1), — alors que, devenu presque aveugle, il ne pouvait écrire qu'en grossissant démesurément ses lettres, et en tâtonnant pour ainsi dire. C'est là un indicateur chronologique qui ne peut tromper.

A cet égard, nous croyons devoir rectifier une assertion de M. Edouard Fournier, qui prétend que Piron n'a pas eu deux écritures. L'opinion contraire proviendrait, selon

(1) Né le 9 juillet 1689, Piron est mort le 21 janvier 1773, c'est-à-dire âgé de 85 ans et demi.

M. Fournier, de ce qu'on aurait confondu l'écriture de notre poète avec celle de son neveu, qui a mis au net plusieurs de ses manuscrits.

La vérité est que Piron a eu deux écritures différentes, bien caractérisées, bien distinctes, non pas simultanément, mais au fur et à mesure de l'accumulation des années et de l'affaiblissement de sa vue. La première, — celle de sa jeunesse et de son âge mûr, — est ferme, régulière, *aussi nette que le burin* (1); il l'a conservée jusque vers 1760, époque à laquelle elle a insensiblement été remplacée par ce que nous appellerons la *seconde écriture* ou celle de sa vieillesse. Celle-là est *grossoyée*, tremblante, mal formée, et n'a fait que décliner jusqu'à sa mort.

Quant à l'écriture de son neveu, — peut-être mieux calligraphiée encore que la *première écriture* de Piron, — elle est, pour tout œil exercé et en raison même de sa perfection relative, très-facile à reconnaître. Nous avons de la main de Bernard quelques copies des manuscrits de son oncle. A l'aide de ces documents, il est aisé de prouver ce que nous avançons; et, tout au contraire de M. Edouard Fournier, nous pouvons rassurer les collecteurs d'autographes sur l'authenticité des deux écritures de Piron.

Revenons. Indépendamment des *contes* et *épigrammes* autographes mentionnés plus haut, nous sommes détenteur de plusieurs cahiers contenant des vers érotiques et autres, plus ou moins libres, la plupart inédits. Ceux-là sont copiés par une main de femme, la nièce de Piron, madame Capron, cette même Annette Soisson qui lui

(1) Perret : *Eloge de Piron.*

prodigua les soins les plus tendres pendant les trente dernières années de sa vie. Chaque *titre*, et souvent la *première ligne* de ces opuscules sont de la main caduque et tout à fait cassée de Piron, c'est-à-dire de sa *seconde écriture*.

Hâtons-nous de déclarer, dans l'intérêt du bon exemple, que l'oncle avait confié à sa nièce la mise au net de ses productions les plus *anodines*. Il s'était réservé les plus *salées*.

On peut se demander si Piron a composé ces dernières poésies à l'époque où il les a copiées, ou s'il n'a fait alors que les réunir en recueil, les ayant depuis longtemps en portefeuille à l'état de brouillon.

Dans le premier cas, Piron pourrait paraître inexcusable ; dans le second, il serait permis d'invoquer une atténuation en sa faveur : car ces gravelures seraient le regain de sa jeunesse, ou, tout au plus, les reliefs de son âge mûr.

Le lecteur choisira entre ces deux hypothèses. Pour notre part, nous préférons Piron repentant sur ses derniers jours et converti aux rimes saines et polies (1), à

(1) En envoyant à M. de La Place, directeur du *Mercure*, sa paraphrase du *De profundis*, Piron, âgé alors de 76 ans, exprime de nouveau son repentir relativement à l'*Ode à Priape* ; il ajoute : « Encore vaut-il mieux, pour une muse chrétienne et pécheresse, prêcher sur l'échelle que jamais. » Lettre du 16 août 1765, insérée dans le *Mercure* et dans l'*Almanach des Muses* de la même année. Bachaumont parle ainsi de cette production de Piron : « On a pu lire, dans quelques ouvrages périodiques, la traduction du *De profundis* de la façon du sieur Piron ; et les gens religieux se sont applaudis de voir un aussi grand homme faire un retour vers Dieu. » Voyez *Mémoires secrets*, 12 octobre 1770. Ajoutons que Piron était de bonne foi et qu'il croyait à la sincérité de sa *chrétienne palinodie*, comme il l'appelle lui-même dans une lettre à M. Tannevot. *OEuvres complètes*, tome IX, page 299.

Piron donnant, à plus de quatre-vingts ans, le triste spectacle d'un vieillard étourdi qui se croit encore dans l'âge des folies juvéniles et littéraires.

Mais, dira-t-on, en adoptant la première supposition, — la simple mise au net, — on est toujours conduit à reconnaître que Piron a occupé ses derniers loisirs et bercé sa vieillesse de *gaîtés* un peu vives, et qu'au moment où il traduisait en vers mâles et bien frappés les Sept Psaumes de la Pénitence (1), il copiait des rimes dignes de la réputation qu'il s'était faite dans ses plus mauvais jours : ce qui revient à dire que, passant tour à tour du sacré au profane, il dînait avec l'Arétin et soupait avec le roi David.

Cela est vrai ; mais il convient de ne pas perdre de vue, toutefois, qu'aucun scandale ne s'attache aux compositions dont il s'agit, lesquelles n'avaient point été faites pour être publiées, et dont Juvigny, seul, jusqu'ici, avait eu connaissance.

Au surplus, nous avons dit, *dans l'Introduction,* en faisant pressentir que Piron avait commis d'autres irrévérences que *l'Ode à Priape*, qu'avec son organisation incandescente, il n'avait pu traverser impunément la Régence et le règne de Louis XV, etc.

Il importe de l'envisager à un point de vue d'ensemble, et de compléter sa physionomie.

Piron est un enfant de la grasse et verte Bourgogne, cette terre classique des joyeux buveurs et des bons vivants. Sa nourrice lui avait versé le vin du terroir, généreuse liqueur avec laquelle il a eu grand soin d'entretenir, à toutes les heures de sa vie, la passion, la verve,

(1) Nous avons ces *Psaumes* de la main de Piron, de sa *seconde écriture.*

le feu sacré qui bouillonnait dans ses veines. Fidèle apôtre du plaisir, il le servait à sa manière et selon son tempérament. Chez lui l'imagination jouait un grand rôle : elle l'emportait dans les régions du sensualisme et le faisait païen. De là, il avait la tête libertine, sans que son cœur cessât d'être honnête. M. Sainte-Beuve a dit de Châteaubriand, avec autant de raison que de finesse, que c'était un *Epicurien à l'imagination catholique* (1); selon une expression heureuse de M. Edouard Fournier, Piron était un *cynique doublé d'un patriarche* (2). Ses poésies décolletées ne sont point un reflet de ses mœurs, qui, à aucune époque, n'ont été dissolues. Il se rencontrait sur ce point, mais dans un sens diamétralement opposé, avec certains moralistes modernes, dont les écrits empreints d'une haute austérité, contrastent fort avec les habitudes connues de leur vie privée. C'est un phénomène étrange, qui prouve que le talent et les mœurs sont séparés, qu'ils n'ont souvent rien de commun entre eux, et que tel qui compose des traités de vertu peut en cachette et tout bas courtiser le vice ; et réciproquement. *Lasciva est nobis pagina, vita proba est.* Enfin, en se livrant au genre égrillard, Piron obéissait aux instincts de son esprit. La *gaudriole* était une des conditions de cette nature rabelaisienne, qui, assaisonnant tout au sel gaulois, laissait tomber ses rimes folles sans malice, sans intention mauvaise, sans y songer, absolument comme un arbre se débarrasse des fruits qui le surchargent, sans s'inquiéter s'ils sont sains ou véreux.

D'un autre côté, Piron n'a fait partie d'aucune coterie

---

(1) *Causeries du Lundi*, t. II, page 114, ouvrage qu'on ne saurait trop citer ni trop lire.

(2) *Paris démoli;* 1 vol. in-18, 1853, page 207.

littéraire ni encyclopédique. Soit insouciance, soit défaut d'aptitude, soit répugnance de marcher dans cette voie à la suite de Voltaire, il ne s'est mêlé en rien au mouvement politique et social qui s'opérait autour de lui ; et, tandis que tous les hommes supérieurs de son temps, choqués par les inégalités injustes, par les discordances intolérables qui éclataient de toutes parts, poursuivaient l'œuvre de la régénération, lui, Piron, continuait tranquillement sa tâche ; il s'endormait au doux bruit des verres et des *flons-flons*, n'éprouvant ni plaisir ni regret à sentir sous ses pieds les derniers craquements de ce vieux corps social qui tombait en ruines (1).

Or, dans de telles conditions, c'est-à-dire s'isolant au sein d'un petit cercle d'amis et incessamment en présence du monde matériel, Piron n'a pu étendre sa vue au loin ; emprisonné dans un étroit horizon, le vautour a refermé ses ailes, et, comme il fallait un aliment quelconque à son ardente activité, il s'est replié sur lui-même et s'est dévoré.

Du reste, malgré les fautes qu'il a pu commettre et les torts où il s'est complu, sa part est encore assez belle si, comme l'a dit M. Villemain, il est *en tête* de tant d'hommes de talent et de beaux-esprits qui ont illustré son siècle. « Il va seul, ajoute le savant et judicieux critique, et il sera nommé quand on ne répétera plus que sept ou huit noms de ce xviiie siècle où tant d'hommes furent célèbres (2). »

(1) Sous ce rapport, Piron est resté sur le second plan, où, peut-être, il a préféré s'établir, s'y trouvant plus à l'aise ; et c'est là un malheur, selon nous : car Dieu l'avait magnifiquement doué pour la lutte. Nul doute, en effet, qu'avec sa rare puissance morale et la mâle énergie de son pinceau, il n'eût fait un rude et redoutable champion au profit des idées nouvelles.

(2) *Tableau de la Littérature au XVIIIe siècle*, tome 1er.

En finissant, constatons avec M. Ludovic Lalanne, « que Piron ne fut jamais *un incrédule*, et que dans ses vers, même les plus licencieux, on ne peut trouver de quoi l'accuser d'irréligion (1). »

Quant aux plaisanteries que, d'après Bachaumont, Piron, à l'article de la mort, aurait adressées au curé de Saint-Roch et à un autre prêtre venus successivement pour le confesser (2), outre que rien n'en établit l'authenticité, elles ne déposeraient en aucune façon contre son orthodoxie. Nous y verrions tout au plus le désir du malin vieillard de finir par un bon mot.

(1) *Athenæum français,* revue universelle, n° 5, 2 février 1856.
(2) Voyez les *Mémoires de Bachaumont,* tome VI, p. 508, 512 et 516.

POÉSIES INÉDITES
DE
PIRON

POÉSIES INÉDITES

DE

PIRON

LE VIEIL ONCLE (1)

ÉPIGRAMME

Ma maisonnée offre un tableau comique.
La nièce y tient le rôle principal ;
Nicole, fine et fausse domestique,
La double et joue à titre presque égal :
L'une sert l'autre et je le suis très-mal.
Veux-je me plaindre et dire une parole,
C'est radotage; et la nièce et Nicole
Sautant, dansant, me tournent les talons.
J'enrage vif. Est-ce là tout mon rôle ?
Nenni ! Qui donc paierait les violons ?

(1) Il s'agit de Piron lui-même.

CHANSON

SUR LE MÊME SUJET.

Air du Traquenard.

En arbalète inégal,
Mon attelage va mal.
Il est d'un mauvais cheval,
Talonné de deux cavales;
Il est d'un mauvais cheval,
Borgne, poussif et bancal (1).

NOEL (2)

POUR 1763

Sur l'air : Laissez paître vos bêtes.

Dieu nu dans une étable
A tous ne nous montre-t-il pas

---

(1) Terme du bas peuple de Paris, qui veut dire boiteux. (*Note de Piron.*)

(2) Ces *Noëls*, dont on a de nos jours perdu l'usage et presque le souvenir, se composaient de couplets où, vers la fin de décembre, sur un air populaire, à l'occasion des trois Rois mages et de la Crèche, on lançait une foule de traits qui n'étaient ni fort décents ni fort chrétiens. *Tableaux de genre et d'histoire*, par F. Barrière; 1 vol. in-8°, 1828.

Combien est misérable
La gloire d'ici-bas ?
Et qu'il ne veut que charité,
Que patience, humilité,
Qu'amour et que simplicité ?
   Toits d'ardoise ou de paille,
Esprit, talent rare ou commun,
   Bethléem et Versaille,
   Devant lui tout n'est qu'un.

En l'air un mélodieux bruit
Pour venir au divin réduit
Réveille le monde à minuit.
   De la céleste voûte
Se détache un astre bénin,
   Pour indiquer la route
   Et luire au Pèlerin.

Viennent, courant de tous côtés,
Et pieds poudreux et pieds crottés,
Et gens en guêtre et gens bottés ;
   Plus d'un roi même y chante
Le Gloria in excelsis :
   L'Europe édifiante
   En offre cinq ou six.

Messieurs, leur dit le saint poupon,
Qu'à votre tête ne voit-on
Briller l'un et l'autre Bourbon (1) ?
   — Voulant qu'on nous regarde,

---

(1) Le roi de France et le roi d'Espagne. (*Note de Piron.*)

Répond un de ces rois jaloux,
 Seigneur, nous n'avions garde
 D'amener mieux que nous.

D'ailleurs, ne marchant qu'à grand train,
Ils arriveront ce matin :
Car tous les deux sont en chemin ;
 La croyance publique
Ne les appelle pas pour rien,
 L'un le roi catholique,
 Et l'autre très-chrétien.

— Du moins je me serais flatté
De voir, à ma nativité,
Sa très-fidèle Majesté.
 — Elle a craint pour sa vie,
A cause qu'un certain quidam
 De votre compagnie
 A contre elle une dent.

Dieu courroucé, d'un œil ardent,
Dit au bœuf en le regardant :
Parle, serais-tu ce quidam ?
 La pauvre bête à corne,
Croyant qu'on voulait l'étrangler,
 Resta muette et morne
 Et ne sut que meugler.

Jésus dit, d'un ton radouci :
Mon grand vicaire (1) et George (2) aussi

(1) Le pape. (*Note de Piron.*)
(2) Le roi d'Angleterre. (*Note de Piron.*)

Devraient, ce me semble, être ici.
　　Mais surtout mon vicaire,
Qui, père commun de vous tous,
　　Le premier eût dû faire
　　Les frais du rendez-vous.

— Ce sont, dirent les assistants,
Tous deux de fort honnêtes gens,
Mais un peu brouillés dès longtemps.
　　Le Très-Saint Père et George,
Crainte, ici se trouvant tous deux,
　　De s'y prendre à la gorge,
　　Sont demeurés chez eux.

J'aime mon image en Louis,
Continua de Dieu le Fils ;
Et ses Parlements viendront-ils ?
— Quel temps pourraient-ils prendre,
Seigneur, dans l'éternel emploi
　　D'avoir à nous défendre,
　　Nous, le Prince et la Foi ?

　t Christophe, le bon prélat (1) ?
— Seigneur, il aime et fuit l'éclat.
Duc, Archevêque et frère oblat,
　　Ce nouveau saint Christophe,
Faible, ferme, honoré, proscrit,
　　Porte en grand philosophe
　　Vous et le Saint-Esprit.

(1) Christophe de Beaumont, archevêque de Paris.

La moustache frisée au fer,
Un Suisse, écorchant son Pater,
Entre, la pertuisane en l'air.
   Il annonce l'élite,
La fine fleur des beaux-esprits
   Que la France a produite
   Et qu'héberge Paris.

De Gênes l'heureux défenseur (1),
De Mahon le brave agresseur
Ne dit que ces mots au Sauveur :
   Bonjour, enfant céleste ;
J'ai mis mon chancelier au fait :
   Il vous dira le reste (2)...
   Et c'était d'Olivet.

D'Olivet parle et prend le ton
De son devancier Pelisson,
Encense tout jusqu'à l'ânon ;
   Couvre le bœuf de gloire,
Même leur promet à tous deux
   Place dans son histoire (3),
   Ainsi qu'à leurs neveux.

La rivalité les brouilla.
Coups de pieds, ci; de cornes, là.

---

(1) Le maréchal de Richelieu.
(2) Allusion à la formule solennelle et consacrée par laquelle le roi en parlement, après avoir ouvert la séance, donnait la parole au chancelier chargé de faire connaître les volontés royales ; et réminiscence peut-être aussi du bon mot connu du roi Stanislas à madame de Bassompierre, maîtresse de M. de la Galaisière, chancelier du roi.
(3) *Histoire de l'Académie française,* publiée par l'abbé d'Olivet.

Un sage abbé (1) leur crie : Holà !
  Je vous ferai bien taire :
J'ai, pour ranger les animaux,
   Prouvé mon savoir-faire
    Aux États Généraux.

Ainsi qu'au Pape et qu'à l'Anglais,
Ange de lumière et de paix,
Nivernois parla bon français.
  De l'orateur d'Énée
Ayant la sagesse et le don,
   Que notre Ilionée
   Soit à jamais son nom !

L'aimable fils de notre Hector (2),
Télémaque ensemble et Mentor,
Ouvre la bouche et parle d'or.
  On éclate en louange ;
Sur son bien-dire il est monté.
   Près de lui vole un ange.
   Le voilà démonté.

Bernis paraît, chante et ravit.
Pour un chérubin on le prit.
Marie, admirant son esprit
  Simple et des plus honnêtes,
Lui dit : Monsieur, je ne sais rien ;
   J'ignore qui vous êtes :
   Mais vous me plaisez bien.

---

(1) M. l'abbé Delaville, qui a soutenu glorieusement les intérêts de la France en Hollande. (*Note de Piron.*)

(2) De Villars. (*Id.*)

Séguier brilla, comme au Parquet,
Pérora bien, mais eut tôt fait,
Dont l'auditoire eut grand regret.
   Sa réponse au reproche
Fut qu'il était d'un petit bal
   Et d'un médianoche
   Près du Palais-Royal.

Vient le phénix, un qui, dit-on,
Est lui seul, Homère, Platon,
Sophocle, Tacite et Newton.
   Il se fait faire place,
Salue à peine l'Eternel ;
   Et, pour toute préface,
   Dit : Je me nomme un tel (1).

A son grand nom tout se baissa,
Le bœuf de ruminer cessa,
L'âne les oreilles dressa.
   Thiriot l'accompagne,
Criant : Paix là! silence un peu!
   On se tait. La montagne
   Enfante un conte bleu.

Un de ses dévots zélateurs (2)
En pond de toutes les couleurs
Et qui ne sont guère meilleurs ;
   Puis, ronflant vers et prose,
Il fait descendre l'entretien

---

(1) Voltaire.
(2) Marmontel. (*Note de Piron.*)

De tout à peu de chose,
De peu de chose à rien.

De la nature, en vrai docteur,
Buffon chanta la profondeur
Pour en faire admirer l'auteur.
   Plein d'amour pour son père,
Et content du physicien,
   L'enfant dit à sa mère :
   Ah! qu'il nous connaît bien!

Le peintre du mignon Vert-Vert (1)
Et de Cléon, méchant sans pair,
De pleurs verse un torrent amer,
   Les verse en conscience :
La preuve en est qu'aux râteliers
   Il va, par pénitence,
   Déposer ses lauriers.

L'auteur charmant de Zélindor (2)
A sa lyre, fidèle encor,
Mais vers les cieux prenant l'essor,
   Entonnait un cantique
A la gloire du Roi des Rois,
   Et l'orchestre angélique
   Accompagnait sa voix.

Quand le David de Montauban (3),
Haut comme un cèdre du Liban,

---

(1) Gresset.
(2) Moncrif. (*Note de Piron.*)
(3) Le Franc de Pompignan.

S'écria, d'un ton d'Artaban :
 Que toute la chambrée,
Au son chromatique et nouveau
 De ma harpe sacrée,
 Danse autour du berceau.

Puis, fait un grand signe de croix,
Et, des ongles de ses dix doigts,
Pince, repince mille fois.
 Mais personne ne bouge,
Tout est sourd, et même l'écho :
 Il en devient tout rouge,
 Et l'Enfant fait dodo.

Succède un bel-esprit tout frais (1),
Plein d'impromptu, de jolis traits,
Et de mots nouvellement faits...
 Messieurs, dit, à la ronde,
Le doux Joseph, parlant tout bas,
 Laissez dormir le monde,
 Ou ne l'endormez pas.

Le congé pris, on s'en alla.
L'un l'autre on se congratula
Des beaux coups de feu partis là,
 Coups, disait-on, de maître !
Coups pourtant que l'abbé Trublet,
 Seul, à part, disait n'être
 Que coups de gibelet (2).

(1) N'importe lequel. (Note de Piron, qui, très-probablement, s'est désigné lui-même dans ces trois vers.)
(2) Petit foret pour percer un tonneau. (Figurément, coup de gibelet, grain de folie, légèreté d'esprit.)

Lors il met en jeu son creuset,
L'alambic et le trébuchet,
Dissout, pèse, et, vu le déchet,
   Resserrant sa coupelle,
S'écrie : Hélas ! au prix de vous,
   La Mothe et Fontenelle,
   Qu'est-ce que de nous tous ?...

On va croire, et l'on gagera
Qu'indignée à ce propos-là,
L'Académie en murmura.
   Monsieur le Secrétaire,
Sur votre registre fleuri,
   Attestez le contraire :
   Ecrivez qu'elle a ri.

Rions de même, bonnes gens ;
Fameux, obscurs, petits et grands,
Buvons, chantons, vivons contens.
   Dieu nu dans une étable
Aux hommes ne montre-t-il pas
   Combien est misérable
   La gloire d'ici-bas ?

EPIGRAMME

Sur ce qu'on me reprochait le célibat.

Tout poëte qui triompha
Ne veut plus avoir de sa race,

Depuis qu'on a lu le Sopha (1)
Et le poëme de la Grâce. (2)

—

RETOUR SUR MOI-MÊME (3)

— 1707 —

Enfin, Seigneur, enfin, le crime me fatigue :
A vos divins genoux se met l'enfant prodigue,
Dont les yeux tout en pleurs viennent voir aujourd'hui
Si les vôtres encor peuvent être pour lui.
Dans la juste terreur que me donne mon crime,
Il me semble déjà voir s'entr'ouvrir l'abîme
Où de votre fureur mille et mille instrumens
Etalent à mes yeux autant de châtimens.
Mon cœur même, saisi d'une honte mortelle,
N'attend que le moment d'une chute éternelle,
Et de mille remords se sentant déchirer
Loin d'en trembler de crainte, ose les désirer.
Dans ce terrible état, Seigneur, que je mérite,
Malgré le désespoir qui me trouble et m'agite,

(1) De Crébillon fils. (*Note de Piron.*)
(2) Du fils de Racine. (*Id.*)
(3) Premiers vers de Piron, en marge desquels il a dicté à sa nièce la note suivante (il avait alors 78 ans) : Il faut ici rabattre un peu de la force des termes ; à dix-huit ans, je sortais d'une éducation sévère et pieuse, peut-être à l'excès : ses principes me grossissaient terriblement les objets. On ne traiterait que de petits écarts d'une première jeunesse ce que j'appelle ici crime. Voilà les premiers vers que j'aie faits de ma vie. En eussent-ils été les derniers !

Trois ans après, Piron composait l'*Ode à Priape*.

Je me suis souvenu dans mes iniquités,
Qui croîtraient en perdant l'espoir de vos bontés,
Que ce Dieu tout-puissant dont le bras redoutable
Au cri de sa justice arrête le coupable,
Que ce Dieu qui poursuit et punit le méchant
N'est jamais inflexible aux cris du pénitent.
Vous-même l'avez dit, et c'est sur cet oracle
Que me jetant au pied de votre tabernacle,
J'ose emprunter ici la voix du Publicain,
Et vous tendre aujourd'hui ma criminelle main.
Périrai-je, Seigneur ? Votre juste colère
Ne veut-elle donc plus que vous soyez mon père ?
Et malgré ma douleur, mes promesses, ma foi,
N'avez-vous plus, mon Dieu, que des foudres pour moi !..
Le retour de mon cœur n'est-il pas légitime,
Pour ne venir encor que d'un dégoût du crime ?
Ma voix n'a-t-elle plus d'accès jusques à vous ?
Et ne suis-je plus fait que pour votre courroux ?
Quelque juste que soit la douleur qui me presse,
Fuyons un désespoir qu'inspire la faiblesse ;
Espérons en un Dieu qui toujours eut pitié
D'un pécheur qui revient d'un cœur humilié.

—

ÉPIGRAMME

SUR L'OPÉRA DE SCANDERBERG

Œuvre posthume de M. de La Motte, poussée par lui jusqu'au 4e acte, inclusivement, et finie par La Serre, poète de 85 ans. La musique de Rebel et Francœur. Il ne réussit point.

—

Quatre chevaux à la gloire ont voulu
Mener le char du héros d'Albanie ;
Mais vainement l'avaient-ils résolu.
Des deux premiers, le meilleur est sans vie (1) ;
L'autre bientôt lui tiendra compagnie (2) ;
Les limoniers ne valent guère mieux :
L'un est rétif (3), et l'autre vicieux (4) ;

(1) La Motte. (*Note de Piron.*)
(2) La Serre, âgé de 85 ans. (*Id.*)
(3) Rebel. (*Id.*)
(4) Francœur. L'anecdote suivante, écrite par Piron, en forme de commentaire, complète les *Mémoires* cités page 4 :

Francœur était le chevalier d'honneur de la Pélissier, chanteuse alors de l'Opéra, talonnée de tous nos petits étalons à talons rouges. M. Duliz, noble et riche Hébreu, parent de David et de la tribu de Juda, répandant l'or et les diamants, eut la simplicité de se présenter au concours. Il fendit la presse et fit bientôt tout reculer. Ses profusions lui acquirent, pour un temps, le privilége exclusif des entrées au petit coucher ; mais de grosses friponneries commises et recommises, suivant la coutume des lieux, lui crevèrent si fort les yeux qu'elles les lui ouvrirent. L'Israélite accabla d'injures la Samaritaine et parla de ravoir ses enjeux (1). Les élégies des bergers du Jourdain ne sont pas du ton

(1) D'après les *Mémoires*, M. Duliz était coutumier du fait. Quand il se brouillait avec ses maîtresses, il exigeait la restitution des riches présents qu'il leur avait offerts.

Sur qui n'y pense il fait passer la roue.
Aussi le char, loin d'arriver aux cieux,
Reste à jamais enfoncé dans la boue.

de celles des bergers du Lignon. Celles en question mirent de si mauvaise humeur la bergère, qu'elle chargea son brave défenseur du soin de la venger.

Francœur vient courageusement au logis de l'Israélite désespéré qui partait pour la Hollande, monte, entre cavalièrement sans se faire annoncer, et, devant tout son monde, devant tous ses valets, lui tient de tels propos que ceux-ci, se tenant également pour déshonorés s'ils les souffraient, présentèrent à Monsieur le violon, du côté des fenêtres, une sortie plus prompte que n'avait été son entrée ; et de la belle façon dont ils s'y prenaient, l'auraient engagé à l'accepter, si le maître, l'homme du monde le plus débonnaire, n'eût généreusement employé ses forces et toute son autorité pour les en empêcher. Il lui donna même bénignement la main sur le degré pour lui servir de sauvegarde, et ne le lâcha que pour monter dans sa chaise de poste, qui l'attendait à la porte.

Un de ses domestiques, qu'il laissait à Paris pour diverses commissions, en fermant la portière, plein encore de sa juste indignation, jura tout haut que, s'il trouvait le drôle en son chemin, il ne lui ferait pas faute d'une volée de coups de bâton. Le bonhomme, sans dire ni oui ni non, sourit à cette saillie, et partit fort mal édifié des façons de faire de nos incirconcis. Quelque temps après, ce pauvre diable de domestique, ayant, en plein jour et en pleine rue, trouvé son homme, entra en compte avec lui et commençait le paiement. On crie à la garde ! Il est arrêté et, de chez le commissaire, conduit au Châtelet. Malheureusement, il se trouva porteur d'une lettre de son maître, où, après lui avoir demandé compte de ses commissions, il finissait, comme en plaisantant, par lui demander s'il s'était tenu promesse. C'en fut assez pour bien des espèces de gens de toute condition, envieux des grandes richesses du contumax. Il n'y eut plus pour le maître et le valet qu'une seule procédure criminelle pour cause de machination. On mit la chose au plus grave et l'accommodement à un prix exorbitant ; et pour l'instruire on n'emprunta pas moins que la plume d'un éloquent académicien français.

M. Duliz était aimé et considéré à La Haye ; il était cultivé par tous les ministres des cours étrangères, dont la plupart lui avaient d'essentielles obligations. Il leur montra les avis qu'on lui donnait et les pro-

ÉPIGRAMME

A M. LE DUC D'A**

L'un des quatre premiers gentilshommes de la Chambre, sur son nouveau règlement par lequel tous les auteurs (1) sont exclus de leurs places à l'orchestre et relégués aux troisièmes.

De vos écrits, duc, honorez la scène.
Ne seriez-vous qu'arbitre des beaux-arts ;
Daignez parfois descendre dans l'arène :
Un Scipion (2) en courut les hasards ;
Autant en fit le second des Césars (3) :

positions qu'on lui faisait. Il n'y eut qu'une voix pour le rassurer et pour lui conseiller de se moquer de ce nouveau genre d'escroquerie. Cela fut traité de pure farce. Il agit en conséquence. Il fit le sourd ; on revint plus d'une fois à la charge : il tint bon. La compagnie des intéressés, entre lesquels il y en avait d'un puissant crédit, enragée de voir qu'il n'y avait rien à gagner, se réduisit au plaisir cruel de la vengeance, et non-seulement lâcha la bride, mais même donna de l'éperon à la rigueur des lois, sans pitié pour le malheureux qui en fut la victime et, satisfaite d'avoir flétri par le même arrêt celui qui n'était pas entré dans leurs vues (1). Francœur eût mieux fait d'avaler doucement la pilule. Le grand Voltaire, dès longtemps, lui en avait donné l'exemple héroïque en une bien autre occasion.

(1) Tant bons que mauvais, excepté ceux qui sont de l'Académie. (*Note de Piron.*)

(2) On croit que Scipion l'Africain a eu part aux comédies de Térence. (*Id.*)

(3) Auguste, ainsi que Poinsinet, a fait une tragédie d'*Ajax*. (*Id.*)

(1) M. Duliz et Joinville, son domestique, furent condamnés à être roués vifs en place de Grève, par arrêt du Parlement, en date du 8 mai 1731, pour *machination d'excès et coups de bâton*. Le domestique fut exécuté en sa personne et Duliz en effigie. Voyez les *Mémoires* déjà cités.

Deux des premiers gentilshommes du monde.
Bon goût, génie, esprit, tout vous seconde ;
Et notre encens vous serait prodigué.
Un grand obstacle est par vous allégué,
Et je m'y rends : c'est que, comblé d'éloges,
Faute d'être un de nos quarante Doges,
Par vos statuts vous seriez relégué
De votre banc dans les troisièmes loges.

VERS

Attachés, le jour de l'an, au cou d'une chienne appelée Princesse, appartenant au chevalier de Belle-Isle (1).

Puissiez-vous, chevalier, au milieu des batailles
Où vous emportera la défense des Lis,
    Donner la chasse aux ennemis
    Ainsi que je la donne aux cailles !
Ou si l'amour vous tient par hasard sous sa loi,
    Puisse l'heureuse et tendre amante
    Qui vous aura donné sa foi
    Être, s'il se peut, caressante
    Et fidèle encor plus que moi !
    Vous n'aurez pas l'âme assez fière

(1) Bien que l'épître suivante soit connue, nous n'hésitons pas à la reproduire *in extenso*, à cause de l'anecdote qui l'accompagne et dont Rigoley de Juvigny, on ne sait pourquoi, n'a publié qu'une partie, même encore en la défigurant.

Pour blâmer ce petit transport
D'une Princesse que le sort
A faite votre prisonnière,
Et qui veut de bon cœur l'être jusqu'à la mort.
Si j'avais pu gagner les plaines
Et m'échapper de ma prison,
Vous auriez eu de ma façon
Quelques perdrix pour vos étrennes.
Puisque je ne l'ai pu, vous n'aurez que des vœux.
Qu'est-ce que des vœux ? Rien. Mais mettez-vous en tête
Que les pauvres chiens sont des gueux.
Je suis chien ; qui pis est poëte :
Pour une excuse j'en ai deux.

ANECDOTE

Sur la présente Épître, instructive pour mes pauvres frères en Apollon.

J'arrivai à Paris très-pauvre et tel que je me peins dans la préface de la Métromanie. J'étais porteur, pour toute ressource, de deux lettres de recommandation : l'une de notre premier président de Barbisey, l'autre de M. le marquis de Montmain, qui avait épousé une sœur de MM. de Belle-Isle. Ceux-ci commençaient alors la fortune éclatante qui a disparu avec eux. J'avais trente ans. Mes protecteurs parlaient avantageusement de moi et de mon honnête famille qu'ils avaient aimée et estimée de tous les temps. Enfin, ils me recommandaient très-vivement. La lettre de M. de Barbisey fut inutile. Celle de M. de Montmain parvint au comte de Belle-Isle qui, pour mon malheur, faisait très-peu de cas de son beau-frère, un des gentilshommes de ma province les plus estimables et les plus universellement estimés. Ce mépris si injuste réagit sur le protégé.

M. de Montmain le pressait de me prendre pour son secrétaire. Je méritais bien autant cette place que cinq ou six paysans que depuis j'y vis monter. Il m'envoya à son frère le chevalier, qui, faute de mieux, avait choisi le rôle de mystérieux et de taciturne. Celui-ci conservait bien précieusement et comme des oracles de Sibylles les manuscrits sans nombre de M. de Boulainvilliers, rêveries scientifiques, hérissées de grec, de latin, de gothique, d'histoires, de fables, de politique et de figures géométriques, astronomiques, astrologiques, etc. J'ai quelques études. J'écrivais bien. Je lui parus propre à mettre au net tout ce griffonnage. A cet effet, il me fit conduire dans le bouge d'un laquais dont le grabat, le panier d'une chienne et une méchante table de cabaret composaient tout l'ameublement. Là, je pris possession de mon bel emploi vis-à-vis d'un soldat aux gardes, qui copiait d'autres misères à sa portée, moyennant vingt sols par jour. Le laquais m'apportait ma besogne et la remportait cahier par cahier. Je m'en acquittais du mieux que je pouvais, dans l'espérance que l'attention qu'on y ferait changerait mon sort. Il en résulta tout le contraire. On trouva son compte à tenir le tout de la même main, et il y avait pour dix ans de travail. Je ne voyais que le valet ; le maître était plus invisible qu'un monarque d'Orient, et, qui pis est, ne me donnait pas le sou. Au bout d'un temps considérable, et le jour de l'an, j'attachai les vers qui précèdent au col de sa chienne, et je n'eus nouvelles de rien.

ÉPIGRAMME

A L'ABBÉ DESFONTAINES

Maigres auteurs, pour être gras à lard,
Erigez-vous en censeurs téméraires,
Et barbouillez des feuilles au hasard
D'absurdités l'une à l'autre contraires.

Très-joliment vous ferez vos affaires.
Vous essuierez quelques petits chagrins,
Serez parfois conspués, pris aux crins,
Vilipendés. N'importe! Vos bedaines
S'arrondiront, et d'abbés Pellegrins
Vous deviendrez des abbés Desfontaines (1).

AUTRE

AU MÊME

Père Burlon (2), *quittant les ennemis* (3)
De la maison du cardinal (4) *Bérule,*
Bonnet et robe il laisse tout, hormis
Pédanterie, insolence et férule.
Il s'assied donc dans sa chaise curule.
Comme sa classe il regarde Paris;
Comme écoliers messieurs les beaux-Esprits;
Comme avortons tout ce qu'ils font paraître;
Il nous régente. Et quel en est le prix?
L'écolier fouette à chaque instant son maître.

(1) Desfontaines était gros comme un muid, et Pellegrin était plat comme une latte. (*Note de Piron.*)

(2) Burlon est le nom que Desfontaines, dans son édition furtive d'Avignon, prit après que l'Académie française eut eu le crédit de lui faire ôter son privilége des *Observations*. (*Id.*)

(3) Les Jésuites. (*Id.*)

(4) Les RR. PP. de l'Oratoire. (*Id.*)

AUTRE

AU MÊME

L'Abbé qui critique Arouet
Sur Pégase ayant mis la fesse,
Dit, en faisant claquer son fouet :
Qu'on m'enlève sur le Permesse (1) !
Qu'on m'y dépose et qu'on m'y laisse !
Il croyait le Permesse un mont,
Et c'est un fleuve très-profond.
Le cheval y vole avec joie,
Flanque son cavalier au fond
Et gaillardement vous le noie.

―

AUTRE

AU MÊME

Sur sa traduction de Virgile, qu'il vantait par-dessus toute chose.

Maudit sois-tu, fade et plat traducteur
Qui, dans ta prose as fait passer Virgile !

(1) Dans sa belle ode à la reine, il débute par dire à Pégase de l'enlever sur le Permesse. Ce pédant en titre, faute de savoir que le Permesse est un fleuve qui coule au pied de l'Hélicon, en a fait un synonyme du mont Parnasse. C'est être encore assez mauvais écolier. (*Note de Piron.*)

Autant valait régaler ton lecteur
De l'Enéide, en latin d'Évangile.
Virgile est d'or et tu le fais d'argile.
Ce sont des fleurs qu'un fleuriste insensé
Transplante à faux dans un climat glacé ;
De Raphaël d'insipides copies ;
De beaux pays où la peste a passé ;
Des mets exquis qu'ont touchés des Harpies.

—

AUTRE

AU MÊME

Pourquoi le pesant Desfontaines,
Plus pesant que feu Maumenet (1),
Fera-t-il toujours ses fredaines ?
Lui-même il le dit franc et net :
C'est que son esprit fait binet
Pour mettre sa cuisine en ordre ;
Et s'il ne mord au cabinet,
A table il n'a pas de quoi mordre.

(1) Maumenet (Louis), abbé, né en 1655, mort en 1716. Plusieurs académies de province ont couronné quelques-unes de ses poésies, ce qui ne les a pas garanties de l'oubli.

RONDEAU

A d'honnêtes gens qui, s'intéressant à moi, désiraient que je retranchasse de mes œuvres l'*Anecdote comique et littéraire* pour m'épargner les impertinences qu'elle ne manquerait pas de m'attirer de la part de Fréron, qui y est tympanisé, comme il le mérite, sous le faux nom de la comtesse de ***, qu'il avait pris dans les deux premiers tomes de ses opuscules.

— 1759 —

Des feuilles de l'An littéraire
Et de leur foudre hebdomadaire
On menace ma belle humeur,
Et d'en oser berner l'auteur
On me trouve un peu téméraire.
Plaisant orage imaginaire !
En cent ans que pourrait-il faire ?
Mouvoir un roseau, quelque fleur,
  Des feuilles ?

Attaqué, sied-il de me taire ?
Qu'on me laisse rire et me plaire
A faire danser l'agresseur.
Du reste, j'en fais mon affaire.
Irais-je au bois si j'avais peur
  Des feuilles (1) ?

(1) Ce qu'on prévoyait, et ce que je ne craignais guère, arriva. Mon édition parut; madame la comtesse, ayant alors ses ordinaires, se mit de mauvaise humeur, jura vengeance, y travailla pendant quatre grands mois, au bout desquels la petite montagne accoucha d'un rat mort. (Voir l'*Année littéraire*, page 145, lettre vii⁰ et les trente pre-

LA FRÉRONADE

En trente-deux épigrammes que, huit jours après la *feuille* de Fréron, je fis lire à l'abbé de La Porte, son coadjuteur, pour qu'il sût que je n'avais pas perdu plus de temps à m'y amuser. Je n'ai même jamais voulu les publier, par le peu de cas que je faisais et d'elles et de lui.

> *On veut qu'à Fréron je réponde*
> *Sur ce qu'il dit que j'écris mal.*
> *S'il dit ce que dit tout le monde,*
> *Je défère au cri général :*
> *Le silence est mon lot fatal.*
> *Mais si la petite vengeance,*
> *L'infidélité, l'ignorance,*
> *Seules, ont dicté son écrit,*
> *Et s'il n'a dit que ce qu'il pense,*
> *C'est comme s'il n'avait rien dit.*

AUTRE ÉPIGRAMME

AU MÊME

> *Fréron, de goût parle sans cesse.*
> *Lui demandez-vous ce que c'est ?*
> *Il dit : C'est... un... je ne sais qu'est-ce...*
> *Prend du tabac, tousse et se tait.*

mières pages.) Alors ceux qui m'avaient prié de me taire me pressèrent de parler. D'abord, *nolui cantare rogatus*. Mais je fus si harcelé qu'à la fin je succombai à la tentation de m'égayer sur la friperie du vilain, comme j'avais fait sur celle de son antécesseur et son maître. (*Note de Piron.*)

A le dire, moi, je suis prêt,
Et pour cela mon éloquence
Ne se mettra guère en dépense :
Pensez, écrivez autrement
Que Fréron n'écrit et ne pense,
Et vous y voilà justement.

—

AUTRE

Fréron, à trois (1) académies
S'étant offert tout à la fois,
Ces dames, en bonnes amies,
Partagèrent le membre en trois.
Que ne jouer à pile ou croix
A qui seule aurait l'avantage
De posséder un personnage
Dont le tout n'est que trop petit ?
Bel acquêt d'avoir en partage
Le tiers d'un quart de bel-esprit !

—

AUTRE (2)

Il n'est plus de double coupeau ;
Pégase n'est plus qu'un fantôme,

(1) Nancy, Angers et Montauban, où Pompignan le fit recevoir pour se le rendre favorable. (*Note de Piron.*)
(2) Etat de la littérature de ce temps-là. (*Id.*)

L'Hippocrène qu'un puits sans eau,
Apollon qu'un vendeur de baume,
Et son temple qu'un jeu de paume,
Noirci des écrits de Guyot (1),
Où de Fréron l'esprit falot
Sert de pelote et d'amusette.
Holà ! maîtresses du tripot,
Muses ! de grâce une raquette !

—

AUTRE

L'homme dort-il ? une mouche s'en joue,
Lui parcourant le front, le nez, la main ;
Va, vient, revient de l'une à l'autre joue.
De vingt soufflets l'homme se frappe en vain :
A l'écraser il parvient à la fin.
L'exploit n'est pas d'un vigoureux athlète.
Sotte victoire ! il est vrai, mais complète.
Moquez-vous-en : pour moi je m'en repais.
Qui bat Fréron sans doute se soufflette :
Mais, cela fait, du moins on dort en paix.

—

AUTRE

Dame Arachné de sa hideuse toile
Plafonnait presque un vaste appartement ;

(1) L'abbé Guyot Desfontaines. (Note de Piron.)

Et là, croyant briller comme une étoile,
S'imaginait faire un bel ornement.
Mouches à tas lui servaient d'aliment.
Sire Bourdon passe près de la case ;
Elle court sus : grand combat sur la gaze !
Et le plancher fond sous les combattants.
Arachné tombe ; on la hare, on l'écrase.
Bourdon s'envole et prend la clé des champs.

AUTRE

Un pauvre auteur payait Fréron
Pour échapper à sa satire.
— Je veux, dit maître Aliboron,
Faire plus. Je veux qu'on t'admire.
— Oh ! dit l'autre, ceci, beau sire,
Passe ta force et mon espoir...
— Passe ma force ! Tu vas voir
Ce que peut l'emploi dont j'hérite.
Mon devancier m'a fait valoir
A moins de frais et de mérite.

AUTRE (1)

Fréron, Frérot, mon petit frère,
Apprenez à faire un extrait ;

(1) Cette épigramme clôt la série des trente-deux de la *Fréronade*.

Sachez plus et n'opinez guère,
Ou n'opinez pas tout à fait.
Voilà le dernier coup de fouet
Que vous aurez de ce voyage.
Dorénavant soyez plus sage,
Mettez à profit mes leçons.
Mouchez-vous, reprenez courage,
Et remettez vos caleçons.

BOUQUET

AU COMTE DE SAINT-FLORENTIN

Pour le jour de Saint-Louis, sa fête, célébrée dans son salon.

Air : J'aime le pain, j'aime le vin.

Il est deux salons dans Paris,
Ville où tout charme abonde,
Qui s'ouvrent à la Saint-Louis
Pour le plaisir du monde.
L'un tout le jour, dès le matin,
Reste ouvert au vieux Louvre (1);
A l'hôtel de Saint-Florentin,
Aux flambeaux l'autre s'ouvre.

On ne parle, dans le premier,
Comme en un lieu de gloire,

---

(1) L'ouverture du Salon de peinture au Louvre avait lieu le jour de la Saint-Louis.

Debout, pendant le jour entier,
   De manger ni de boire.
Libre, joyeux et rubicond,
   Chez le seigneur affable,
On est assis dans le second,
   Et bien assis à table.

Dans l'un se disent de grands mots,
   Dans l'autre des mots drôles ;
Là sont les ennuyeux propos,
   Ici les gaudrioles.
Et tandis que, bredi-breda,
   Non sans de grands mécomptes,
On discute l'histoire, là ;
   Ici, l'on dit des contes.

Là, pour tout plat de son métier,
   Oudry (1), par aventure,
A l'huile nous sert du gibier
   Tiré d'après nature.
Ici l'on nous sert des perdrix
   Au rôt comme aux entrées ;
Et bien d'autres pièces de prix
   Mille fois mieux tirées.

Là, sur une ligne rangés,
   En pastel et sous glaces,
Sont quinze ou vingt fats rengorgés
   Qui présentent leurs faces.

---

(1) Oudry (J.-B.), peintre et graveur, élève de Largillière, a peint une série de tableaux de chasse. Né en 1686, mort en 1755.

Ici, parmi les Jeux, les Ris,
   Les Plaisirs et les Grâces,
Ne sont que visages d'amis,
   Ouverts et sans grimaces.

Là, dans les hauts, nous voyons peints
   De grands tableaux d'église
Où ne sont que portraits de saints,
   Tous gens à barbe grise.
De celui seul qu'a peint Tocqué (1)
   L'image est douce et belle;
Aussi Binbin n'a pas manqué
   D'en parer sa chapelle.

Là, de l'Albane l'on a beau
   Donner les seconds tomes,
Toutes ces Vénus en tableau
   Ne sont que des fantômes.
Une, ici, préside au festin
   Qui ravit à la ronde :
Plus belle, le verre à la main,
   Que l'autre au sein de l'onde.

Laissons donc là ces curieux
   Leur soûl mâcher à vide.
Nargue, amis, du plaisir des yeux !
   Et vive le solide !
Comme entre les Amphitryons
   Le grand Sosie opine,

---

(1) Tocqué (Louis), peintre de portraits, né en 1696, mort en 1772, était élève et gendre de Nattier. Il fut appelé, en 1760, pour faire le portrait de l'impératrice de Russie.

J'opine que les vrais salons
 Ce sont ceux où l'on dîne.

Mais plaignez le pauvre Binbin,
 Qui jadis fut des vôtres ;
Il est banni, par son destin,
 Des uns comme des autres.
Sans yeux, qu'ai-je à faire aux tableaux,
 Quinze-vingt misérable ?
Sans estomac, à quel propos,
 M'irais-je mettre à table ?

AU MÊME

En lui envoyant une chemise pour étrennes.

S'il est vrai, comme on le doit croire,
Qu'être près du ministre, et le plus près de tous,
Est le comble des vœux du courtisan jaloux,
 Chemise, quelle est votre gloire !
Personne ne sera plus près de lui que vous.
 Galante et gentille chemise,
Oh ! qu'à de grands secrets vous allez être admise !
Sachez les ignorer ; voyez-les sans les voir.
 Si celui qui vous aura mise
 Vous soupçonnait de les savoir,
 Fussiez-vous Frise et double Frise (1),

(1) Frise, ville des Pays-Bas, renommée pour ses toiles.

De vous non plus il ne se soucierait
    Que de sa première chemise :
Sur-le-champ il vous brûlerait.

  Du reste, soyez peu surprise
  S'il ne vous mettait qu'une fois,
  Et ne faites pas la sottise
  De trouver cela peu courtois :
  Diversité, c'est sa devise.
  Baronne, comtesse et marquise
  Ont reçu même traitement :
  Car il a changé constamment
  De belles comme de chemise.

AU MÊME

En lui envoyant un bonnet de nuit.

Monseigneur, en ces temps de crise et de tempête,
    L'Etat, comme on sait, a besoin
    De quelque saine et bonne tête :
    De la vôtre ayez donc bien soin.
D'un bon bonnet, orné d'un peu de valencienne,
Couvrez-la bien la nuit ; et que du jour de l'an
Jusqu'au cinquième jour après la Saint-Etienne,
    Avec la boucle, ce ruban
Sur l'une et l'autre oreille et l'arrête et le tienne
    Ferme et serré comme un turban,
Afin que ce bonnet vous serve et vous maintienne
    A l'abri des rhumes malins

Capables de brouiller les cerveaux les plus sains ;
Et qu'il ne soit pas même en vous, quoi qu'il advienne,
De le pouvoir jeter par dessus les moulins !

EPITRE

AU MÊME

En lui envoyant, pour contribuer à l'ameublement de sa petite maison à Bezons, une chaise percée carrée, à l'ordinaire, en face de laquelle étaient peints les dossiers de cinq volumes in-folio, avec cette inscription : *Histoire des Pays-Bas.*

L'Amour a, comme la Folie,
Chez nous ses petites maisons ;
Et j'apprends que la plus jolie
Qu'il ait, vous l'avez à Bezons.
Vivez cent ans et davantage
Dans cet agréable séjour :
Devenez ermite d'amour,
Et soyez à votre ermitage
Un peu plus souvent qu'à la cour.

L'oisiveté n'est pas d'usage
Parmi les gens de votre rang ;
Ils ont fort à faire, et, tout franc,
Vous ferez là très-peu d'ouvrage :
Mais vous y ferez du bon sang.
Et nous aimons, comme on peut croire,
Mille fois mieux votre santé
Que cette diablesse de gloire
Dont tout le monde est entêté.

Mieux vaut l'heure qu'on passe à boire
Que mille ans de nom dans l'histoire :
A table est l'immortalité.
Or çà, meublons la maisonnette
Et la meublons à petits frais.
Humble et modeste anachorète,
Sans donner dans le moindre excès,
Déjà vous aurez fait emplette
D'un bout de banc, d'une couchette,
D'un verre et de deux tabourets.
Il vous faut encor cette histoire :
C'est l'Histoire des Pays-Bas ;
Meuble, sans vous en faire accroire,
Plus nécessaire en tous états
Que bureaux, buffets ni qu'armoire.
Et vous sentirez mes raisons
Sitôt qu'approchera la foire ;
Car tous les ans, c'est fait notoire,
Vous avez la foire à Bezons.

Du reste, homme sage entre mille,
De nous, bonnes gens, apprenez
Qu'on met, dans cette histoire utile,
Bien autre chose que le nez.
Vos petites affaires faites,
Souvenez-vous en bien aussi :
Servez-vous de ce papier-ci
Pour ne pas gâter vos manchettes (1).

(1) Il y en avait une douzaine à dentelles dans la layette. (Note de Piron.)

ODE

Faite à double jeun

— 1712 —

Sans crédit, sans argent, sans or,
Le ventre plus plat que punaise,
Un pauvre petit mot encor,
Dieu de misère et de malaise !
Mon enthousiasme n'est plus
L'effet de tes feux superflus.
Ce sont les noires Euménides
Qui donnent la force à ma voix
De sortir encore une fois
Du fond de mes poumons arides.

Du fil de mes jours les fuseaux
Font leur dernières pirouettes.
Déjà, pour chercher ses ciseaux,
Atropos a mis ses lunettes.
Averti déjà par la mort,
Caron mène sa barque au bord
Pour y donner place à mon ombre ;
Et le jour, dont mon ventre est plein,
A mes yeux se dérobe enfin
Et les laisse dans la nuit sombre.

Bel exemple certainement,
A ceux qu'une stérile audace
Fait, sans provision d'argent,
Courir à jeun sur le Parnasse!
On n'y mâche que du laurier,
On n'y voit point de cuisinier;
Point de tonneaux, point de marmite.
Pour bourret (1) *et pour Apollon,*
De l'eau, du laurier, du chardon!
Beau ragoût pour un Sybarite!

Crèvent comme Denis ou moi
De la faim canine ou de l'asthme
Ceux qui pensent de bonne foi
Pouvoir vivre d'enthousiasme!
Puissent tous ces divins transports
Qui m'ont mis la famine au corps,
Muses, mettre le diable aux vôtres!
Et puisse ce diable, à la fin,
Secondé d'un juste destin,
Vous entraîner à tous les autres!

(1) Nom vulgaire du jeune canard, en Normandie. C'est aussi l'un des noms vulgaires du bœuf et du veau.

A MONSIEUR LE COMTE DE LIVRY

Qui était à Compiègne (1).

—

Comte, sur les bords de l'Oise,
Je me figure un palais
Occupant plus d'une toise,
Bâti sans doute à grands frais,
Couvert peut-être d'ardoise,
Tout comme il aura plu; mais
Ce lieu ne vaudra jamais
Certaine maison bourgeoise
Qui vous attend à Paris.
Grâces, Plaisirs, Jeux et Ris,
Nuit et jour y font la ronde;
Et certe une paix profonde
Siégerait sous ses lambris,
Si paix pourrait être au monde.

C'est, je l'avoue, un logis
D'assez petite étendue;

(1) Cette épître, qui se trouve dans les OEuvres complètes, a subi de tels retranchements de la part de Juvigny, qu'elle en est devenue méconnaissable. Nous croyons devoir la rapporter dans son entier et d'après l'original autographe, parce que les passages supprimés renferment, sur mademoiselle Quinault, sur mademoiselle Balicourt, sa cousine, et sur mademoiselle Dufresne, sa belle-sœur, des détails qu'il nous paraît essentiel de conserver. En outre, nous rétablissons toutes les notules de la main de Piron. Les vers en romain sont ceux que Juvigny a retranchés.

Mais libre, et dans une rue (1)
Où l'on entendrait trotter
La souris la plus légère ;
Tandis que sur le derrière,
C'est charme d'ouïr chanter,
Sans qu'on ait soin de la cage,
Et fauvette et rossignol
Nichés dans un beau feuillage
Qui sert, auprès du vitrage,
De store et de parasol.
Du joli concert champêtre
On s'approche tant qu'on veut ;
Si le cœur en dit, on peut
Se jeter par la fenêtre.
Et, dans ces lieux fortunés,
Tout le mal de l'aventure
Serait de donner du nez
Dans des touffes de verdure.
Balcon, moyennant cela,
Belvédère (2), aussi bien là
Pour échauffer la cervelle
De Tonton (3) et de Bouri (4),
Que pour Binbin fut l'échelle
Du Jardinier de Livry,
Où fut posée une selle :
En sorte que je fis d'elle
Mon Pégase favori (5).

(1) Rue du Pot-de-Fer, où le comte de Livry avait son hôtel.
(2) Il régnait le long des croisées une terrasse sur laquelle les demoiselles étudiaient leurs rôles. (*Note de Piron.*)
(3) Mademoiselle Quinault. (*Id.*)
(4) Mademoiselle Balicourt. (*Id.*)
(5) Un jour, dans le parc de Livry (je travaillais à *Gustave*), je

Dans le riant ermitage
Brillent deux jolis minois,
Et, ce qui vaut davantage,
Deux cœurs bons et francs gaulois :
Couple assorti, couple d'anges,
Qui, tête à tête en ce lieu,
Chantent tout bas vos louanges,
Ainsi que celles de Dieu.

N'en déplaise au Père, au Verbe,
Au Saint-Esprit, leur adverbe (1),
C'est un plaisir très-décent
Que prend ce couple innocent,
Pour démentir le proverbe
Qui dit : Malheur à l'absent.

Des deux jeunes solitaires
L'une devient grasse à lard ;
L'autre ne tardera guères :
Car on sait qu'à ses affaires
Sympathie a bonne part ;
Que chez elle, sympathie
Fait santé, fait maladie :
Sa cousine rebondie
Lui rendra son embonpoint.
Mais que sa cousine crie,

m'avisai, pour élever mes idées en m'approchant du ciel, de monter en haut de la double échelle qui servait à tondre les charmilles et de m'y jucher à califourchon, jambe de ça, jambe de là. Quelqu'un m'y vit sans que je m'en aperçusse, et le lendemain y étant remonté, je fus fort surpris d'y trouver posée une selle avec des étriers. (*Note de Piron.*)

(1) Ces deux vers appartiennent à l'abbé Legendre. (*Id.*)

Vite même mal la point.
L'approuvé-je en ceci ? Point.
Bouri n'est qu'une étourdie.
Plainte à rien ne remédie.
Bouche close sur ce point.
Suffit que ma belle amie,
Que vous appelez Tonton,
Que Tonton, jadis momie,
De graisse est un peloton ;
Qu'enfin, grâce à sympathie,
Vous trouverez deux dondons ;
Et qu'une fois en leur vie
Elles auront deux mentons.

Le pauvre mangeur d'éclanche
N'a cependant chez Tonton,
Ni de rougeâtre saumon,
Ni de vive ferme et blanche,
Ni de bleuâtre esturgeon.
Binbin pleure, Binbin crie,
Binbin déteste la vie ;
Binbin voudrait du bonbon.
Pour n'avoir point de querelles,
A Binbin les jouvencelles
Promettent maint carpillon,
Maint beau petit (1) barbillon
Qui danseront, disent-elles,
Dans le coin du pavillon,
Au doux chant des Philomèles
Et de maint autre oisillon.

(1) Elles se divertissaient à nourrir dans une auge du frétin qu'elles prétendaient me servir en gros poissons. Cela ne réussit pas. (*Note de Piron.*)

POÉSIES INÉDITES DE PIRON

Venez donc, l'ami des belles ;
Venez, le prince à Binbin.
Amour puisse, un beau matin,
Vous mettre au dos (1) ses deux ailes,
Et vous ramener bon train !

Je vous dirai, pour nouvelles,
Qu'Eryphile (2) est morte enfin ;
Mais non le censeur malin
Qui déjà suit à la piste
La Vérité fabuliste (3),
Et qui, chez Servandoni,
Où court un monde infini,
Sur un portail se délecte
A bien dauber à son gré
Le devis (4) de l'architecte
Et les projets du curé.

Adieu, comte qu'on respecte
De ce respect tempéré
Des douceurs de la tendresse.
Le seul respect désiré
De tout cœur où gît noblesse :
Respect de la bonne espèce

(1) Un jour de Fête-Dieu, seigneurs et dames vinrent à ma fenêtre voir passer la procession de Saint-Sulpice. Danchet et moi nous les reçûmes habillés en anges. Il avait 62 ans et moi 42. M. de Livry, à un bal ensuite, emprunta mes ailes et dansa gaillardement avec. (Note de Piron.)

(2) Tragédie de Voltaire, jouée en 1732.

(3) Pièce de Launay, aux Italiens (Note de Piron.)

(4) Ici un renvoi est marqué par Piron, qui l'a laissé en blanc. Servandoni était à la fois architecte et peintre. Né à Florence en 1695, mort à Paris en 1736.

Que vous m'avez inspiré,
Et m'inspirerez sans cesse.
Vive l'amour et le vin !
Vive Tonton l'indocile !
Vive Bouri la tranquille !
Vive le barbu Binbin !
Vive Loulou la débile !
Vive le maître à Quinquin !

18 mai 1732.

ÉPIGRAMME

Le lion, vieux et malade,
Du baudet, avant sa mort,
Recevant une ruade,
De se lamenter eut tort.
Vieux et mourant, si le sort
A des mépris me condamne,
Je le remercierais fort
Si ce n'est qu'à ceux d'un âne.

ÉLÉGIE

Tristes déserts, muettes solitudes,
  Repaire affreux de tous les animaux,
Lieux plutôt consacrés à l'horreur qu'au repos,
Que vous convenez bien à mes inquiétudes !

*Je ne viens point frapper vos sauvages échos
D'accens qui vous rendent moins rudes.
Depuis qu'amour m'accable de ses maux,
J'ai perdu de chanter les douces habitudes,
Et je ne suis plus bon qu'à pousser des sanglots.*

AUX OFFICIERS FRANÇAIS

Qui partaient sans argent l'année 1711.

*N'avez-vous pas assez dormi,
Noblesse généreuse au-dessus de toute autre ?
Partez ; allez verser le sang de l'ennemi,
Pendant qu'on sucera le vôtre.*

ÉPIGRAMME

A JEAN-JACQUES ROUSSEAU

Sur sa lettre à d'Alembert.

*Petit philosophe allobroge,
Redresse ton esprit tortu
Avant d'entreprendre l'éloge
De la belle et noble vertu.
Comment, en effet, t'y prends-tu
Pour nous en offrir le modèle ?*

*Tu nous fais un portrait fidèle
De toi-même et de ton pays :
C'est vouloir nous dégoûter d'elle
Presque autant que de tes écrits.*

—

AUTRE

A L'AUTEUR DE DIDON (1)

Sur son Épître dédicatoire à M. le marquis de Nesle, espèce de préface dans laquelle, enivré de son premier succès, il s'élève glorieusement au-dessus de ses contemporains, et s'annonce comme le seul et digne successeur de Corneille et de Racine.

*Monsieur Le Franc, vous voilà tout bouffi,
Le violet vous en monte à la face.
Désenflez-vous. Le lecteur a dit : Fi !
De votre pièce et de votre préface.
D'entre vos pairs votre orgueil nous efface,
Dompte Pégase et vous colle à son dos.
Mais de la Manche on croit voir le héros,
Les yeux bandés, monté comme un saint George
Sur Chevillard. Il piaffe, il se rengorge ;
Sa vanité met l'enchanteur en jeu.
Avec du chaume, on vous le flambe un peu :
Voilà mon brave au-dessus du tonnerre
Qui croit toucher la région du feu !
Et son roussin n'a pas bougé de terre.*

(1) Le Franc de Pompignan.

ACROSTICHE DE MON NOM

Par madame Dumont.

Plein de feu, de sel, de génie,
Il joint la force à la gaîté ;
Rien dans ses vers n'est affecté.
On voit dans la Métromanie
Naître son immortalité (1).

RÉPONSE

Et le seul acrostiche de ma façon.

De notre temps combien a-t-on
Eu de dames, sur le beau ton
Monter et bien pincer la lyre ?
Ovide interrogé, tout net
Ne manquerait pas de nous dire :
Trois : Grafigny, Du Bocage et...

(1) N. B. Ceci soit écrit à la louange de l'esprit de cette dame et nullement à la mienne. (*Note de Piron.*)

ÉPIGRAMME

De son Vert-Vert Gresset échafaudé,
A son entrée au cercle académique,
En vrai Tartufe a bravement frondé
Tout vers impie, obscène ou satirique.
C'est très-bien fait. Gloire à la rhétorique
De nos auteurs doux, pieux et décens !
Mais que n'a-t-il, en homme de bon sens,
Lui qui veut rendre aux mœurs de bons services,
Moins célébré, dans ses vers innocents,
L'oisiveté, mère de tous les vices ?

ÉPIGRAMME

Maupertuis est un vilain nom
Qui plairait peut-être en Toscane;
Mais en tout autre pays, non.
Nul ne l'entend qui ne ricane.
Depuis qu'un Breton fit la canne
Dans un traité des plus connus,
Partout Mauclerc voulut dire âne,
Donc, Maupertuis veut dire anus (1).

(1) Voyez l'histoire de Bretagne. Mauclerc, quasi mauvais clerc; Maupertuis, quasi mauvais pertuis. (*Note de Piron.*)

APRÈS LA MORT DE MADAME DE POMPADOUR

D'Hymen Amour est l'aîné.
A l'Amour pour son droit d'aînesse,
Par préciput le beau fut assigné.
De Pompadour Hymen usurpa la jeunesse.
Amour revendiqua ses droits ;
Et, pour l'indemniser, il la rendit maîtresse
Du plus aimable de nos rois.

A LA LAROCHE

Chanteuse à l'Opéra.

SONNET

Dégagé des liens d'un amour malheureux
Qui m'a fait ressentir tous les maux qu'il entraîne,
J'avais pris à témoin et la terre et les cieux
Que je ne voulais plus éprouver que la haine.

Mais le feu pétillant qui brille dans vos yeux,
Votre gorge d'albâtre et vos cheveux d'ébène,
Votre port, votre esprit, votre chant merveilleux,
Tout cela pourrait bien me remettre à la chaîne.

Oui, belle de Laroche : en vain j'avais juré
De ne jamais aimer; mon cœur mal assuré
Se dédirait bientôt et deviendrait parjure.

Mais quelque chose en vous rebute un peu ce cœur.
J'admire, comme on doit, votre aimable figure;
Tout y charme, il est vrai... mais votre nom fait peur.

ÉPIGRAMME

A l'auteur de la comédie de *Sancho dans l'île de Barataria.*

Dancourt, pourquoi viens-tu détruire
Par ton œuvre l'œuvre d'autrui ?
Sancho jusqu'ici nous fit rire :
Tu le fais siffler aujourd'hui.

ÉPIGRAMME

Sur un procureur, fils d'un boulanger.

Blaise, pourvu de griffe active,
Se fit passer maître-larron;
Et, quittant l'habit de mitron,
Vêtit la robe de Saint-Yve.
Ainsi changé du blanc au noir,
Blaise, l'on aura beau le voir,
Qui diable éventerait la mine ?
Car en dix mille ans, croirait-on,
Te voyant plus noir que charbon,
Que tu sortes de la farine ?

AUTRE

Contre un poëte (1), fils d'un cordonnier

— 1713 —

Plus bouffi d'orgueil qu'un coq d'Inde
Et crotté jusqu'au casaquin,
Lycus, paré du brodequin,
Parut sur la croupe du Pinde.
Aristophane qui le vit
Appela Molière, et lui dit :
Que vous semble de ce compère ?
Je le trouve assez mal troussé.
— Un cordonnier, lui dit Molière,
N'a jamais été bien chaussé.

—

A MADAME GEOFFRIN

A son retour de Pologne.

Dame que tout le monde admire, aime et révère,
Représentez-vous le grand jour
Qu'un roi, vous appelant sa mère (2),

(1) L'abbé de la Mare, qui désavoua publiquement son père, honnête homme. (Note de Piron.)

(2) Stanislas Poniatowski, roi de Pologne, avait écrit à madame Geoffrin : « Maman, votre fils est roi! Venez voir votre enfant! » Stanislas, favori de Catherine II, avait beaucoup connu madame Geoffrin lorsqu'il était venu à Paris, avant son élection.

Vous serra dans ses bras, au milieu de sa cour.
Quelle joie alors fut la vôtre !
Eh bien ! telle est la nôtre
Vous voyant de retour ;
Outre qu'elle sera plus durable que l'autre.

REMERCIMENT

A MADAME LA MARQUISE DE LIVRY.

Vous, pour qui mon brave Cortès (1)
Eût plutôt conquis l'Amérique
Que pour l'Elvire chimérique
Dont j'imaginai les attraits ;
Marquise aimable et généreuse,
Je ne forme que deux souhaits :
Faites des heureux à jamais,
Et soyez à jamais heureuse !

Jeudi (2), chez moi votre bonté
A fait que tout a bien été,
Dont j'ai l'âme toute joyeuse.
Par votre libéralité
D'une ronde reconnaissante
Vous fîtes la félicité,
Et bien par delà mon attente.

(1) On le jouait alors. (Note de Piron.)
(2) Voyez la note à la fin. (Id.)

Aussi, me sens-je un peu honteux.
Vous doublez au lieu de rabattre :
On demande un, vous donnez deux;
Promettant deux, vous donnez quatre.
Continuez : c'est fort bien fait.
J'en fais autant. Mon cœur sensible
Qui, pour prix de votre bienfait,
Ne promit d'être susceptible
Que d'un dérouûment très-parfait
Et respectueux au possible,
Suivant son inclination,
Va jusqu'à l'adoration ;
Plus loin si vous voulez encore :
Car à ce terme on est borné,
Et borne, à tout poëte-né,
Est ce que le plus il abhorre.

Mais revenons à mon dîné,
Dont je vous rends très-humble grâce.
De ce repas si fortuné
Ce qui me reste m'embarrasse,
Faute d'un mets assez mesquin.
Vins précieux, pâté divin,
Chez moi le délicat foisonne ;
Il ne me manque que du pain :
Dites à Brunet (1) qu'il m'en donne.

(1) Intendant de la maison. (*Note de Piron.*)

NOTA. Ayant demandé à madame de Livry du vin d'Espagne pour un dîner que je devais donner, elle m'envoya un pâté de jambon, la moitié d'un saumon frais tout accommodé, douze bouteilles de vin d'Espagne, douze de Champagne et cinquante de Bourgogne. Ce remercîment, tout mal qu'il est fait, me valut 600 livres que l'on me devait depuis quelques mois, et qui me furent envoyées le lendemain par l'héritier de M. le comte. (*Id.*)

ÉPIGRAMME

En renvoyant à M. l'avocat-général Dauriac le premier volume du dernier roman de l'abbé Prévost, dont un des héros est le P. cellérier de la Trappe, coupable de mille atrocités ; entre autres aventures, il y est raconté, par un autre, qu'il a trouvé, sur le grand chemin, un mendiant avec sa femme et un enfant dont il avait déjà mangé l'aîné. Tout le premier volume étant dans le même goût, je ne me souciai pas de lire le second.

Le vilain roman que voilà !
L'horreur est tout ce qui m'y frappe.
Lise le reste qui pourra,
Et qui voudra morde à la grappe !
Au diable si l'on m'y rattrape !
Fi ! je trouve encor plus affreux
Le dom cellérier de la Trappe
Que le dom B..... des Chartreux.

L'auteur du *Glorieux* (1), non moins modeste ni moins délicat que celui de *Didon* (2), s'est fait graver à la tête du recueil de ses froides comédies, et s'est honoré d'une inscription en quatre vers où il se félicite de n'avoir jamais fait que du bon et d'être un parfait honnête homme. La pure vérité est :

Qu'il fit bien du pitoyable,
Peu de bon et rien de neuf.

(1) Destouches.
(2) Le Franc de Pompignan.

Pour une pièce passable,
Il en laisse huit ou neuf
Qui ne valent pas le diable.
Sur quoi se fit cette fable :
Que Thalie ayant au bœuf
Paru duisante à merveille,
Il s'en fit l'époux la veille
Du jour qu'il en devint veuf.

De l'esprit l'histoire est telle.
Et l'âme l'avait-il belle ?
Il eût tondu sur un œuf :
C'est tout ce que je sais d'elle (1).

AUX RR. PP. CAPUCINS

DE LA RUE SAINT-HONORÉ

En remerciement d'une clé de leur jardin qui me menait de chez moi aux Tuileries.

Enfants du Père Séraphique,
 Honneur du siége apostolique,
Religieux bénins et bénis entre tous,
Grâce à votre clé mise entre mes clés chéries,
 Tout à mon aise de chez vous
Je pourrai désormais entrer aux Tuileries.

---

(1) Le père Boursault, théatin, ayant lu *le Glorieux*, se plaignait un jour assez plaisamment et en bon connaisseur de ne l'avoir vu que dans la préface. (*Note de Piron.*)

En traversant à pas comptés
    Votre céleste clôture,
Y respirant la dévotion pure
    Et l'odeur de vos saintetés,
Heureux si je pouvais, y changeant de nature,
    Renoncer aux mondanités !
    Oh ! pères, que j'aime et j'honore,
Combien je vous devrais alors de grands mercis !
J'ai la clé de chez vous, et vous m'auriez encore
    Donné celle du paradis.

AUX MÊMES

Au sortir d'un grand incendie, où ils secoururent de leur mieux, et ne firent pas plus de miracles que d'autres, quoiqu'ils se fissent tout l'honneur du succès.

Secourables reclus, ne vous démentez pas ;
    Au son du tocsin, venez vite !
L'eau passant par vos mains devient une eau bénite,
    Miraculeuse en pareil cas.
    Le fait est récent et notoire :
    Je l'ai vu des yeux de la foi.
    Elle éteignait le feu chez moi (1)
Comme elle éteint chez vous le feu du purgatoire.

(1) M. Aubry, conseiller à la Grand'Chambre. (*Note de Piron.*)

DIALOGUE

Entre la reine de Hongrie et le grand-duc de Toscane, son mari (1).

—

Sur l'air : Mordienne de vous! quel homme, etc.

> *Pleine de courroux,*
> *La reine d'Hongrie*
> *Dit à son époux :*
> *Je suis bien maigrie.*
> *Mordienne de vous!*
> *Quel homme! quel homme!*
> *Mordienne de vous! Quel homme êtes-vous?*
>
> *Ma ceinture au mieux*
> *Etait élargie ;*
> *Et d'un quart ou deux*
> *Elle est rétrécie.*
> *Mordienne de vous!*
> *Quel homme! quel homme!*
> *Mordienne de vous! Quel homme êtes-vous?*
>
> *Tout est, entre nous,*
> *Dans notre ménage*
> *Sens dessus dessous.*
> *Je suis au pillage.*

(1) Cette pièce et les deux suivantes offrent un piquant *spécimen* des nombreuses chansons populaires et patriotiques que Piron aimait à composer sur les événements du temps, et qu'il allait ensuite entendre chanter au Pont-Neuf, *incognito*, en se mêlant aux badauds.

Mordienne de vous!
Quel homme! quel homme!
Mordienne de vous! Quel homme êtes-vous?

Dans mes hauts États
Le Prussien fait rage;
Dans mes pays bas
Le Français fourrage.
Mordienne de vous!
Quel homme! quel homme,
Mordienne de vous! Quel homme êtes-vous!

Quoi! l'on m'ôtera
Jusqu'à ma quenouille,
Sans que pour cela
Votre altesse grouille.
Mordienne de vous!
Quel homme! quel homme!
Mordienne de vous! Quel homme êtes-vous?

J'avais, de plein saut,
Cru prendre l'Alsace;
Je n'aurai tantôt
Pris qu'une besace.
Mordienne de vous!
Quel homme! quel homme!
Mordienne de vous! Quel homme êtes-vous?

Frère Charle à tout
Ne peut faire tête (1).

(1) Le prince Charles de Lorraine.

Frère George, à bout,
Renonce à la quête (1).
Mordienne de vous!
Quel homme! quel homme!
Mordienne de vous! Quel homme êtes-vous?

Mettez le holà !
Grand duc de Toscane ;
Sinon, d'un Bacha
Je deviens sultane.
Mordienne de vous!
Quel homme! quel homme!
Mordienne de vous! Quel homme êtes-vous?

Madame à monsieur
Chante ainsi sa gamme.
Monsieur, en fureur,
Répond à madame :
Mordienne de vous!
Quell' femme! quell' femme!
Mordienne de vous! Quell' femme êtes-vous?

Fussions-nous déjà
Vous et moi sous terre!
Moyennant cela,
Nous serions sans guerre.
Mordienne de vous!
Quell' femme! quell' femme!
Mordienne de vous! Quell' femme êtes-vous?

(1) Le roi d'Angleterre.

Je ne fais qu'un vœu
Pour vivre en ce monde :
Bon lit et bon feu,
Ecuelle profonde.
Mordienne de vous!
Quell' femme! quell' femme!
Mordienne de vous! Quell' femme êtes-vous!

Je n'aimai jamais
Bruit ni tintamarre;
Je cherche la paix,
Et vous la bagarre.
Mordienne de vous!
Quell' femme! quell' femme!
Mordienne de vous! Quell' femme êtes-vous?

Mais on n'entend rien
Quand c'est moi qui parle;
On trouve tout bien
Quand c'est George ou Charle.
Mordienne de vous!
Quell' femme! quell' femme!
Mordienne de vous! Quell' femme êtes-vous!

George a ses desseins,
Charles ses prouesses;
Battez-leur des mains :
Je m'en bats les fesses.
Mordienne de vous!
Quell' femme! quell' femme!
Mordienne de vous! Quell' femme êtes-vous?

Un tendre duo
Termina la fête.
Duo que l'écho
En tous lieux répète :

TOUS DEUX ENSEMBLE.

Mordienne de vous !	*Mordienne de vous !*
Quell'femme! quell'femme!	*Quel homme! quel homme!*
Mordienne de vous!	*Mordienne de vous!*
Quell'femme êtes-vous ?	*Quel homme êtes-vous !*

—

BRANLE

Sur la convalescence du roi retournant de l'armée, tombé grièvement malade à Metz (1), et de retour à Paris, se portant comme un charme.

Sur l'air : Brunette, allons gai !...

Dieu, bénis Louis-Quinze,
Et la reine et leurs enfants!
Je retrouvons ce bon prince
Bien gaillard et bien portant.
Brunette, allons, gai! gai! Brunette, allons gaîment!...

S'il r'va jamais à la guerre,
J'irons, j'en ons fait serment,
Jusqu'au fin bout de la terre
Après lui toujours chantant :
Brunette, allons, gai! gai! Brunette, allons gaîment!...

(1) Août 1744.

Allons voir notre doux maître ;
Il loge ici attenant,
Et dansons sous la fenêtre
De son bel appartement.
Brunette, allons, gai! gai! Brunette, allons gaîment!...

Gageons que, sur ma parole,
Il va dire, en nous voyant :
En vérité, c'est bien drôle ;
Et voilà de bonnes gens.
Brunette, allons, gai! gai! Brunette, allons gaîment!...

Au lieu de mélancolie
N'engendrons que des enfants ;
Contre la reine d'Hongrie
Faisons-en des régiments.
Brunette, allons, gai! gai! Brunette, allons gaîment!...

—

CANTATILLE

Du roi des Souhaits, bel-esprit moderne, mort à l'hôpital, à l'occasion du mariage du Dauphin (1).

Sur l'air des Pierrots ou des Laboureurs.

Monsieur l'dauphin ne songe à rien
  Qu'à sa compagne
  Qui lui vient d'Espagne ;
Et l'infante ne songe à rien
Qu'à lui qui le mérite bien.
Les Ris, les Jeux sont en campagne

(1) Louis de France, père de Louis XVI, épousa Marie-Thérèse d'Espagne, en 1745, et Marie-Josèphe de Saxe, en 1746.

Pour l'accueillir sitôt qu'on la verra.
Le beau moment que cette entrevue-là !
Ha ! ha ! Je voudrais bien voir ça !

Vive la joie ! On peut tenir
 A bon présage
 Ce beau mariage.
Que je vois un bel avenir !
Le siècle d'or va revenir,
La paix, les mœurs de ce bel âge :
Simplesse, amour, honneur, tout en sera ;
Le bel esprit, le bon goût renaîtra.
Ha ! ha ! Je voudrais bien voir ça !

Opérez bien, Hymen, Amour !
 Et qu'attentive
 Lucine vous suive !
Que bientôt naisse en cette cour
Un astre plus beau que le jour !
Que notre bon roi longtemps vive,
Et simple et double et triple grand-pàpa !
Et quand viendra ce que je prédis-là ?
Ha ! ha ! je voudrais bien voir ça !!

ÉPITRE BURLESQUE

A MADAME ***

Qui, dans un bal, avait parfaitement bien dansé avec de mauvaises mules ; en lui en envoyant douze paires.

O belle, en qui, du haut en bas,
Rien n'est défaut, tout n'est qu'appas !

Belle du bas en haut parfaite,
De qui la jambe au tour est faite
Et tout le reste à l'avenant ;
Il me paraît bien étonnant
Que vous n'eûtes de votre vie
Mules ni soulier qui valût,
Vous à qui Terpsychore en dut
Plus qu'à la danseuse jolie
Qui fait courir à son début.
Donc, permettez que j'y pourvoie,
Et qu'aujourd'hui je vous envoie
De quoi rendre longtemps camus
Les gens qui glosent là-dessus.

De ce soin seul embarrassée (1),
J'ai mule sur mule entassée,
Et trouvé, de bonne amitié,
Chaussure enfin à votre pié.
Ce sont, après bien des corvées,
Les plus belles que j'ai trouvées,
Depuis celle avec un chausson
Que perdit Finette Cendron
A je ne sais quel bal honnête
Où plus d'un roquet lui fit fête,
Jusqu'à celle qui fait si tard
Tourner la tête à Thévenard (2).

(1) L'envoi se faisait par une femme. (*Note de Piron.*)

(2) Fameux acteur de l'Opéra, qui, à 70 ans, passant devant la boutique d'un cordonnier de femmes, vit sur sa montre une paire de mules de commande qui supposaient un pied si mignon qu'il devint passionnément amoureux de celle à qui ces mules appartenaient. On la lui indiqua. Par bonheur, c'était pour une pauvre fille qui se tint trop heureuse de lui plaire et de faire sa petite fortune en l'épousant. (*Id.*)

*Assurez-vous, si je l'attrape,
Que vous aurez celle du Pape :
Peut-être la baisera-t-on
Sur votre beau petit peton,
D'ardeur plus tendre et plus sincère
Que sur le gros pied du Saint-Père.
Le peut-être est fort mal placé :
Prenez que je l'aie effacé,
Et qu'au moment où je l'efface
Je mets un sans doute à la place.
Le Saint-Père, entendant ceci,
Dirait non ; moi, je dirai si.
Mais laissons ce faiseur de bulles
Et revenons, belle, à nos mules.*

*A son gré, votre pied léger
Pourra désormais en changer
Et se distinguer à des fêtes.
En souliers aujourd'hui vous êtes,
Par ce présent de mon estoc,
Mieux qu'en chapeaux ne fut saint Roch.
Chaussez-les donc en diligence.
Ne perdons rien par indolence,
Et n'allez pas, en habit neuf,
Gâter vos tartes pour un œuf.
Car fussiez-vous la belle Hélène,
Et mise encor comme une reine,
Toujours plaire et point de soulier
Serait aussi trop singulier.*

A MADAME DE TENCIN

En lui envoyant ce que la mode appelait, en ce temps-là, *un parfait contentement*. C'était une longue suite de rubans entrelacés qui, du dessous du menton, descendait presque jusqu'à la ceinture. Le *parfait contentement* qu'on envoyait ici était composé de rubans de toutes couleurs. Notez que j'avais signé : Piron *de Marivaux*, à cause du *tour entortillé* de cette pièce.

—

Rubans de toutes les couleurs,
Allez-vous étaler où j'aurais mis des fleurs
    Si nos prés (1) *n'étaient pas sous l'onde.*
    Allez briller en lieu divin
    Et faire florès sur un sein
Qui renferme le cœur le plus noble du monde.
Jaloux du nom flatteur dont on vous appela,
    Ne vous imaginez pas là
    N'être qu'un ornement frivole.
    Du bel-esprit universel
Qui prend dans ce grand cœur son éclat naturel,
    Vous serez l'aimable symbole.

Parfait contentement, *alors tout glorieux*
    De représenter à nos yeux
    Quelque chose que l'on adore,
A juste titre, ayez le beau nom de l'effet (2)

(1) C'était l'année de la grande inondation qui n'avait pas eu sa pareille depuis plus d'un siècle. Madame de Tencin demeurait rue Saint-Honoré, après le cul-de-sac de l'Oratoire, et l'on n'entrait chez elle qu'en bateau. (*Note de Piron.*)

(2) *Parfait contentement.* (*Id.*)

Que sur tous nos esprits ce bel-esprit a fait,
Fait et fera longtemps encore.

ORAISON POUR ELLE ET POUR NOUS.

Seigneur, garde son plancher
De la rivière et des crottes !
Fais que le pain soit moins cher,
Et sauve-nous nos culottes (1) !

ÉPITRE

A MESDAMES Q*** ET B*** (2).

— 1736 —

Joli couple d'anachorètes,
Regretté sans cesse à l'excès
Du plus grand des comtes français (3)
Et du plus petit des poëtes (4);
C'est joindre l'aigle au marsouin :
L'un est bien près, l'autre est bien loin (5);
L'amitié tendre, bonne et forte
Que l'un comme l'autre vous porte,

---

(1) Allusion aux deux aunes de velours que cette dame nous donnait tous les ans. (*Note de Piron.*)
(2) Mesdemoiselles Quinault et Balicourt.
(3) Comte de Livry.
(4) Piron lui-même.
(5) Le comte était aux eaux de Barège.

Est l'unique et belle raison
Qui fait que, pour un moment, j'ose
Faire entrer en comparaison
Si grande et si petite chose.

Ressemblance encore en ce point :
C'est que nous ne vous voyons point.
Son excuse est bonne et valable,
Et je suis dans un autre cas,
Moi, qui n'ai qu'à faire deux pas;
Mais il me faut, au préalable,
Les deux jambes que je n'ai pas.
Nature sur mon corps exerce
Les fureurs d'une fièvre tierce
Qui, du jour qu'une de vous deux
Eut deux maîtres-fous dans sa loge (1),
A fait, de mon corps malheureux,
Un membre du martyrologe.
La veine du dos de ma main
Ressemble à celle de Lucain (2);
Ce que d'agréable j'y treuve,
C'est qu'elle est de beau bleu turquin.
Du reste, rien de plus mesquin
Que la boisson dont on m'abreuve.
De peur que mon sang ne s'émeuve,
La mer est sous mon casaquin,
Et l'enfer sous mon maroquin.
Terrible état et rude épreuve !

(1) Voltaire et moi. (*Note de Piron.*)
(2) Est enflée. Nous avions lu *la Pharsale* ensemble peu de jours auparavant. Voilà de ces petites circonstances qui, d'une pièce fugitive, amusante en société, font ailleurs un rien insipide. (*Id.*)

Qu'être, un instant, le dieu Vulcain,
Et l'instant après un dieu fleuve.

Voilà, mesdames, la raison
Qui fait que, malgré moi, j'hésite
A vous rendre quelque visite,
Et que j'ai celles de Dibon (1).

Bonjour, belles anachorètes ;
Croyez-vous, grâce à mille appas,
Présentes où vous n'êtes pas
Pour le moins autant qu'où vous êtes (2) !

—

ÉPITRE

A M. JEHANNIN.

— 1739 —

L'œil pesant, le sourcil froncé
Et dans un fauteuil enfoncé,
Je rêvais. A quoi? Je l'ignore.
A rien. Que sais-je? à moins encore.
J'étais dans cet état enfin
D'assoupissement, de chagrin
Où plongent le lecteur, sans faute,
Quelques scènes de Pellegrin

(1) Mon médecin. (*Note de Piron.*)
(1) Elles étaient alors à Fontainebleau, où elles suivaient de temps en temps la cour avec la Comédie-Française.

Ou quelques pages de Lamothe.
Quand las à la fin de bâiller,
J'invoquai le Caprice à l'aide,
Dieu parfois très-bon conseiller.
Il vient : Que veux-tu ? — Le remède
A la léthargie où je suis.
— Bois ! — Pardonne-moi : je ne puis ;
Le remède n'est plus de mise
Depuis que les cabaretiers
Ne vendent d'autre marchandise
Que celle de la Brinvilliers.
— Aime ! — Eh ! qui, diable, aimer ? les belles
Dont les précieuses faveurs
Le plus souvent sont plus cruelles
Que les plus cruelles rigueurs ?
— Rime ! — Bon ! Pour qu'un jour j'assomme
De mes écrits quelque honnête homme
Qui n'y pense pas maintenant !
Cherche un avis plus salutaire.
Ne puis-je mieux sortir d'affaire ?
Ni fuir l'ennui qu'en le donnant ?
— Oh ! si tout ce que je propose,
Toujours je le propose en vain,
Reste dans ton maudit chagrin.
Que te faut-il donc ? — Peu de chose :
Un mot de lettre de Jeannin.

— Un mot de lettre, dit le dieu.
Crois-tu donc cela si faisable
Pour un homme toujours à table,
Toujours au lit ou bien au jeu ?
Ton Jeannin, buvant à la ronde,
Près d'Iris s'enivre gaîment

*Et ne songe pas seulement
Qu'il est un Piron dans le monde.
Si tu m'en crois, tu l'oublieras.
— L'oublier ! m'écriai-je ; hélas !
Fût-il cent fois plus insensible,
C'est à toi très-mal avisé ;
Je demandais du malaisé :
Tu me proposes l'impossible.*

ÉPIGRAMME

A l'auteur du livre inconnu intitulé *Essais sur l'homme sage*, et dédié à un fermier-général, qui lui donna une commission.

*Abel Bourret (1), auteur moderne,
Le ventre et le cerveau creux comme une lanterne,
Composa vite un livre en cette extrémité.
Fut-ce pour avoir place au Temple de Mémoire ?
Prétendait-il à l'Immortalité ?
Non, vous ne savez pas l'histoire.
Il voulait se tirer de la nécessité,
Ne sachant où trouver de quoi manger et boire.
Ce ne fut pas le livre aussi qui l'en tira,
Le libraire vous le dira,
Mais l'épître dédicatoire.*

(1) A publié, en 1699, un ouvrage anonyme intitulé : *Essai sur le caractère de l'homme sage et prudent*. Voir Barbier : *Dictionnaire des anonymes*.

MADRIGAL

A***

Un beau matin l'orgueilleux Cupidon,
Voulant de cœurs faire moisson nouvelle,
Prit son carquois, son arc et son brandon,
Puis descendit de la voûte éternelle.
Mais vous voyant, il dit : J'en ai dans l'aile,
Et suis sur terre inutile aujourd'hui.
Plus de beautés sont en cette mortelle
Que je n'eus onc de traits dans mon étui.

ÉPIGRAMME

Sur la brouillerie de Hume et J.-J. Rousseau.

Tel que le Grec fameux par sa lanterne,
En plein midi, Hume, une lampe en main,
Parmi la gent de l'Hélicon moderne,
Cherchait un homme, et furetait en vain.
Paraît Jean-Jacque, admirable écrivain,
Mais, comme lui, philosophe en détrempe,
Qui, souple et dur, parle haut, plie ou rampe,
Selon les cas plus ou moins importants.
Ne cherchons plus, dit-il, soufflant sa lampe,
C'est assez perdre et mon huile et mon temps.

A M. LE MARQUIS DE LIVRY

En lui envoyant mes OEuvres (1).

—

Hier Madame s'amusait
En philosophe solitaire ;
Et je la trouvai qui faisait
L'emploi de bibliothécaire.
Daigne aujourd'hui sa belle main
Mettre, en faveur du maroquin,
Ces trois tomes parmi les autres !
Et quand vous aurez dans leur temps
Tout le reste de mes enfants,
Puissent-ils amuser les vôtres !

—

CHANSON

D'UN DIJONAIS CONTRE LES BEAUNOIS.

Sur l'air d'Exaudet.

Quand Mandrin
Un matin
Vint à Beaune ;
Vous auriez vu des Beaunois

(1) Il n'y avait que deux jours qu'il était marié. Madame était à Paris et le marquis à la cour. (*Note de Piron.*)

L'oreille, cette fois,
S'allonger plus d'une aune.
Par le Styx,
Saint Félix
Dit, sans cesse,
Que, pour des besoins pressants,
Il a vingt mille francs
En caisse.
Cependant Mandrin le somme
De lui payer cette somme;
Aussitôt
Le grand sot
Fait la quête.
La ville se cotisa
La somme se trouva
Tôt prête.
C'est bien fait.
Le beau trait
De prudence!
Contre le meunier enfin
De l'âne un peu mutin
Qu'eût servi la défense?
Par argent
S'en tirant
A merveille,
Beaune sortit d'embarras.
On ne lui tira pas
L'oreille.

RÉPONSE DES BEAUNOIS

Sur le même air.

Dans lai main
De Mandrin
Mâille ai mâille,
Juan du peùce un pechô,
J'airon, du chaipechô,
Réchaipai noz oraille.
Ma gaigeon
Qu'ai Dijon
Po vez autres,
V'ô l'airrein é chaudronnei
Côpai por ein denei
Lé vôtre.
J'en airon pleine côquelle
Si Mandrin et sai sequelle
Quéque jor,
San tambor
Ni trompaite,
Ché vo s'évise d'entrai
Devan qu'on o senai
Lai guaite.
Ma nannin !
A-ce ansin
Qu'on vo gône ?
Ce serè tôt ai rebor :
Car vos saité d'aibor
En jan qui se retone.

Faire voi
E grivoi
Lo bai jeaûne,
En leur viran le Ponan
Et lez anpoisenan
De Vône.

—

MON ÉPITAPHE

Virée en Borguignon et à laquelle je donne ma prédilection.

Ici gî si pecho que ran;
Ein drôle qui s'épeloo Breigne ;
Natif de Dijon vé Tailan,
Qui n'a mazeu ni guai ni greigne.
Ai ne fu ni moaître ni clar,
Ni coronel, ni pot-ansaigne,
Ni caipitène, ni soudar,
Non pas moime ai lai Saint Ostie (1) ;
Ai ne mâgni fessou, ni flida,
Cri, aiqudre, gouïzo, ni cognie;
Ai ne fu prête, ni coréâ,
Juge, procureu, ni boréâ,
Péchô ni prou duran sai vie.
Fit-i pa bé de n'éte nun ?

(1) C'était la procession d'une hostie miraculeuse qui attirait beaucoup d'étrangers à Dijon. Cette relique a été brûlée pendant la Révolution. Voyez *Une Histoire*, 1 vol. in-12 ; Sirot, 1759, Dijon.

Fai d'ein chicelô devenu çarre,
N'a-t-on pa bé gras desô tarre
D'aivoi su tarre étai quécun ?
  Finis, cinis.

TRADUCTION EN FRANÇAIS (1).

Ici gît si peu que rien ;
Un drôle qui s'appelait Brehaigne ;
Natif de Dijon vers Talant,
Qui n'est maintenant ni gai ni triste.
Il ne fut ni maître ni clerc,
Ni colonel, ni porte-enseigne,
Ni capitaine, ni soldat,
Non pas même à la Sainte-Hostie ;
Il ne mania pioche ni fléau,
Cric, équerre, serpette, ni cognée ;
Il ne fut ni prêtre, ni corbeau,
Juge, procureur, ni bourreau,
Peu ni prou durant sa vie.
Fit-il pas bien de n'être rien ?
Formé d'un peu de boue devenue cendre,
N'est-on pas bien gras sous terre
D'avoir, sur cette terre, été quelque chose ?

(1) Nous devons cette traduction à l'obligeance de M. Abel Jeandet, de Verdun-sur-Saône.

ÉPITAPHE DE SON PÈRE (1)

(AIMÉ PIRON)

Ici repose Aimé Piron
Etendu, couché de son long,
Jusqu'à la terrible journée
Par le divin pasteur prônée,
Où jeunes, vieux, petits et grands
Seront jugés en même temps.
Quand sera-t-elle ? Hélas ! peut-être
Est-elle à la veille de naître !
Nous la touchons du bout du doigt :
C'est pourquoi, passants, croyez-moi,
Ne sachant ni le jour ni l'heure
De votre dernière demeure,
Fuyez du démon les filets ;
Veillez, priez, tenez-vous prêts.
C'est à quoi ce mort vous invite :
Puis, enfin, d'un peu d'eau bénite
Rafraîchissez-le, s'il vous plaît,
Afin qu'autant vous en soit fait
Quand ainsi que lui, chose sûre,
Des vers vous serez la pâture,
Poudre, cendre; en un seul mot : rien.
Il faut mourir, pensez-y bien (2).

(1) Il nous semble curieux de mettre à la suite de l'épitaphe de Piron, celles que son père et son neveu composèrent pour eux-mêmes et que nous empruntons à la brochure déjà citée de M. Auguste de ***

(2) M. Mignard vient de publier des *Noëls inédits* d'Aimé Piron, 1 vol. in-12; Dijon, Lamarche, 1858.

ÉPITAPHE DE SON NEVEU

(BERNARD PIRON)

Ci-gît un libertin folâtre
Qui du plaisir fut idolâtre,
Piron, le chef des étourdis
Et qui ne songea guère à gagner paradis.
Pour le repos du bon apôtre,
Passant, tu peux toujours dire un De profundis ;
S'il ne lui sert à rien, ce sera pour un autre.

FIN

INDEX

(Les noms de lieux sont en italiques)

A

ABENSAID (empereur du Mogol), 288.
ABOULCASSEM, 31.
ACHATES, 297.
AGATHOCLÈS (Tyran de Sicile), 305.
ALBANE (l'), 358.
ALEMBERT (Jean LE ROND D'), 371.
AMARYLLIS (cousine de Piron), 168 et suiv.
Amérique, 290.
AMYCLUS, (roi de Bithynie), 218 et suiv.
ANACHARSIS, 250.
Angleterre, 89.
APOLLON, 224, 227, 361.
AREMBERG (duc d'), 19.
ARGENS (marquis d'), 55.
ARGENTAL (C. A. DE FERRIOL, comte d') 282, 297.
ARIOSTE (marquis d'), 65.
ARISTOPHANE, 377.
ARLEQUIN, 65.
Asie, 290.
ASTRUC (médecin), 226.
AUBRY (Mlle), 211.
AUGUSTE-CÉSAR, 344.

B

BABET, 187.
BABICHE, 187.
BABYLONE (roi de), 16, 79.
Babylone, 286.
BAISECUL, 213.
BALICOURT (Mlle), actrice, 136, 365 et suiv., 393.
BANICHE (cousine de Piron), 183 et suiv.
BAR (Mlle de), 35, 120.
BARBISEY (président de), 346.
BASSENET (Mme), 293.
BAUDART (M.), 82.
BAUDOIN, 32, 36.
BAYLE (P.), 252.
BEAULIEU, 11.
BEAUMONT (Christophe de), 333.
Beaune, 399.
BEAUNOIS (les), 399, 401.
Beauvais, 90.
BÉLISAIRE, 277.
BELLE-ISLE (chevalier de), 345 et suiv.
BENTEM (comte de), 64.
BÉRÉCINTHE (Cybèle), 270.
Berlin, 311.
BERNARD (saint), 263.
BERNARDINS (ordre religieux), 288.

BERNIS (F. Joach. de PIERRES DE), cardinal, 335.
BERTAUDERIE (M), 215.
BERTRAND (joueur de Marionnettes), 21.
BÉRULLE, (cardinal), 318.
Bethléem, 331.
Bezons, 361 et suiv.
BIJOU, 14.
BINBIN (sobriquet de Piron), 61, 64, 66, 140, 149, 157, 218, 227, 369.
BLAVET (musicien), 34, 37.
BOISSY (L. de), 74.
Bondi, 98,
BONNEVILLE, 76, 100.
BOSSUET (Bénigne), 251, 259, 263, 272.
BOUFFLERS, (Jos. M.), maréchal de France, 263.
BOUHIER (J.) de l'Académie française, 259.
BOULAINVILLIERS (le comte H. de), 347.
BOULET (M.) 81.
BOURRET (Abel), 397.
Bourgogne, 142.
BOURI (sobriquet de Mlle Balicourt), 366, 370.
BOYER (évêque de Mirepoix), 209, 267.
BRADAMANTE, 278.
BREUILPONT, 90.
BRINVILLIERS (marquise de), 396.
BRIOCHÉ (Jean), joueur de Marionnettes, 21, 272.
BROSSES (Charles de), président, 245, 299.
BRUNEL (J.), littérateur, 278.
BRUNET, intendant de la maison du roi, 379.
Bruxelles, 10, 11, 39, 51, 52, 53, 59, 204.
BRUYÈRE (Jean de la), 272.
BUFFON (G. L. LECLERC, comte de), 259, 266, 337.

C

CAPANÉE, 255.
CARMES DU LUXEMBOURG, 73.
CARVOISIN (comte de), 10, 51, 53, 57, 62, 63, 64.
CATHOS, 187.
CATICHE, 187.
CAYLUS (comte de) 140, 142.
CHABANON (M. P. G. de), de l'Académie française, 295.
CHARTREUX (ordre religieux), 13.
CHATELET (marquise du), 21, 22, 28.
CHAUSSÉE (Nivelle de la) 52.
CHAVANNE (comte de) envoyé de Sardaigne, 56, 60.
CHÉRIER (l'abbé), 15.
CHLORIS, 190.
CHRISTIERNE (roi de Danemarck), 214.
Cirey, 20.
Citeaux, 288.
CLAIRAUT (célèbre géomètre), 9.
CLIMÈNE, 236.
COCAGNE, (roi de), 284.
Colmar, 77.
COMÉDIENS FRANÇAIS, 230 et suiv.
CONDÉ (duc de), 245.
CONDRIDIES (M.) 83.
CORNEILLE (Pierre), 251, 272, 372.
COUTELIER (veuve), libraire, 74.
COUTUME, (M.), 27.
CRÉBILLON (Prosper JOLYOT de), 259, 263, 282, 296, 304.
CRÉBILLON, fils (Claude-Prosper), 340.
CRÉSUS (roi de Lydie) 276, 305.
CROSNIER (Mlle), 78, 98, 100, 217.

D

DAGIEN (ambassadeur de France), 57, 64.

INDEX

Danchet (Antoine), 369.
Dancourt (Florent Carton), auteur et acteur, 376.
Dandelot (l'abbé), 77.
Daphné, 138, 221.
Dauriac (avocat-général), 380.
David (le roi), 54, 277.
Dechamp, 38.
Delaville (l'abbé), 335.
Démocrite, 279.
Denis (Madame), nièce de Voltaire, 278.
Deroussy (M.), 219.
Desbrosses (général), 59, 60, 63.
Desfontaines (l'abbé Guyot), 14, 22, 203 et suiv., 255, 347 et suiv.
Desmarest (Mlle), 81.
Despréaux (Boileau), 272, 286.
Destouches (Néricault) 380.
Dibon (médecin de Piron), 395.
Dieppe, 75.
Dijon, 181, 255, 266, 268, 403.
Dindenaut, 59.
Ditalie (abbé), 215.
Don Quichotte, 18.
Dorimène, 194.
Dubois (J.), sculpteur, grand-père de Piron, 300.
Dubois (Anne), mère de Piron, V.
Duclos (C. Pineau), de l'académie française, 261.
Dudicourt (M.), 221.
Duliz (riche Israélite), 16, 19, 20, 33, 37, 342 et suiv.
Dumay (P.), poète Bourguignon, 259.
Dumont (Mme), 373.
Dumontet (M.), 62.
Dunoyer (Anne-Marguerite Petit), 180.

E

Énée, 335.
Enghien, 32.
Éphèse, 252.

Érostrate, 252.
Ésope, 305.
Euménides, 363.

F.

Faget (médecin), 83, 104, 146.
Fénelon, 61.
Ferney, 282.
Fevret de Fontette (C. Ma.), 259, 263.
Flaminia (Mlle), auteur, 75.
Florentin (Louis Phelippeaux, comte de Saint-), 356 et suiv.
Foncemagne (Et. Laureault de), 104.
Fontainebleau, 134, 135, 142, 144, 147, 148.
Fontenelle (le Bouvier de), 202, 223, 282, 285, 339.
Fouillard, (mari de la Legrand), 99.
France, 20.
Francoeur, (F.), musicien-compositeur, 342 et suiv.
François Ier, 140.
Frédéric II, (roi de Prusse), 55.
Fréron (Élie-Cath.), 195 et suiv., 255, 313, 351 et suiv.

G

Galba, 90.
Gamache (Mlle), 221.
Gareau (Mathieu), 148.
Gaucher, 99.
Geoffrin (Marie-Thérèse Rodet dame), 282, 377.
Georges III, (roi d'Angleterre), 332, 385.
Géroli, 14.
Gil-Blas, 92.
Gonesse, 139.
Goton, 187.
Gresset (J.-B.-L.), 337, 374.
Girou (Mme), 211.
Guillaume (porte), à Dijon, 286.
Guyard (Mme), 5.

H

Haye (La) 10, 13, 14, 53, 343.
Hector, 335.
Hélicon, 349, 398.
Hercule, 22, 87, 296.
Hesse-Cassel (Prince de), 20.
Hollande, 55, 99, 343.
Homère, 336.
Hongrie (reine de), 233, 383.
Hume, historien anglais, 398.
Humevesne, 213.

I

Irlande, 60.

J

Jacquinot, avocat, 305.
Jaiguelins (M. de), 77.
Jean-de-Dieu (Saint), 263, 268.
Jehanin (conseiller au Parlement de Dijon), 234, 259, 395.
Jésuites (les Pères), 25.
Joinville, domestique de M. Duliz, 344.
Joseph (saint), 338.

L

La Condamine (C. M. de), 251.
La Faye (J. F. de), académicien, 102 et suiv.
La Fontaine (Jean de), 312.
La Harpe (J. de), 277.
La Mare (abbé de), 377.
Lambert (la marquise de), 78.
Lamonnoye (Bernard de), érudit Bourguignon, 259, 263, 266, 304.
La Motte (Ant. Houdard de), 203, 266, 339, 342, 396.
Languedoc, 220.
Languet (J. Joseph), archevêque de Sens, 267.
Languet de Gergy, curé de Saint-Sulpice, 263, 267.

Lannoy (comte de), gouverneur de Bruxelles, 24.
Lantin de Damerye, (J. B.), érudit Bourguignon, 259.
La Roche (Mlle), chanteuse à l'Opéra, 375.
La Serrée, 14.
Launoy (J. de), savant théologien, 252.
Law (Mme), 26.
Le Blanc (Jean-Bernard, abbé), 203, 214 et suiv., 252, 259, 263, 265, 275; 299.
Lebrun (Ponce-Denis Écouchard), 195, 198.
Le Franc de Pompignan, 337, 372, 380.
Legendre (l'abbé), 90, 94.
Legoux-Gerland, 243, 252, 253, 259, 276, 284, 292.
Legrand (la), comédienne, 28, 99.
Léonide, femme de chambre de Mlle Quinault, 144, 150.
Lesbie, 40, 178.
Le Vaée (M.), 81.
Liban, 337.
Liénarde (vieille), 91.
Lignon (le), 343.
Livry (comte de), 5, 15, 20, 54, 61, 63, 94, 97, 214, 226, 365 et suiv., 393, 399.
Livry (marquise de), 228 et suiv. 378.
Livry, 20, 52, 55, 57, 63, 219, 366.
Lorraine (prince Charles de), 232 et suiv., 384.
Louis XV, 387.
Louis de France, (dauphin), 388.
Loulou (sobriquet de Mlle Quinault-Dufresne), 370.
Louvre, 356.
Lucain, 394.
Lully, 21.

M

Mahon, 334.
Maine (duc du), 12.
Malezieu (de l'Académie française), 11, 12.
Malines, 25.
Mandrin, 399.
Marais (le), 297.
Maret (Hugues), 244, 248 et suiv., 256.
Margot, 187.
Marie-Thérèse d'Autriche, 6, 29.
Marigny (Abel-F. Poisson, marquis de), 246, 300.
Marivaux, 76, 92, 392.
Marly, 212.
Marmontel (J. F.), 261, 336.
Mathusalem, 285.
Maumenet (Louis, abbé), 350.
Maupertuis (P. L. Moreau de), 251, 374.
Maurepas (J. Fréd. Phélippeaux, comte de), 315.
Medalon, apothicaire, 58, 73, 83.
Melot (Anicet), érudit. 196.
Mentor, 335.
Metz, 387.
Michault (J. Bernard), érudit Bourguignon, 261, 263, 288.
Michel (avocat à Dijon), 231 et suiv.
Milon le Crotoniate, 56.
Milton, 26.
Mimeure (la marquise de), 75.
Minerve (Mlle de Bar), 60.
Miret (marchand de vin du roi), 227.
Moerdyk, 62.
Mogol (le Grand), 222 et suiv.
Moïse, 252.
Molière (J. B. Poquelin), 272, 377.
Momie (illustre). Voltaire, 65.
Moncrif (F. Aug. Paradis de), 337.
Montaigne (Michel de), 311.
Montmain (marquis de), 316.
Montmeny (le sieur), 93.
Montsoreau (M. de), 221.
Morel (Mlle), 12.
Morin (M.), 27.
Mortemar (duc de), 141.
Moulins (rue des), 300.

N

Nanette, 188.
Nesle (marquis de), 372.
Nevers (duc de), 215.
Newton (Isaac), 28, 270, 336.
Nicole (servante de Piron), 330.
Noirmoutier (M. de), 76.
Notre-Dame (église), 233.

O

Olivet (Jos. Thoulier, abbé d'), 334.
Omphale, 23.
Opéra (théâtre de), 234.
Opéra-Comique, 65.
Oudry (J.-B.), peintre, 357.
Ovide, 288, 302.

P

Pacheco (comte), 11, 14, 18, 23, 29.
Palais-Royal, 336.
Palissot de Montenoy (C), 199.
Pantagruel, 213.
Panurge, 10, 59.
Pape (le), 332, 335, 391.
Parc de l'Archiduchesse, 31, 38.
Paris, 10, 13, 29, 36, 58, 66, 73, 77, 80, 147, 148, 211, 266, 268, 286, 387.
Parnasse, 303.
Pascal (Blaise), 252
Passy, 73.
Paupie (libraire), 55.
Pegase, 65, 349.
Pelissier (Mlle), actrice de l'Opéra, 342.
Pelisson-Fontanier (P.), 334.

Pellegrin (l'abbé), 78, 348, 395.
Permesse, 349.
Péronne, 51.
Perrot (Mlle), 81.
Petit, médecin, 75.
Pimbeche (comtesse de) Mlle Quinault, 143.
Piron (Alexis), 14, 38, 101, 139, 195 et suivantes, 300, 397.
Piron (Aimé) père de Piron, V. 404.
Piron (Bernard), neveu de Piron, 158, 405.
Place de Grève, 344.
Platon, 259, 336.
Pline, 296.
Poinsinet (Ant.-Al.-H.), 261, 275, 278, 286, 300.
Polichinelle, 21.
Pompadour (marquise de), 246, 375.
Pope (poète anglais), 6.
Porte (abbé de la), 352.
Prault (libraire), 197.
Prévost (l'abbé Ant-F.), 380.
Priape, 209, 294.
Priou (le père), 77, 214.

Q

Quatre-Nations (collège des), 64.
Quenaudon (Marie-Thérèse), Mlle de Bar, 120.
Quinault (Jeanne-Françoise), 97, 139, 365 et suiv., 393.
Quinault, (Marie-Anne), 138.
Quinault (J. B. Maurice), 139, 141.
Quinault (Phil.), poète lyrique, 286.

R

Rabelais, 97.
Racine (Jean), 251, 272, 372.
Racine (Louis), 204, 340.
Rameau (J.-Phil.), 263, 266, 295, 296.

Rancune (la), 10.
Raphael, 350.
Rebel (Jean F^{eri}), musicien, 342
Richelieu (duc de), 220, 334.
Rigoley de Juvigny, 209.
Rochechouart (duc de), 144.
Rocoux (bataille de), 232.
Roi de Suède, 20.
Rome, 300
Rousseau (Jean-Jacques), 371, 398.
Rousseau (Jean-Baptiste), 6, 10 et suiv., 20 et suiv., 21 et suiv, 53 et suiv., 204, 296.
Rousseau (Pierre), 313.
Ruffey (Giles-Germain-Richard de) président, 245, 260, 295, 298, 302.

S

Saint-Honoré (rue), 270.
Saint-Lambert (C.-F., marquis de), 303.
Saint-Maurice, 43.
Saint-Roch (église), 251.
Sallé (Mlle), de l'Opéra, 87 et suiv.
Salomon (le roi), 213.
Sancho Pança, 87.
Sardaigne, 57.
Sarrazin (comédien), 78.
Saumaise (Claude), 259.
Saurin (Bern.-Joseph), de l'Académie française, 289.
Saxe (Maurice, comte de), 232 et suiv.
Scipion l'Africain, 344.
Scudéri (G. de), 255.
Séguier (Antoine-Louis), 336.
Senas d'Orgeval (marquis de), 75.
Serre (J.-L.-Ign. de la), auteur dramatique, 342.
Servandoni (peintre et architecte), 369.
Silhouette (littérateur), 6.
Silva (J.-B.), médecin, 104.

INDEX

— *Sodome,* 286.
Soisson (Annette), nièce de Piron, 157, 271, 320, 329.
Sophocle, 336.
Sorbonne, 277.
Strasbourg, 215.
Swift (littérateur anglais), 74.
Sylvie, 177.

T

Tacite, 336.
Tartufe, 36.
Tassonnerie (abbé de la), 77.
Tatant (montagne de), 266.
Tauzin (Mme), 28.
Télémaque, 335.
Tencin (Mme de), 61, 202, 222 et suiv., 392 et suiv.
Tencin (cardinal de), 221.
Térence, 344.
Terpsichore, 390.
Terrail (Ducrey, marquis du), 262, 265, 298.
Thaurcy (M.), 301.
Théâtre Français, 65.
Thélème (abbaye de), 214.
Thévenard (acteur de l'Opéra), 390.
Thiriot (ami de Voltaire), 55, 89, 336.
Thomas (Ant. Léo.), de l'Académie française, 296.
Tobie, 82
Tocqué (Louis), peintre, 358.
Tonton (sobriquet de Mlle Quinault), 97, 139, 368, 370.
Toscane (grand duc de), 383.

Tournan, 212.
Trajan, 234, 296.
Trevor (ministre d'Angleterre), 64.
Trissotin, 56.
Trublet (l'abbé), 8, 14, 21, 22, 303, 338.
Tuileries, 197.
Turenne, 234.

V

Vadius, 56.
Valenciennes, 54.
Valentinois (duc de), 197.
Vauban (Séb. Leprestre de), 263.
Verderonne, 217.
Vermunde (Mlle), 54.
Versailles, 270, 297, 331.
Villars (Honoré-Armand, duc de), 335.
Virgile, 349.
Visapour (princesse de), 19.
Voiture (Vincent), 288.
Voltaire, 11, 21 et suiv., 28, 53 et suiv., 61 et suiv., 89, 199, 204, 248 et suiv., 255 et suiv., 272 et suiv., 281, 344, 349.
Vulcain, 395.

Z

Zoïle, 255.

TABLE DES MATIÈRES

INTRODUCTION.	1
CORRESPONDANCE DE PIRON AVEC MADEMOISELLE DE BAR. — PREMIER VOYAGE DE PIRON A BRUXELLES.	4
SUITE DE LA CORRESPONDANCE DE PIRON AVEC MADEMOISELLE DE BAR. — SECOND VOYAGE DE PIRON A BRUXELLES.	45
LETTRES DE MADEMOISELLE DE BAR A PIRON.	69
SUITE DE LA CORRESPONDANCE DE MADEMOISELLE DE BAR AVEC PIRON.	85
NOTICE SUR LA FEMME DE PIRON.	105
PREMIÈRE NOTICE SUR MADEMOISELLE QUINAULT.	123
LETTRES DE MADEMOISELLE QUINAULT A PIRON.	133
SECONDE NOTICE SUR MADEMOISELLE QUINAULT.	159
PREMIÈRES AMOURS DE PIRON.	165
NOTICES AUTOGRAPHES DE PIRON, CONCERNANT SES RELATIONS AVEC FRÉRON ET L'ABBÉ DESFONTAINES.	193
LETTRES DE PIRON A DIVERS.	207
DERNIÈRES LETTRES DE PIRON A DIVERS.	239
TESTAMENT LITTÉRAIRE DE PIRON.	307
NOTICE SUR LES DERNIERS ÉCRITS DE PIRON.	317
POÉSIES INÉDITES DE PIRON.	327
INDEX.	407
ERRATA.	416

ERRATA

Page XVIII de l'Introduction, ligne 18 : qu'il n'en faut, *lisez* : qu'il ne faudrait.
    XX de l'Introduction, ligne 16 : mérita, *lisez* : mérite.
    79, ligne 1 de la note : vit une feuille, *lisez* : vit à terre une feuille.
    89, ligne 1 de la note : s'enquérir, *lisez* : s'inquiéter.
    161, ligne 13 : certain apprêté, *lisez* : certain maintien apprêté.
    195, ligne 1 de la note : toute entière, *lisez* : tout entière.
    296, ligne 6 : la base fondamentale, *lisez* : la basse fondamentale.

Je reçois dans le moment le billet & les complimens dont l'on m'honore. voila comme le Ciel mélange nos bons & nos mauvais momens, en même tems on m'apprenoit que le souverain Tribunal de la comedie me condamnoit aujourdhuy à être enterré tout vif, sans m'avoir mis auparavant ny écouté sur la scellette & sans autre crime que d'avoir été trainé mercredy par les cendres. De sorte que ces messieurs, après avoir inutilement allongé mes travaux, d'un quart, auront accourcy ma petite gloire d'un tiers; & tout cela à titre de bons & loyaux amis, qu'il faut que je remercie sous peine d'Ingratitude. peut-on, sans lizières, être mieux mené en Bibin

ce Samedy matin

lettre autographe de Piron

samedy

je n'y songes, vous este bien peu fachée
de me voir partir, ne devrois je pas vous
le reprocher! non, je ne suis en colere
que contre ceux qui on pû m'enpêcher
de vous temoygner assez d'amitié pour
occasioner ce regret que je vous desire
adieu grand amis j'avois bien raison
de dedire que ce mot est abominable
les gens a sentimens ont de cruelle
présentimens ne me donnés point de
certitude je vous le demende en grace
s'y n'est d'honneur pas du monde

si vous aviés fait passer votre
homme a bondi a la poste cela auroit
racourci son chemin; jai recu votre
letre mercredi a six heures du soir
et jey fis reponce sur le champ.
je vous remercie de votre aide pour
mourir de chaut, je nen ait plus
afaire cett besogne faite, et d'ailleurs
voila le frais venu qui vous menera
peut ettre du monde, quand a vous
ne vous faite pas mourir dennui
revenés nous nous entreaiderons
pour cela. bonjour six fois chouette
votre tambornéa est parti bien matin
il nest pas encore six heure, et
si je me porte bien
   ce vendredi matin
  mlle crener se porte bien
jai donné 24 sous

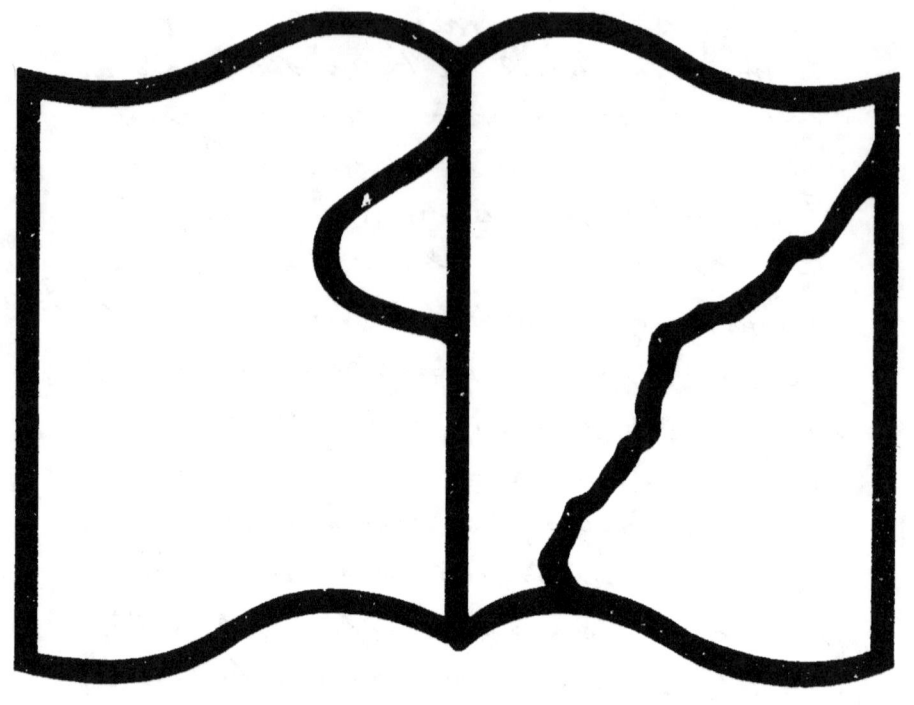

Texte détérioré — reliure défectueuse
NF Z 43-120-11

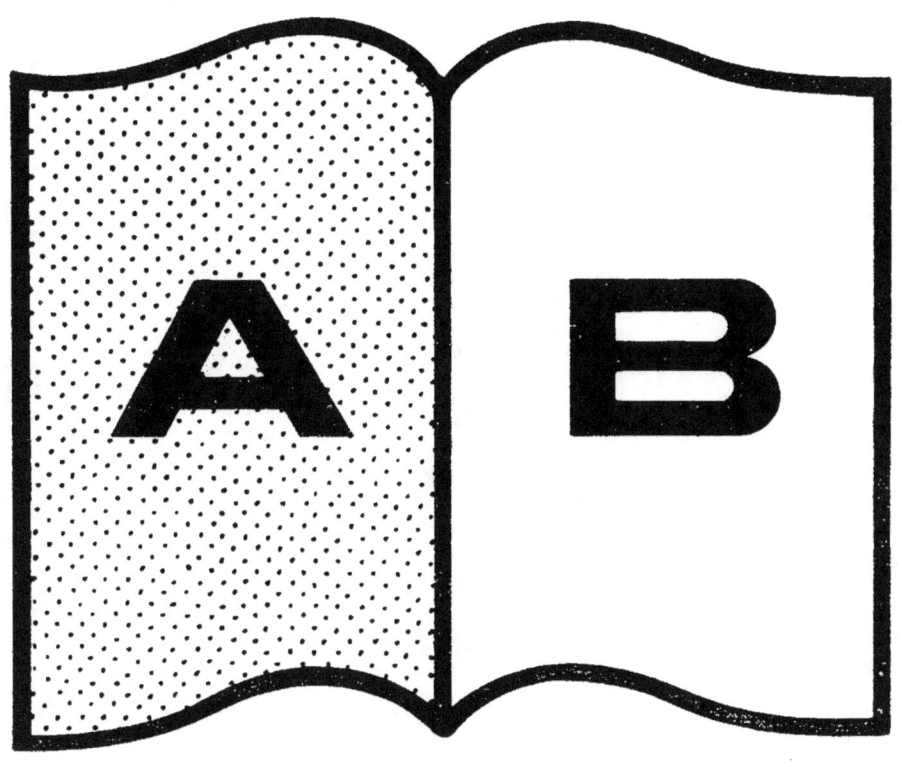

Contraste insuffisant

NF Z 43-120-14

www.ingramcontent.com/pod-product-compliance
Lightning Source LLC
Chambersburg PA
CBHW051822230426
43671CB00008B/803